2025年度版

茨城県の
論作文・面接

過 去 問

協同教育研究会 編

協同出版

はじめに～「過去問」シリーズ利用に際して～

　教育を取り巻く環境は変化しつつあり，日本の公教育そのものも，教員免許更新制の廃止やGIGAスクール構想の実現などの改革が進められています。また，現行の学習指導要領では「主体的・対話的で深い学び」を実現するため，指導方法や指導体制の工夫改善により，「個に応じた指導」の充実を図るとともに，コンピュータや情報通信ネットワーク等の情報手段を活用するために必要な環境を整えることが示されています。

　一方で，いじめや体罰，不登校，暴力行為など，教育現場の問題もあいかわらず取り沙汰されており，教員に求められるスキルは，今後さらに高いものになっていくことが予想されます。

　本書の基本構成としては，論作文・面接試験の概要，過去数年間の論作文の過去問題及びテーマと分析と論点，面接試験の内容を掲載しています。各自治体や教科によって掲載年数をはじめ，論作文の書き方や面接試験対策を掲載するなど，内容が異なります。

　また原則的には一般受験を対象としております。特別選考等については対応していない場合があります。なお，実際に出題された順番や構成を，編集の都合上，変更している場合があります。あらかじめご了承ください。

　みなさまが，この書籍を徹底的に活用し，教員採用試験の合格を勝ち取って，教壇に立っていただければ，それはわたくしたちにとって最上の喜びです。

協同教育研究会

CONTENTS

第1部

論作文・面接試験 の概要

論作文試験の概要

■ 論作文試験の意義

　近年の論作文では，受験者の知識や技術はもちろんのこと，より人物重視の傾向が強くなってきている。それを見る上で，各教育委員会で論作文と面接型の試験を重視しているのである。論作文では，受験者の教職への熱意や教育問題に対する理解や思考力，そして教育実践力や国語力など，教員として必要な様々な資質を見ることができる。あなたの書いた論作文には，あなたという人物が反映されるのである。その意味で論作文は，記述式の面接試験とは言え，合否を左右する重みを持つことが理解できるだろう。

　論作文には，教職教養や専門教養の試験と違い，完全な正答というものは存在しない。読み手は，表現された内容を通して，受験者の教職の知識・指導力・適性などを判定すると同時に，人間性や人柄を推しはかる。論作文の文章表現から，教師という専門職にふさわしい熱意と資質を有しているかを判断しているのである。

　論作文を書き手，つまり受験者の側から見れば，論作文は自己アピールの場となる。そのように位置付ければ，書くべき方向が見えてくるはずである。自己アピール文に，教育評論や批判，ましてやエッセイを書かないであろう。論作文は，読み手に自分の教育観や教育への熱意を伝え，自分を知ってもらうチャンスに他ならないのである

　以上のように論作文試験は，読み手(採用側)と書き手(受験者)の双方を直接的につなぐ役割を持っているのである。まずはこのことを肝に銘じておこう。

■ 論作文試験とは

　文章を書くということが少なくなった現在でも，小中学校では作文，

大学では論文が活用されている。また社会人になっても，企業では企画書が業務の基礎になっている。では，論作文の論作文とは具体的にはどのようなものなのだろうか。簡単に表現してしまえば，作文と論文と企画書の要素を足したものと言える。

小学校時代から慣れ親しんだ作文は，自分の経験や思い出などを，自由な表現で綴ったものである。例としては，遠足の作文や読書感想文などがあげられる。遠足はクラス全員が同じ行動をするが，作文となると同じではない。異なる視点から題材を構成し，各々が自分らしさを表現したいはずである。作文には，自分が感じたことや体験したことを自由に率直に表現でき，書き手の人柄や個性がにじみ出るという特質がある。

一方，作文に対して論文は，与えられた条件や現状を把握し，論理的な思考や実証的なデータなどを駆使して結論を導くものである。この際に求められるのは，正確な知識と分析力，そして総合的な判断力と言える。そのため，教育に関する論文を書くには，現在の教育課題や教育動向を注視し，絶えず教育関連の流れを意識しておくことが条件になる。勉強不足の領域での論文は，十分な根拠を示すことができずに，説得力を持たないものになってしまうからである。

企画書は，現状の分析や把握を踏まえ，実現可能な分野での実務や計画を提案する文書である。新しい物事を提案し認めてもらうには，他人を納得させるだけの裏付けや意義を説明し，企画に対する段取りや影響も予測する必要がある。何事においても，当事者の熱意や積極性が欠けていては，構想すら不可能である。このように企画書からは，書き手の物事への取り組む姿勢や，将来性が見えてくると言える。

論作文には，作文の経験を加味した独自の部分と，論文の知識と思考による説得力を持つ部分と，企画書の将来性と熱意を表現する部分を加味させる。実際の論作文試験では，自分が過去にどのような経験をしたのか，現在の教育課題をどのように把握しているのか，どんな理念を持ち実践を試みようと思っているのか，などが問われる。このことを念頭に置いた上で，論作文対策に取り組みたい。

面接試験の概要

■ 面接試験の意義

　論作文における筆記試験では，教員として必要とされる一般教養，教職教養，専門教養などの知識やその理解の程度を評価している。また，論作文では，教師としての資質や表現力，実践力，意欲や教育観などをその内容から判断し評価している。それに対し，面接試験は，教師としての適性や使命感，実践的指導能力や職務遂行能力などを総合し，個人の人格とともに人物評価を行おうとするものである。

　教員という職業は，児童・生徒の前に立ち，模範となったり，指導したりする立場にある。そのため，教師自身の人間性は，児童・生徒の人間形成に大きな影響を与えるものである。そのため，特に教員採用においては，面接における人物評価は重視されるべき内容であり，最近ではより面接が重視されるようになってきている。

■ 面接試験とは

　面接試験は，すべての自治体の教員採用選考試験において実施されている。最近では，教育の在り方や教師の役割が厳しく見直され，教員採用の選考においても教育者としての資質や人柄，実践的指導力や社会的能力などを見るため，面接を重視するようになってきている。特に近年では，1次選考で面接試験を実施したり，1次，2次選考の両方で実施するところも多くなっている。

　面接の内容も，個人面接，集団面接，集団討議(グループ・ディスカッション)，模擬授業，場面指導といったように多様な方法で複数の面接試験を行い，受験者の能力，適性，人柄などを多面的に判断するようになってきている。

　最近では，全国的に集団討議(グループ・ディスカッション)や模擬授

業を実施するところが多くなり，人柄や態度だけでなく，教員としての社会的な能力の側面や実践的な指導能力についての評価を選考基準として重視するようになっている。内容も各自治体でそれぞれに工夫されていて，板書をさせたり，号令をかけさせたりと様々である。

このように面接が重視されてきているにもかかわらず，筆記試験への対策には，十分な時間をかけていても，面接試験の準備となると数回の模擬面接を受ける程度の場合がまだ多いようである。

面接で必要とされる知識は，十分な理解とともに，あらゆる現実場面において，その知識を活用できるようになっていることが要求される。知っているだけでなく，その知っていることを学校教育の現実場面において，どのようにして実践していけるのか，また，実際に言葉や行動で表現することができるのか，といったことが問われている。つまり，知識だけではなく，智恵と実践力が求められていると言える。

なぜそのような傾向へと移ってきているのだろうか。それは，いまだ改善されない知識偏重の受験競争をはじめとして，不登校，校内暴力だけでなく，大麻，MDMA，覚醒剤等のドラッグや援助交際などの青少年非行の増加・悪質化に伴って，教育の重要性，教員の指導力・資質の向上が重大な関心となっているからである。

今，教育現場には，頭でっかちのひ弱な教員は必要ない。このような複雑・多様化した困難な教育状況の中でも，情熱と信念を持ち，人間的な触れ合いと実践的な指導力によって，改善へと積極的に努力する教員が特に必要とされているのである。

■ 面接試験のねらい

面接試験のねらいは，筆記試験ではわかりにくい人格的な側面を評価することにある。面接試験を実施する上で，特に重視される視点としては次のような項目が挙げられる。

① 人物の総合的評価　面接官が実際に受験者と対面することで，容姿，態度，言葉遣いなどをまとめて観察し，人物を総合的に評価することができる。これは面接官の直感や印象によるところが大きい

　　が，教師は児童・生徒や保護者と全人的に接することから，相手に
　　好印象を与えることは好ましい人間関係を築くために必要な能力と
　　言える。
② 　性格・適性の判断　　面接官は，受験者の表情や応答態度などの観
　　察から性格や教師としての適性を判断しようとする。実際には，短
　　時間での面接のため，社会的に，また，人生の上でも豊かな経験を
　　持った学校長や教育委員会の担当者などが面接官となっている。
③ 　志望動機・教職への意欲などの確認　　志望動機や教職への意欲な
　　どについては，論作文でも判断することもできるが，面接では質問
　　による応答経過の観察によって，より明確に動機や熱意を知ろうと
　　している。
④ 　コミュニケーション能力の観察　　応答の中で，相手の意思の理解
　　と自分の意思の伝達といったコミュニケーション能力の程度を観察
　　する。中でも，質問への理解力，判断力，言語表現能力などは，教
　　師として教育活動に不可欠な特性と言える。
⑤ 　協調性・指導性などの社会的能力(ソーシャル・スキル)の観察
　　ソーシャル・スキルは，教師集団や地域社会との関わりや個別・集
　　団の生徒指導において，教員として必要とされる特性の一つである。
　　これらは，面接試験の中でも特に集団討議(グループ・ディスカッ
　　ション)などによって観察・評価されている。
⑥ 　知識・教養の程度や教職レディネスを知る　　筆記試験において基
　　本的な知識・教養については評価されているが，面接試験において
　　は，さらに質問を加えることによって受験者の知識・教養の程度を
　　正確に知ろうとしている。また，具体的な教育課題への対策などか
　　ら，教職への準備の程度としての教職レディネス(準備性)を知る。

第2部

茨城県の
論作文・面接
実施問題

2024年度 ┃ 論作文実施問題

【小学校教諭・中学校教諭・2次】　60分

●テーマ

> 　子供たちの豊かな学びの展開に向けては，問いの発見と解決に重点を置く探究的な学びを推進することが重要です。
>
> 　あなたは，教員として，このことをどのように考え，どのように取り組んでいきますか。600字以上800字以内で，あなたの考えを具体的に述べなさい。

●方針と分析

(方針)

　学習指導要領などの考え方を基に，探究的な学びを推進することの重要性について論じたうえで，探究的な学びの推進のためにどのように取り組んでいくか具体的に述べる。

(分析)

　文部科学省は，探究的な学びは変化の激しい社会に対応して，探究的な見方・考え方を働かせ，横断的・総合的な学習を行うことを通して，よりよく課題を解決し，自己の生き方を考えていくための資質・能力を育成することを目標にしていることから，これからの時代においてますます重要な役割を果たすものであると説明し，総合的な学習(探究)の時間を中心に展開されるとしている。

　探究的な学習は，①【課題の設定】体験活動などを通して，課題を設定し課題意識をもつ，②【情報の収集】必要な情報を取り出したり収集したりする，③【整理・分析】収集した情報を，整理したり分析したりして思考する，④【まとめ・表現】気付きや発見，自分の考え

などをまとめ，判断し，表現する，といった問題解決的な活動が発展的に繰り返されていく一連の学習活動である。こうした探究の過程は，おおよその流れのイメージであり，いつも順序よく繰り返されるわけではなく，学習活動のねらいや特性などにより順序が前後する場合がある。

　また，総合的な学習の時間における探究的な学びでは，特に他者と協同して課題を解決しようとする学習活動(協同的な学習)を重視する。それは，多様な考え方をもつ他者と適切にかかわり合ったり，社会に参画したり貢献したりする資質や能力及び態度の育成につながるからである。

　総合的な学習の時間では，体験活動を適切に位置付けた横断的・総合的な学習や探究的な学習を行う必要がある。例えば，自然にかかわる体験活動，ボランティア活動など社会とかかわる体験活動，ものづくりや生産，文化や芸術にかかわる体験活動などを行うことが考えられる。さらに，思考力・判断力・表現力等の育成を図る上で，体験したことや収集した情報を，言語により分析したりまとめたりすることを，問題の解決や探究活動の過程に適切に位置付けることが大切である。したがって，言語活動を実施するに当たっては，例えば国語科の言語活動例をはじめ，各教科等で行われている言語活動との関連を図ることが大切である。

●作成のポイント

　600字以上800字以内という文字数が指定されていることから，論文の構成は序論・本論・結論といった一般的なものでよいであろう。

　序論では，これからの変化の激しい社会状況や学習指導要領などの考え方を基に，探究的な学びを推進することの重要性について論じる。この序論を150〜200字程度で論じる。

　本論では，探究的な学びの推進のためにどのように取り組んでいくか，具体的な取組を2つ程度に整理して論じる。探究的な学びの基盤となる問題意識の醸成，他者と協同して課題を解決する学習活動，自

然体験や社会体験などを取り入れた学習活動などが考えられる。この本論を400〜500字程度で論じる。

　結論では，本論で述べた取組の基本的な考え方を踏まえ，探究的な学びを推進していく決意などを50〜100字程度で述べて，小論文をまとめる。

【高等学校教諭・2次】　90分

●テーマ

> 　次の【文章1】【文章2】の内容を250字程度でまとめて，それに関連したあなたの考える実践を具体的に1つ述べなさい。また，字数は800字以内とし，原稿用紙の使い方にしたがって常体で記述すること。なお，出題の都合上，本文の表記の一部を変更している。

【文章1】

　「こんなこと考えて何になるんですか」「考えたって，結局現実は変わらないんだし……」

　本書で取り上げる諸問題——性差，人種，親子，難民，動物の命——について，学生たちに自分で考えてみることを促すと，こうした反応が返ってくることがある。

　その裏には，様々な思いがある。正解は決まっているのだから，自分なんかがない知恵を絞るより，専門家の「解答」を教えてほしい。思い悩んでも社会はよくならないから，社会に直接働きかける具体的な政策や取り組みをした方がよいのではないか。どうせ社会はよくならないのだから，真剣に考えても時間の無駄なのではないか。

　このような立場からは，現実に起きている様々な問題を素人がどれだけ考えても意味がないことになる。本当にそうなのだろうか。

　専門家が見つけた解決策を実行していけば，社会は本当によくなるのだろうか。政策や取り組みが変わるなら，人々の言動も自然に変わ

っていくのだろうか。社会が変わることは，なかなかないが，人が物事を真剣に考えるなら，少なくともその人は何かしら変化し，その変化が周りに影響を与えることもあるのではないだろうか。

　私は，一人ひとりが考えることで，考える人自身が変わり，社会も変わると信じている。もっと言うと，考えることによって一人ひとりが変わらない限り，社会は本当の意味で変わらないと思っている。性差別を是正する法律や取り組みはずっと以前から存在しているのに，差別的な見方がなお，一部の差別主義者だけでなく，ある意味では私たち自身のなかに残り続けているのは，私たちが本当の意味で変わることができていないからではなかろうか。

　哲学は，自分の頭で考えることを促し，思考や対話を通じて一人ひとりが変わることを可能にする。哲学とは，偉大な思想家の言葉をありがたがることでも，耳慣れない用語を使って浮世離れした話をすることでもない。それは，自分と他人が生きている現実に向き合って，とことん考えた末に，自分自身が変わることである。この点で，哲学ほど「現実的」な学問はないと私は言いたい。

　（中略）

　もちろん，何から何まで一から自分独りで考えることはできない。実際，哲学は伝統的に，論理的な思考方法や体系的な学説を提供してきた。それらが，問題となる事柄を理路整然と論じたり，統一的な観点から捉えたりするために役立つということに疑いの余地はない。

　けれども，論理的な思考法や著名な哲学者の学説を知ることは，必ずしも「自分自身で考える」ことを促すわけでないし，場合によってはそれを妨げることすらある。例えば，ある学説をあらゆる問題の正答を導くマニュアルのようなものとして使用するなら，私たちはただその学説をなぞるだけで，自分の頭で考えることはないだろう。

　また，様々な問題を生み出す現実は複雑に絡み合っているので，どれだけ首尾一貫した学説であっても，それだけで問題を説明しようとすると，私たちが生きている現実を切り縮めてしまい，自分の経験や生活とは乖離した結論を導きかねない。そうした結論を納得せぬまま

受け入れてしまうなら，それは自分で考えることで自分が「変わる」というよりは，自分の経験や思考を捨てて，それらを権威ある学説に「取り替える」ことになってしまうだろう。

　私たちが本当に自分自身を通じて考え，変わるためには，自分の経験に立ち戻って，自分が生きている現実に即して考えていかなければならない。私が目指している哲学の真のあり方とは，まさにこうした思考を可能にするものだ。

　（中略）

　当初は，「自分なんかが考えても意味がない」と言っていた学生たちでも，実際には一人ひとり豊かな経験をもち，それを言葉にしたり分析したりできるようになれば，著名な思想家に勝るとも劣らない鋭い洞察や深い思考をそこから引き出してくる。そして，自分の本音に向き合って，自分とは異なる立場の意見に耳を傾け，徐々に変化していく──こうした学生たちの姿を毎年大学で目の当たりにしてきたことが，本書を書くきっかけとなった。

　　　　（小手川正二郎　著「現実を解きほぐすための哲学」株式会社
　　　　トランスビュー）

【文章2】

　僕はここ100年とこれからの社会の変化を，3つのCで象徴される変化として捉えている。Consumption(コンサンプション：消費)を中心とした「消費社会」，Communication(コミュニケーション)を中心とした「情報社会」，そして，いま始まっているのがCreation(クリエイション：創造)を中心とした「創造社会」(クリエイティブ・ソサエティ)だ。消費社会では，どれだけ商品やサービスを享受しているかということが，生活・人生の豊かさを表していた。情報社会では，どれだけよい関係やコミュニケーションをしているかが生活・人生の豊かさとなった。そして，創造社会では，どれだけ生み出しているか，どれだけ創造的でいるかということが，生活・人生の豊かさを表すようになる。

　ジェネレーターは，まさに，この創造社会において重要な役割を担

う。社会の変化に連動して，学びのかたち，教育のかたちが変わるため，教師の役割の重点も変わっていく。創造的な時代における学び・教育には，ジェネレーターが欠かせないのである。

　消費社会では，教科書や講義で知識を吸収し，用意されたトレーニング・プログラムに参加するというように，「教わることによって学ぶ」ということが中心であった。これは，いわば「消費」型の学びと言える。その時代における教師像は，着実に教えること，ティーチングが重要であった。ティーチャー型の教師像，もしくはインストラクター型の教師像である。「ティーチャー」や「インストラクター」は，知識スキルを教える・教わるという非対称の関係のなかで伝達が中心となる消費社会における学びに必要な存在だった。

　情報社会の時代になると，これに新しい役割が加わってくる。「コミュニケーションによる学び」が加わったからである。そこでは，他の意見をもつクラスメイトと議論や話し合いをしたり，異文化に出会い交流することで学んだりするということが行われる。ここで重要となるのが，コミュニケーションを促すことやコミュニケーションの交通整理である。「○○について，どう思うか，グループで話し合ってみよう」とか，「なるほど，□□という意見がありました。他の意見の人はいますか？」と言ったりするようになる。教師は，ファシリテーターとしての役割を担うようになった。

　いますでに始まっている創造社会の時代になると，さらに「つくることによる学び」や「創造的な学び」(クリエイティブ・ラーニング)が行われるようになる。そこでは，もはやティーチャーやファシリテーターの役割だけでは立ちゆかなくなる。「つくる」こと「創造的に実践する」ことに，学び手たちは取り組むからである。「つくることによる学び」や「創造的な学び」(クリエイティブ・ラーニング)に対して，教師は，一緒につくることに参加するジェネレーターとなることが重要となる。創造社会の学び・教育に，ジェネレーター型の教師は不可欠なのである。

　「つくることによる学び」の時代に，ファシリテーターであるだけ

では足りない。コミュニケーションを促すだけでは足りないからだ。もし，支援者がコミュニケーションをファシリテートするだけであれば，「つくる」ことに取り組んでいる人は思うだろう。「言っているだけで，自分はやらないんだよな」，「自分事じゃないから，そんなこと言えるんだよね」と。

　つくることによる学びの時代においては，学びの支援者は，ともにつくることに取り組む。もはや，他人事ではなく，自分事として，本気で参加する。その参加のなかに，つくることへの貢献があり，交流があり，学び合いが生じるのだ。創造社会における「つくることによる学び」を支援するジェネレーターは，ともにつくり，学び合う。これこそが，これからの時代の学びの支援者(教師，親，関係する大人)の役割である。

　(中略)

　従来の教育の場では，教師は「教える人」で，生徒・学生たちの活動を一歩引いて見守り，待ち，必要に応じてアドバイスをするということに自らの役割を限定してきた。途中に介入するのはよくないというふうに，線を引いて立場を分けて，「参加」しないようにするという意味で，「冷めた態度」だったと言えるだろう。親子の教育の場合にも，そういう傾向が見られる。子どもが自分でやるのを見守り，自分はその活動に手を出さないようにする。これに対して，ジェネレーターはそれとは異なる態度を取る。思いきり活動の場に入りこみ，没入して，一緒につくろうとする。だから，一緒に，一体となってスパイラルを生み出し，それを「ともに味わう」ことができる。

　このようなジェネレーターとして場に没入し，ともにつくろうとするマインドセットやあり方を，「ジェネレーターシップ」(generatorship)と呼ぶことにしよう。「リーダーシップ」という言葉が現在広く使われているように，「ジェネレーターシップ」という言葉は，これからの時代において重要な言葉になるだろう。

　「これは言わないほうがいいだろう」とか，「相手が自分で気づいた方がいい」などと考えて，ホールドしたりしない。自分も一緒にやっ

ているのだから，出し惜しみせず，自分の持ち込めるものはすべて入れ込んで，そこからさらに先に一緒に行く，という感じで，場に没入するあり方が，ジェネレーターシップである。

　ジェネレーターは，コミュニケーションの連鎖を促すだけでなく，発見の連鎖も促す。そして，その発見の連鎖というのは，「リフレーム」(捉え直し)の連鎖でもある。新たに仮説を創造するために多面的に捉え直すことが，ジェネレーターのスパイラルのなかで起きている学びの意味だと言えそうだ。

　　　(市川力　井庭崇　編著「ジェネレーター──学びと活動の生成──」学事出版株式会社)

●方針と分析

(方針)

　提示された二つの文章の内容を250字程度でまとめ，自らの考えを論述する。そのうえで，その論述に関連づけた教育実践を具体的に述べる。

(分析)

　まずは，提示された二つの文章を教育者として読み，教育に関わる考え方を導き出して自らの教育論と照らし合わせることが基本となる。

　文章1は，小手川正二郎が「考えること」の重要性について論じた文章である。ここでは，「一人ひとりが考えることで，考える人自身が変わり，社会も変わる」と述べていることに着目したい。また，「一人ひとり豊かな経験をもち，それを言葉にしたり，分析したりできるようになる」ことで，「鋭い洞察や深い思考を引き出してくるようになる」とも述べている。学校教育が目指す思考力育成の一つの視点を，個の文章から受け止めてほしい。

　文章2は，市川・伊庭による，教師の役割について論じた文章である。この文章では社会の変化を「消費社会」「情報社会」「創造社会」への変化として捉え，その時代に伴って，教師が果たすべき重点が変

17

わってきていると論じている。ここでは，これからの「創造社会」においては，「ともにつくり，学び合うこと」がこれからの時代の学びの支援者の役割であることを強調していることに着目しなければならない。

　これらのことから教育について考えると，令和3年の中央教育審議会答申で示された「令和の日本型学校教育」を担う教師及び教職員集団の姿を思い出されるだろう。そこでは，「令和の日本型学校教育」を担う教師の姿は，①環境の変化を前向きに受け止め，教職生涯を通じて学び続けている，②子供一人一人の学びを最大限に引き出す教師としての役割を果たしている，③子供の主体的な学びを支援する伴走者としての能力も備えている，という三つの姿を示している。そこでは，教師の理想的な姿として，「教師が技術の発達や新たなニーズなど学校教育を取り巻く環境の変化を前向きに受け止め，教職生涯を通じて探究心を持ちつつ自律的かつ継続的に新しい知識・技能を学び続け，子供一人一人の学びを最大限に引き出す教師としての役割を果たしている。その際，子供の主体的な学びを支援する伴走者としての能力も備えている」と示している。

　論文作成に当たっては，この具体的な姿を表す教育実践を論じてほしい。

●作成のポイント

　800字の原稿用紙が提示されていることから，論文の構成は，序論・本論・結論といった一般的なものでよいであろう。

　序論では，提示された二つの文章の内容を250字程度でまとめて論述する。そのうえで，自身の考えとして文章1からは「考えることの重要性」，文章2からは「教師が果たすべき役割の変化」について論じたい。この序論を300字程度でおさめる。

　本論では，序論で論じた「考えること」やそのための「教師の役割」に関連した実践を一つ取り上げて論じる。中央教育審議会答申が述べる「子供一人一人の学びを最大限に引き出す教師としての役割を果た

している こと」「子供の主体的な学びを支援する伴走者としての能力も備えていること」など，具体的に伝わってくる教育実践を論じたい。この本論は400字程度で論述する。

結論では，本論で述べた取組の基本的な考え方を踏まえ，一人一人の子供が主体的に考え，実践していく教育活動を推進していく決意などを100字程度で述べて，小論文をまとめる。

【特別支援学校教諭・2次試験】 90分 1200字

●テーマ

現在，障害のある児童生徒の学びの場として，小・中学校等の通常の学級，通級による指導及び特別支援学級や特別支援学校がある。

令和4年9月，国際連合の障害者権利委員会から日本政府に対して，インクルーシブ教育を受ける権利などに係る勧告があったことを踏まえて，あなたは日本のインクルーシブ教育システムについてどのように考えるか，具体的に述べなさい。

●方針と分析

(方針)

誰もが互いに人格と個性を尊重し，支え合って共生する社会の実現を目指すインクルーシブ教育の重要性と，国際連合などが指摘する課題を整理したうえで，どのように障害者の権利に関する条約に基づくインクルーシブ教育システムを充実させていくか具体的に論じる。

(分析)

平成24年7月の「中央教育審議会初等中等教育分科会報告」の中で，「共生社会の形成に向けて，障害者の権利に関する条約に基づくインクルーシブ教育システムの理念が重要であり，その構築のため，特別支援教育を着実に進めていく必要がある」と述べられた。平成26年1

月には「障害者の権利に関する条約」が批准され，教育にかかわる障害者の権利が認められた。また，平成28年4月から「障害者差別解消法」が施行されることとなり，障害者に対する不当な差別が禁止されるとともに，「合理的配慮」を提供することが義務付けられた。この流れの基本的な考え方が，教育の機会均等を確保するために障害者を包容する教育制度(inclusive education system)を確保することである。

この考え方は現行の学習指導要領にも引き継がれ，学習指導要領の改訂に向けた中央教育審議会の答申で「教育課程全体を通じたインクルーシブ教育システムの構築」という考え方が打ち出されている。障害のある子供が，十分に教育を受けられるための合理的配慮及びその基礎となる環境整備を行うことが重要となる。教育環境の整備はもちろん，教育内容を含めてインクルーシブ教育の考え方に立った教育課程を編成し，特別支援教育を進めていくことが求められるのである。

言うまでもなく，日本の特別支援教育は，インクルーシブ教育の考えを踏まえたうえで，児童生徒一人一人のニーズに応じて，適切な支援を行う教育である。しかし，令和4年9月，国際連合から日本政府に対してインクルーシブ教育に対する勧告があった。この勧告では，「強く要請する事項」として6点が指摘されているが，その中心は「特別支援学級や特別支援学校など，別の場で学ぶ」ことは，インクルーシブ教育の考え方に即していないということである。文部科学省は，「勧告の趣旨を踏まえ，インクルーシブ教育システムの推進に向けた取組を進めていく」という見解を示している。この見解を踏まえ，障害のある子供と障害のない子供が可能な限り共に過ごす条件整備，一人一人の教育的ニーズに応じた学びの場の整備をさらに充実させていくことが必要である。

●作成のポイント

1200字の原稿用紙が提示されていることから，論文の構成は，序論・本論・結論といった一般的なものでよいであろう。

序論では，共生する社会の実現を目指すインクルーシブ教育システ

ムの重要性を論じるとともに，国際連合などが指摘する課題を整理して述べ，日本のインクルーシブ教育を一層充実させていくことの重要性を指摘する。この序論を300〜400字程度で論じる。

　本論では，日本のインクルーシブ教育を一層充実させていくための具体的な取組を2つから3つ程度に整理して論じる。障害のある子供と障害のない子供が可能な限り共に過ごす条件整備，一人一人の教育的ニーズに応じた学びの場の整備といった視点から論じるとよいだろう。この本論を700〜800字程度で論じる。

　結論では，本論で述べた取組の基本的な考え方を踏まえ，インクルーシブ教育システムの充実を図っていく決意などを100〜200字程度で述べて，小論文をまとめる。

【養護教諭・2次】　60分

●テーマ

　児童生徒の発達や学校生活への適応，人間関係の形成を支援するためには，授業や集会等の集団で行う指導と，個々の課題に応じて対応する指導の双方が重要です。
　あなたは養護教諭として，この必要性をどのように考え，どのように取り組んでいきますか。600字以上800字以内で，あなたの考えを具体的に述べなさい。

●方針と分析

(方針)

　学校教育において，児童生徒の良好な人間関係を構築すること，及びそのために個々の課題に応じた指導を進めることの重要性を論じる。そのうえで，養護教諭としてどのように個々の課題に応じた指導に取り組んでいくか具体的に述べる。

(分析)

　学習指導要領・第1章第4「児童の発達の支援」の1(3)「キャリア教育の充実」では，社会的・職業的自立に向けて必要な基盤となる4つの資質・能力の一つとして「人間関係形成・社会形成能力」を挙げている。その「人間関係形成・社会形成能力」は，多様な他者の考えや立場を理解し，相手の意見を聴いて自分の考えを正確に伝えることができるとともに，自分の置かれている状況を受け止め，役割を果たしつつ他者と協力・協働して社会に参画し，今後の社会を積極的に形成することができる力であるとされる。この能力は，社会とのかかわりの中で生活し仕事をしていく上で，基礎となる能力であると言えるだろう。

　学習指導要領解説・総則編では，「キャリア教育を効果的に展開していくためには，特別活動の学級活動を要としながら，総合的な学習の時間や学校行事，道徳科や各教科における学習，個別指導としての教育相談等の機会を生かしつつ，学校の教育活動全体を通じて必要な資質・能力の育成を図っていく取組が重要になる」としている。特別活動を中心として，教育活動全体を通じて「人間関係形成能力」といった資質・能力を育てていく必要がある。

　「人間関係形成能力」育成のためには，こうした集団での指導とは別に，個々の課題に応じた指導が必要となる。養護教諭は，児童生徒の身体的不調の背景に，いじめや不登校，虐待などの問題が関わっていること等のサインにいち早く気付くことができる立場であることから，児童生徒の健康相談等，個々の課題に応じた指導において重要な役割を担っている。

　さらに，教諭とは異なる専門性に基づき，心身の健康に課題のある児童生徒に対して指導を行っており，従来から力を発揮していた健康面の指導だけでなく，生徒指導面でも大きな役割を担っている。したがって，個々の課題に応じた指導において養護教諭が果たす役割は大きいと言える。

　学校におけるこうして児童生徒の課題解決の基本的な進め方として

は，対象者の把握(体制整備，気付く・報告・対応) → 課題の背景の把握(情報収集・分析，校内委員会におけるアセスメント) → 支援方針・支援方法の検討と実施(支援方針・支援方法の検討，支援方針・支援方法の実施) → 児童生徒の状況確認及び支援方針・支援方法等の再検討と実施といった流れになる。この流れを踏まえ，具体的な取組に結び付けていきたい。

●作成のポイント

　600字以上800字以内という文字数が指定されていることから，論文の構成は，序論・本論・結論といった一般的なものでよいであろう。

　序論では，問題のテーマである「良好な人間関係を構築すること」の重要性を論じ，そのために養護教諭として個々の課題に応じた指導に取り組んでいくことが重要であることを論じる。この序論を100～200字程度でまとめる。

　本論では，養護教諭の専門性を生かし，どのように個々の課題に応じた指導に取り組んでいくか，二つ程度に整理して論述する。その際，健康面の相談活動，日常生活の具体的な指導など養護教諭の専門性を最大限に生かす取組を論じたい。この本論は400字程度で論述する。

　結論では，本論で述べた取組の基本的な考え方を踏まえ，学校教育全体を通して児童生徒の良好な人間関係を構築する決意を100～200字程度で述べ，小論文をまとめる。

【栄養教諭・2次】　60分

●テーマ

> 　食に関する健康課題のある児童生徒等への個別的な相談・指導は，栄養の専門家である栄養教諭が中心となって取り組んでいく必要があります。
>
> 　あなたは栄養教諭として，このことをどのように考え，どのように取り組んでいきますか。600字以上800字以内で，あなたの考えを具体的に述べなさい。

●方針と分析

(方針)

　まず，学校教育において，食に関する健康課題に的確に対応していくこと，及びそのために個別の相談・指導を推進することは栄養教諭の重要な役割であることを論じる。そのうえで，栄養教諭としてどのように個別の相談・指導に取り組んでいくか具体的に述べる。

(分析)

　社会の大きな変化に伴って，子供たちの生活環境も大きく変化し，子供たちの心身の健康に大きな影響を与えている。そしてこれは，食に関する健康課題につながっているという指摘がある。

　平成16年1月付の中央教育審議会の「食に関する指導体制の整備について(答申)」では，「人々が生涯にわたってその心身の健康を保持増進していくためには，食事や運動，睡眠などにおける望ましい生活習慣の確立が不可欠であるが，中でも食習慣は，子どものころの習慣が成長してからの習慣に与える影響が殊更大きいものである」と，食習慣の重要性を指摘している。同答申では，「栄養や食事のとり方などについて，正しい基礎知識に基づいて自ら判断し，食をコントロールしていく，言わば食の自己管理能力が必要となっている」「食に関する自己管理能力の育成を通じて……子どもが将来にわたって健康に生

活していけるようにするためには，子どもに対する食に関する指導を充実し，望ましい食習慣の形成を促すことが極めて重要である」と結論付けている。こうした能力を育成するために，食に関する健康課題のある児童生徒に対して個別の相談・指導を推進することは栄養教諭の重要な役割である

　学習指導要領解説・総則編では，「健康に関する指導については，児童が身近な生活における健康に関する知識を身に付けることや，必要な情報を自ら収集し，適切な意思決定や行動選択を行い，積極的に健康な生活を実践することのできる資質・能力を育成することが大切である」と示している。つまり，健康で安全な生活を送るために，子供たちに食習慣を含めて「自分の健康や安全は自分で守る」という自己管理能力を育むことが重要であり，そのために個別の相談・指導を推進することが重要となる。

　食に関する指導の一つである個別的な相談指導は，授業や学級活動など全体での指導では解決できない健康に関係した個別性の高い課題について改善を促すために実施するものである。個別的な相談指導は，対象となる児童生徒が自己の課題を改善し，将来に向けた望ましい食生活の形成を促すことや食の自己管理を行うための正しい知識やスキルを身に付けることなどを目的とした児童生徒に対して実施する直接指導であり，実態把握，対象者の抽出，個別的な相談・指導，課題解決，といった流れで実施することになる。この流れを踏まえ，具体的な取組に結び付けていきたい。

●作成のポイント

　600字以上800字以内という文字数が指定されていることから，論文の構成は，序論・本論・結論といった一般的なものでよいであろう。
　序論では，食に関する健康課題に的確に対応していくことの重要性を論じ，そのために栄養教諭として問題のテーマである食に関する健康課題のある児童生徒に「個別の相談・指導」に取組んでいくことが重要であることを述べる。この序論を100〜200字程度で述べる。

　本論では，栄養教諭の専門性を生かし，どのように個別の相談・指導に取り組んでいくか二つ程度に整理して論述する。その際，望ましい食生活の形成，食の自己管理能力の育成，正しい知識やスキルを身に付けることなどの視点から論じてもよい。本論は400〜500字程度で論述する。

　結論では，本論で述べた取組の基本的な考え方を踏まえ，様々な関係者と連携・協力し，個別の相談・指導を通して食に関する健康課題に的確に対応していく決意を100字程度で述べて，小論文をまとめる。

2023年度　論作文実施問題

【小学校教諭・中学校教諭・2次】　60分

●テーマ

　教師には，子供たちの成長に関わる一人の人間として，広く社会から尊敬され，信頼される人格的資質を備えていることが求められています。
　あなたは，このことを踏まえ，どのような教師を目指して，どのように取り組んでいきますか。600字以上800字以内で，あなたの考えを具体的に述べなさい。

●方針と分析

(方針)

　教師には，子供たちの成長に関わる一人の人間として，広く社会から尊敬され信頼される人格的資質を備えていることが求められる。このことを踏まえ，どのような教師を目指して，どのように取り組んでいきたいかを具体的に論述する。

(分析)

　文部科学省のホームページ上で公開されている「新しい時代の義務教育を創造する(答申)」中の「あるべき教師像の明示」の内容を踏まえた出題である。人間は教育によってつくられると言われるが，特に義務教育の成否は教師にかかっていると言っても過言ではない。国民が求める学校教育を実現するためには，子どもたちや保護者はもとより，広く社会から尊敬され，信頼される質の高い教師を養成・確保することが不可欠である。

　優れた教師の条件には様々な要素があるが，大きく集約すると次の

3つの要素が重要である。一つ目は，「教職に対する強い情熱」で，教師の仕事に対する使命感や誇り，子どもに対する愛情や責任感などである。また教師は，変化の著しい社会や学校，子どもたちに適切に対応するため，常に学び続ける向上心を持つことも大切である。二つ目は，「教育の専門家としての確かな力量」である。教師は授業で勝負すると言われるが，この力量が「教育のプロ」のプロたる所以である。この力量は，具体的には子ども理解力，児童・生徒指導力，集団指導の力，学級作りの力，学習指導・授業作りの力，教材解釈の力などからなるものと言える。三つ目は，本設問が念頭に置いている「総合的な人間力」である。教師には，子どもたちの人格形成に関わる者として，豊かな人間性や社会性，常識と教養，礼儀作法をはじめとした対人関係能力，コミュニケーション能力などの人格的資質を備えていることが求められる。また教師は，他の教師や事務職員，栄養職員など教職員全体と協力していくことが大切である。

　三つめの「総合的な人間力」について，さらに詳しく触れておく。保護者や国民から質の高い教育が求められる現在，教員の質を高め，変化に対応した教育活動が要求される。そのため，学校は多様な資質能力を持つ個性豊かな人材によって構成される教員集団が連携・協働することにより，組織全体として充実した教育活動を展開できる。一方，教員一人一人の資質能力はそれぞれの職能，専門分野，能力・適性，興味・関心等に応じ，生涯にわたり向上が図られるものである。受験者に試されているのは，「一人一人の教員が，各自の持つ専門性や人間性を他の教員のそれらと総合しながら，よりよい教育機会を提供できるかどうか」，「各教員がその必要な資質能力を確実に保持するために努力できるかどうか」，「教育を取り巻く環境が大きく変化している中で，採用後の教員が継続的にその指導力を維持・向上していくことができるかどうか」という点であることを押さえておきたい。

　加えて，茨城県教育委員会が公表している「本県の求める教師像」で示される以下の5項目も，「総合的な人間力」の内容として押さえておきたい。

1 教育者としての資質能力に優れた，人間性豊かな教師
2 使命感に燃え，やる気と情熱をもって教育にあたることができる
   活力に満ちた教師
3 広い教養を身に付け，子どもとともに積極的に教育活動のできる
   指導力のある教師
4 子どもが好きで，子どもとともに考え，子どもの気持ちを理解で
   きる教師
5 心身ともに健康で，明るく積極的な教師

●作成のポイント

　全体構成は，全体を序論，本論，結論の3部構成でまとめていくと
よい。

　また内容面においては，文部科学省「あるべき教師像の明示」や茨
城県教育委員会の「本県の求める教師像」などを参考にして，受験者
が学んだ具体的な取り組みに関する知見を活かすとよいだろう。

　まず序論では，総合的な人間力や茨城県の求める教師像に触れなが
ら，受験者自身の目指したい教師のイメージ像を説明する。本論では，
そのための取り組みについて，教員同士が連携・協働することにより
(「チーム学校」というキーワードを使うのも一手)，組織全体として
充実した教育活動が出来るように，学校内や県教育委員会主催の研修
機会を積極的に活用したり，義務教育にかかわる全国レベルの教師の
研究会や研修会で，積極的に人格的資質を高める努力をしたりするこ
との重要性などを書く。結論では，保護者や国民から質の高い教育が
求められる現在の状況を踏まえて，個人の指導力を高めながら他の教
員と積極的に協力していく決意を述べて論文をまとめていく。

【高等学校教諭・2次】　90分

●テーマ

> 　次の【文章1】【文章2】を読み，あなたの考える実践を文章中の下線部A・Bに関連させて，具体的に1つ述べなさい。但し，高等学校学習指導要領(平成30年告示)の改訂の趣旨を踏まえて，実践のねらい，予想される成果についても，合わせて述べること。また，字数は800字以内とし，原稿用紙の使い方にしたがって常体で記述すること。なお，出題の都合上，本文の表記の一部を変更している。

【文章1】
　「青春すべて探究にかけた」と言って卒業していく生徒がいる。多くの生徒が「この学校での学びを通して生き方が決まった」と口を揃える。教育課程にはその力がある。

　新型コロナウイルス感染症の蔓延によって，文字通り「解のない課題」や「未知の状況」が出現した令和初頭に先立つ2015年，原子力災害の影響による大きな未知の課題に直面した福島県に，福島県立ふたば未来学園中学校・高等学校が開校した。ふたば未来学園は，原子力災害による避難の影響で地域の5つの高等学校が休校に追い込まれたなか，復興まで数十年かかると言われる厳しい福島県の課題を乗り越えていく人材の育成を目指して新設され，そのミッションを達成するための教育課程を編成した。行き着いたのは，「総合的な探究(学習)の時間(以下総合学習)」を中心とした教育課程であった。1998(平成10)年の学習指導要領改訂以来掲げられてきた「変化の激しいこれからの社会を『生きる力』」の必要性を福島の地で切実に受けとめ，必要に駆られて行き着いた形である。

　「解のない課題」や「未知の状況」を乗り越えるための資質・能力は，各教科の学習のみで培われる知識・技能には収まらない。横断的・総合的な問題解決に主体的に取り組み，実社会での試行錯誤の挑戦を通じて失敗や成功を重ねる中で身に付いていく。こうした考えに

基づいて，ふたば未来学園中高では総合学習において，全ての学年において生徒がそれぞれ課題を設定し，地域を舞台に課題解決の実践に取り組むこととしており，生徒たちは原子力災害によって大きな被害を受けた1次産業の復活を目指した商品開発や，風評や風化を防ぐための情報発信などの様々な実践に取り組んでいる。

　ふたば未来学園では，卒業式の前日に高校卒業生アンケートをとっている。2021年3月卒業生のうち，探究活動を通じて「社会とどう関わっていくかを見出した」と答えた生徒は88％にのぼる。そして，「青春すべて探究にかけた」という言葉が聞かれる。生徒たちは，解のない地域や社会の課題の解決に挑戦することで，地域の課題と自身の将来像を重ね合わせて考え，卒業後もその延長線上にある地域や世界の課題の解決を志し，さらに探究を深めるために巣立っていく。

　探究を中心としたカリキュラムには，生徒たちの資質・能力を高めるのみならず，それぞれが在り方生き方を見出し，エージェンシー(当事者として主体的に社会変革を実現していく力)を駆動させていく力がある。未知の課題が山積するこれからの時代において，諸外国に比して社会課題への関心が低いと言われる我が国の若者の力を解き放っていく鍵は，探究を中心とした教育課程にある。

　ふたば未来学園においては，総合学習で生徒たちがそれぞれ設定した「問い」に向き合い，探究を行うことで，知識の深化，スキルの獲得，在り方生き方・人間性の涵養，メタ認知の獲得という4つの方向性で資質・能力を高めていくことを目指している。これは，現在も学習指導要領が掲げている「生きて働く知識・技能の獲得」「未知の状況にも対応できる思考力・判断力・表現力等の育成」「学びを人生や社会に生かそうとする学びに向かう力・人間性の涵養」と重なり合うものである。こうした資質・能力を育成するためには，カリキュラムの中心である総合学習の中に次に示すような学びの機会を意図的に設定していくことが必要である。

　第一に，在り方生き方の涵養や人格の深化に繋がる「混沌とした現実社会での実践」の機会の設定である。生徒たちを社会と隔絶された

教室に閉じこめていては，急激に変化する時代のうねりや，予測困難な実社会の課題を肌で感じさせることは難しい。また，生徒たちを「未熟」で「大人に護られた子ども」に閉じこめてしまっても，実社会の課題解決に貢献する主体としての意識を涵養することは難しい。発達の段階に応じて，高校段階では実社会での「実践」までを行わせることで，生徒たちが社会とつながり，探究のプロセスで地域の魅力を見つめたり，困難な課題の解決に少しでも貢献しようと挑戦する経験をしたり，地域で課題解決に挑戦する先人(大人)と出会ったりすることを通じて，実社会の課題と自らの生き方を重ね合わせ，自己の生き方を見出していく。学びを人生や社会に生かそうとする「学びに向かう力・人間性」の涵養には，実社会での実践の機会が不可欠である。

　第二に，探究する福島の課題を各教科の知識と結合していく機会の設定である。知識基盤社会あるいはsociety5.0時代と呼ばれるこれからの社会における知識はどうあるべきか。それは，教科の枠組みに構造化され整理された静的な「覚えるべき」対象としての知識ではなく，持続可能な社会を実現していくための「生きて働く」知識とならなくてはならない。

　藤井千春は「『知識基盤社会』において追及される『知識』は，いわゆる『真理』，つまり世界の在り方についての真なる普遍的な説明ではない」それは「新しい課題，その課題を達成する方法，それにより社会に新たに実現される価値など，創造的なアイデアなのである」と述べている。

　ふたば未来学園では生徒たちが「問い」を抱き実社会での探究を重ねるプロセスにおいて，意図的に教科書の関連ページや書籍を読むなどの，先人の編み上げた知識との出会いの機会を設けることを試行している。このことが，課題解決に向かう生徒たちの探究の質を高め，知識を生かして課題解決に向かうことに繋がる。実社会での探究を通じて，生徒たちの中におぼろげながら個別具体的な世界への見方や考え方，いわばレフ・ヴィゴツキーの言う「生活的概念」が形成された段階で知識に出会うことで，他の事象へも適応可能な抽象化・体系化

された「科学的概念」の獲得へと至る回路が形成されるのである。

　実社会と教科の知識の間の関係性を見出した生徒は，スポンジが水を吸収するように学び始める。ある生徒は，各教科の授業を受けながら，教科のノートの他に「探究ノート」を手元に置き，自らの課題解決の探究に生かせそうな内容をメモしていた。授業を課題解決の知恵を得る時間として捉えたのだ。この時，生徒の中での探究は這いまわるだけの経験ではない。<u>A教科の知識は実社会や生きることと隔てられたものではない。</u>その時生徒は，知識を実社会に生かすとともに，探究での社会との相互作用や他者との協働を通じて，自ら「新たな知識」を創造しようとする，社会に貢献する主体として存在しているのである。

　このように，各教科で身に付けたものの見方・考え方や知識が探究で発揮され，汎用的な能力に高まっていく一方で，カリキュラムの軸となる探究があるからこそ，各教科の学習意欲が喚起され，各教科の知識も深められていく，いわば，探究と各教科を往還させるカリキュラムを構築することが求められる。

　第三に，能動的市民として持続可能な社会の実現に貢献するスキルを獲得する機会の設定である。ふたば未来学園では幾つか重点的に育成を目指すスキルを設定しているが，特に，分断・対立を止揚するスキルの育成に力点を置いている。

　福島には，立場や考えの違いによる分断や対立が生じてしまう課題が山積している。東京電力と地域の農家や漁業者。避難をした人と，避難者を受け入れた街に住む人。避難指示が解除されたふるさとへの帰還を決めた人と，避難先に定住することを決めた人。どちらも善意で復興を進めようとしているが，立場や考えの違いによってすれ違いや対立が生まれてしまう。こうした分断は福島のみならず世界中で加速している。人々は情報技術によって他者との繋がりを強めた一方で，検索エンジンやSNSのアルゴリズムによって，趣味趣向や属性に応じて分断されている。知らず知らずのうちに，異なる意見の他者と出会う機会が相対的に減少したばかりか，SNSのソーシャル・バブルによ

って同質性のコミュニティでの意見は増幅され，分断は広がっている。さらに福島においては，トリチウムを含むいわゆる「処理水」の処分をめぐる問題など，どのような対策をとったとしても，何らかのデメリットが生じてしまう，不確実な不利益とリスクを分配する意志決定をしなければならない課題も存在する。

このような，二律背反(トレードオフ)，矛盾(ジレンマ)，葛藤(コンフリクト)をはらむ，正解のない社会の問題に直面した際に，立場や考えの違う他者を批判したり，タブーに踏み込まないよう沈黙したりしても問題は解決しない。違いを乗り越える対話を重ね，分断や対立を止揚(アウフヘーベン)した納得解を導き出していく力が求められる。「未知の状況にも対応できる思考力・判断力・表現力」とはそのような力であり，福島では切実に求められている。

(南郷市兵「教育課程が人生を決める」出典　野田敦敬 田村学編著「学習指導要領の未来」学事出版)

【文章2】

新しい社会で豊かに生活し，活躍していくためには，実際の社会で活用できる資質・能力を身に付けることが大切だ。そのためにも，自ら設定した課題に対して，自ら学び共に学び，その成果を自らとつなげる「総合的な学習の時間(高等学校においては「総合的な探究の時間」。この原稿では，「総合的な学習(探究)の時間」と表記)」における「探究する学び」が大切になる。

今後の教育課程全体に視野を広げるならば，知識の習得などについては，一人一人の子どもに対応したアダプティブ・ラーニングの方向に進むことが予想できる。その極端な事例がAIなどによる個別最適な学びと言えよう。知識の習得における全ての学習場面をAIによる個別最適な学びで実施できるとは到底思えないものの，学習の習得局面が個別化することは容易に想像できる。そこには，一人一人の子どもに応じた指導が行われ，今まで以上に個に応じた指導の個別化が求められてくるのではないだろうか。このことは，新型コロナウイルス感染

症対策によるオンライン学習の普及，GIGAスクール構想などによって，一層推進されるであろう。

一方で，より主体的で，より協働的で，より社会に開かれた「総合的な学習(探究)の時間」などにおける「探究する学び」の比重が高まることも，それ以上に求められるだろう。学校という社会資本の持つ意味と価値が問われてくる中で，これまでとは異なる学校の存在理由が必要とされてくる。おそらく，その最も重要な役回りを「総合的な学習(探究)の時間」が担うこととなる。もちろん，**B各教科においても「探究する学び」の内容が増量される**などして，教育課程や教科書に反映されることも想像できる。ここでは，今まで以上に一人一人のオリジナリティ溢れる個性的な学びが期待されることとなろう。

その際の参考となるのが，「探究のプロセス(①課題の設定，②情報の収集，③整理・分析，④まとめ・表現)」であり，その質的向上であろう。加えて，各教科等を横断する学習内容の関連付けではないだろうか。なぜなら，「探究する学び」においては，各教科等で育成された資質・能力が繰り返し，「活用・発揮」される場面が生まれ，その結果，実際の社会で自由自在に使うことのできる資質・能力として身に付いていくことが期待できるからだ。これまで「有機的」等の言葉で曖昧なままに行われる傾向の強かった「横断」「関連」などの内実を突き詰めて，学習指導や教育課程の編成に反映していかなければならない。

(田村学「平成の教育から学ぶこと，令和の教育が目指すこと」出典
野田敦敬 田村学編著「学習指導要領の未来」学事出版)

●方針と分析

(方針)

課題文を読み，受験者の考える実践を文章中の下線部A・Bに関連させて，具体的に1つ述べる。ただし，高等学校学習指導要領(平成30年告示)の改訂の趣旨を踏まえ，実践のねらい，予想される成果についても，合わせて述べなければならない。

(分析)

　本題が意識する「探究する学び」は，指導する教員側にとっても，学ぶ生徒側にとっても時間と手間がかかることが多い。どの教科をとっても，一過性の楽しさや厳しさを経験するだけでなく，その経験を教科学習の場に持ち帰って振り返りをするなどの工夫が求められるからである。

　まず参考にすべき資料は，文部科学省の学習指導要領「総合的な探究の時間」であり，同資料の平成30年告示の改訂の趣旨として，「今回の改訂では，知・徳・体にわたる『生きる力』を生徒に育むために『何のために学ぶのか』という各教科等を学ぶ意義を共有しながら，授業の創意工夫や教科書等の教材の改善を引き出していくことができるようにするため，全ての教科等の目標や内容を『知識及び技能』，『思考力，判断力，表現力等』，『学びに向かう力，人間性等』の三つの柱で再整理した』と示されている。また，総合的な学習の時間の名称が総合的な探究の時間に変更されただけではなく，古典探究や地理探究，日本史探究，世界史探究，理数探究基礎及び理数探究の科目が新設された。これらは，当該の教科・科目における理解をより深めるために，探究を重視する方向で見直しが図られたものである。総合的な探究の時間については，これらの科目において行われる探究との違いを踏まえる必要があり，総合的な探究の時間で行われる探究は，基本的に以下の三つの点において他教科・科目において行われる探究と異なっている。

　一つ目は，この時間の学習の対象や領域は，特定の教科・科目等に留まらず，横断的・総合的な点である。総合的な探究の時間は，実社会や実生活における複雑な文脈の中に存在する事象を対象としているのである。二つ目は，複数の教科・科目等における見方・考え方を総合的・統合的に働かせて探究するという点である。他の探究が他教科・科目における理解をより深めることを目的に行われているのに対し，総合的な探究の時間では，実社会や実生活における複雑な文脈の中に存在する問題を様々な角度から俯瞰して捉え，考えていく必要が

ある。三つ目は，この時間における学習活動が，解決の道筋がすぐには明らかにならない課題や，唯一の正解が存在しない課題に対して，最適解や納得解を見いだすことを重視しているという点である。なお，実社会や実生活における課題を探究する総合的な探究の時間と，教科の系統の中で行われる探究の両方が教育課程上にしっかりと位置付き，それぞれが充実することが豊かな教育課程の実現につながると考えられる。

　以上の改訂の趣旨を理解した上で，本設問では，教科・科目等を越えた全ての学習の基盤となる資質・能力を育成するため，課題を探究する中でどういう取り組み・実践が求められてくるだろうか，「実社会」や「生きる力」との関連性を考えていく必要がある。例えば，他者と協働して課題を解決しようとする学習活動，言語により分析し，まとめたり表現したりする学習活動(比較する，分類する，関連付けるなどの「考えるための技法」を自在に活用する)，コンピュータや情報通信ネットワークなどを適切かつ効果的に活用して，情報を収集・整理・発信する学習活動(情報や情報手段を主体的に選択し活用できるようにすることを含む)を取り入れることが考えられる。また，自然体験や就業体験活動，ボランティア活動などの社会体験，ものづくり，生産活動などの体験活動，観察・実験・実習，調査・研究，発表や討論などの学習活動を積極的に取り入れること等も引き続き重視されている。これらは，生徒が，地域社会・経済の中で教科知識を捉えることができるような取り組みとして重要であろう。

　こうした「総合的な探究の時間」の学びの狙いは，知識の理解の質を更に高め，確かな学力を育成することや，道徳教育の充実，体験活動の重視，体育・健康に関する指導の充実により，豊かな心や健やかな体を育成することである。こうした学びは，生徒の「達成感や自信を得られること」や，「自分のよさや可能性に気付けること」，「人間としての在り方を基底に，自分の人生や将来，職業について見通し，どのように在るべきかを定めていくこと」の育成につながる。つまり，総合的な探究の時間において，自己の在り方生き方を考えながら課題

の解決に向かうということは，生徒がこの三つを自覚しながら，探究に取り組むような姿勢や意識が育つことを意味している。

●作成のポイント

　全体構成は，全体を序論，本論，結論の3部構成でまとめていくとよい。また，設問の指示内容から，学習指導要領の内容・改訂の趣旨を踏まえ，そのねらい，成果，さらには具体的な取り組み・実践を示す必要がある。

　序論では，学習指導要領の内容や改訂の趣旨，ねらい，期待される成果を説明する。本論では，具体的な取り組み・実践を一つ挙げる。ここでは，学習指導要領と合わせて茨城県教育委員会の「県立高等学校改革プラン基本プラン(2020年度～2026年度)(第2部)」(令和2年8月)などを参考にするとよいだろう。同資料によれば，実社会に役立つ学び，グローバル人財の育成に向けた教育内容を検討することが明記されており，一例として，地域企業における体験活動，大学における学修を高等学校の単位として認定する高大連携，海外の学校との連携などが挙げられている。もちろん，学校の特色を踏まえて，学習指導要領に記載されている観察・実験・実習，調査・研究，発表や討論などの学習活動への注力を挙げてもよい。その際，どの教科でも，生徒の具体的な経験を一過性のものとせずに教科の知識と往復させて定着させる工夫をすることを踏まえておきたい。結論では，教員として採用された後，自分がこの課題で述べたことを確実に実行する決意を述べて，論文をまとめる。

【特別支援学校教諭】　90分　1200字

●テーマ

　　令和4年度学校教育指導方針(茨城県教育委員会)では,自立と社会参加に向けた特別支援教育の推進を柱の一つとし，障害の状態や特性等に応じたICT(タブレット端末等)の活用による学習活動の充実を掲げています。
　　各学校では児童生徒に1人1台のICT(タブレット端末等)が整備されています。あなたは茨城県の特別支援学校の教員としてそれらをどのように活用し，どんな授業を行うか具体的に述べなさい。

●方針と分析

(方針)

　障害の状態や特性等に応じたICT(タブレット端末等)の活用による学習活動の充実を目指すために，ICTをどのように活用してどのような授業を行うか，具体的に論述する。

(分析)

　令和4年度学校教育指導方針(茨城県教育委員会)の当該内容につき，より詳しい活用の知識を仕入れるには，文部科学省の公開資料である「特別支援教育におけるICTの活用について」を参照するとよいだろう。ここでは，障害の状態や特性等に応じたICT (タブレット端末等)の活用による学習活動の充実のための取り組みが説明されている。

　同資料によれば，ICT機器活用の視点は次の二つが取り上げられている。一つは，「教科指導の効果を高めたり，情報活用能力の育成を図ったりするために，ICTを活用する視点」である。これは，教科等又は教科等横断的な視点に立った資質・能力であり，障害の有無や学校種を超えた共通の視点である。また，各教科等の授業において，他の児童生徒と同様に実施されるものである。

　もう一つは，「障害による学習上又は生活上の困難さを改善・克服

するために，ICTを活用する視点」である。これは自立活動の視点において，特別な支援が必要な児童生徒に特化したものであり，各教科及び自立活動の授業において，個々の実態等に応じて実施されるものである。各教科の指導計画の作成に当たっての配慮事項として，障害種ごとにコンピュータ等のICTの活用に関する規定を示し，指導方法の工夫を行うこと，指導の効果を高めることを求めている。障害の状態や特性に応じて，学びにくさは個人差が大きく，障害のない児童生徒以上に「個別最適化した学び」，「特別な支援」が必要である。

　例えば，視覚障害を持つ児童生徒であれば，視覚補助具やコンピュータ等の情報機器，触覚教材，拡大教材及び音声教材等各種教材の効果的な活用を通して，児童生徒が容易に情報を収集・整理し，主体的な学習ができるようにするなど，児童生徒の視覚障害の状態等を考慮した指導方法を工夫することが要求される。また，聴覚障害を持つ児童生徒であれば，視覚的に情報を獲得しやすい教材・教具やその活用方法等を工夫するとともに，コンピュータ等の情報機器などを有効に活用し，指導の効果を高めるようにすることが考えられるだろう。このほか，肢体不自由者，病弱者，発達障害を持った子供に対する指導上の工夫も要求されているため，それぞれの障害に配慮した指導方法を把握しておきたい。

●作成のポイント

　全体構成は，全体を序論，本論，結論の3部構成でまとめていくとよい。また，設問の指示内容から，複数の障害を持った対応事例を挙げ，具体的な取り組みについて書く必要があるだろう。

　序論では，ICT機器活用の視点(目的・趣旨)について説明する。たとえば，教科指導の効果を高め，情報活用能力の育成を図るため，または，障害による学習上・生活上の困難さを改善・克服するためなどが考えられるだろう。序論は，250〜300字程度で述べていく。

　本論では，障害種別にICT機器を活用した授業を行う上で留意する点を説明する。ここでは，視聴覚，肢体不自由，病弱，発達障害のう

ち，二つ程度を挙げるとよいだろう。本論は，600～650字程度で述べていく。

　結論では，特別支援学校教員の立場から，情報社会に合ったインクルーシブ教育や共生社会の実現を目指す決意，使命感に燃え，やる気と情熱をもって教育にあたることができる活力に満ちた教師を目指す決意(茨城県が求める教師像の一つ)を示して，論文をまとめる。結論は，250字程度でまとめるようにしたい。

【養護教諭・2次】　60分

●テーマ

> 　学校においては，児童生徒等に健康上の問題があると認めるときは，養護教諭その他の教職員が相互に連携して保健指導を行うことが重要です。
> 　あなたは養護教諭として，このことをどのように考え，どのように取り組んでいきますか。
> 　600字以上800字以内で，あなたの考えを具体的に述べなさい。

●方針と分析

(方針)

　学校においては，児童生徒等に健康上の問題があると認めた場合，養護教諭とその他の教職員が相互に連携して保健指導を行うことが重要である。受験者は，養護教諭として相互連携した保健指導をどのように考えるか，また，その実現のためにどのように取り組んでいくか，具体的に論述する。

(分析)

　本設問は，養護教諭の学校における位置付け，学校保健安全法第9条の「保健指導について」の内容理解を試す意図があると思われる。

41

　養護教諭は，児童生徒の身体的不調の背景にあるいじめや虐待などのサインにいち早く気付くことのできる立場であることから，近年児童生徒の健康相談においても重要な役割を担っている。特に，養護教諭は，主として保健室において教諭とは異なる専門性に基づき，心身の健康に問題を持つ児童生徒に対して指導を行って，健康面だけでなく生徒指導面でも大きな役割を担っている。また，健康診断・健康相談については，学校医や学校歯科医，学校環境衛生士との調整も行っている。さらに心身の健康問題のうち，食に関する指導に係るものについては，栄養教諭や学校栄養職員と連携をとって解決に取り組んできている。このように，養護教諭は，児童生徒の健康問題について関係職員の連携体制の中心を担っている(文部科学省「『チームとしての学校』を実現していくための具体的な改善方策」のホームページより)。

　また，他にも「教職員のための子供の健康相談及び保健指導の手引き　令和3年度改訂(令和4年3月　公益財団法人　日本学校保健会)」などの資料も参考としたい。近年，校内でのいじめやSNSでの人間関係等がもたらすメンタルヘルスに関する課題やアレルギー疾患等の現代的な健康課題が生ずるなど，児童生徒等の心身の健康問題が多様化・深刻化している。また，2020年度以降は，新型コロナウイルス感染症が広まっている。これらの問題に適切に対応することが，学校に求められているといえよう。学校保健安全法第9条は，健康相談や担任教諭等の行う日常的な健康観察による児童生徒等の健康状態の把握，健康上の問題があると認められる児童生徒等に対する指導や保護者に対する助言を保健指導として位置付け，養護教諭を中心として関係教職員の協力の下で実施されるべきことを明確に規定したものである。具体的には，児童生徒・保護者等からの指導(相談)希望，健康観察や保健室での対応等から必要と判断された児童生徒に対し，心身の健康課題の背景(課題の本質)にあるものを的確に捉えて支援することである。これは，一対一の指導・相談に限定されるものではなく，関係者の連携のもと教育活動のあらゆる機会を捉えて，健康相談における配慮が生かされるようにするものである。

●作成のポイント

　全体構成は，全体を序論，本論，結論の3部構成でまとめていくとよい。また，設問の指示内容から，「保健指導・保健相談について」(学校保健安全法)の条文の内容を踏まえながらも，抽象的な法理念の書き写しとならないように注意する必要がある。

　序論では，学校内における養護教諭の位置づけとその専門的な役割を説明する。本論では，児童生徒・保護者等からの指導(相談)希望，健康観察や保健室での対応等から必要と判断された児童生徒に対し，心身の健康課題の背景(課題の本質)にあるものを的確に捉えて支援するための方策を具体的に述べる。その際，他の教諭との協働・協力関係を重点に置いて記述するようにしたい。結論では，児童生徒の身体的不調の背景にある深刻な問題やサインにいち早く気付き，学校をあげて適切な指導に繋げていくという決意を述べて論文をまとめる。

【栄養教諭・2次】　60分

●テーマ

> 　子供たちが豊かな人間性を育み，生きる力を身に付けていくためには何よりも食が大切であるといわれています。
> 　あなたは，栄養教諭として，このことをどのように考え，どのように取り組みますか。600字以上800字以内で，あなたの考えを具体的に述べなさい。

●方針と分析

(方針)

　子供たちが豊かな人間性を育み，生きる力を身に付けていくための食育について，受験者の考えとその教育実践・取り組みについて，具体的に論述する。

(分析)

　文部科学省のホームページ上で閲覧・入手可能であるが、「食に関する指導の手引－第二次改訂版－」を参考にして活用する知識を習得するとよいだろう。厚生労働省の平成 27(2015)年「国民健康・栄養調査」において、主食・主菜・副菜を組み合わせた食事を1日に2回以上食べることが「ほとんど毎日」の者の割合は男女ともに若い世代ほど低い傾向にあることが分かっている。こうした課題に適切に対応するため、小学校、中学校で学んできた食に関する正しい知識と望ましい食習慣を関連させ、生涯にわたって健やかな心身と豊かな人間性を育んでいくための基礎が培われるよう、栄養のバランスや規則正しい食生活、食品の安全性などの指導が一層重視されなければならないとしている。そのため、幼児教育から高等学校まで切れ目のない食育を推進して、子供の健康な食習慣、運動習慣の定着を図っていくことが大変重要である。

　平成 17(2005)年7月施行の食育基本法の前文では、「子どもたちが豊かな人間性をはぐくみ、生きる力を身に付けていくためには、何よりも「食」が重要である」、「食育を、生きる上での基本であって、知育、徳育及び体育の基礎となるべきものと位置付けるとともに、様々な経験を通じて「食」に関する知識と「食」を選択する力を習得し、健全な食生活を実践することができる人間を育てる食育を推進することが求められている」、「子どもたちに対する食育は、心身の成長及び人格の形成に大きな影響を及ぼし、生涯にわたって健全な心と身体を培い豊かな人間性をはぐくんでいく基礎となるものである」と規定し、特に子供に対する食育を重視している。

　また、子供の食育における教育関係者、すなわち栄養教諭の役割として、「子どもの教育、保育等を行う者にあっては、教育、保育等における食育の重要性を十分自覚し、積極的に子どもの食育の推進に関する活動に取り組むこととなるよう、行われなければならない」(同法第5条)とある。次に、食に関する体験活動と食育推進活動の実践として、「食育は、広く国民が家庭、学校、保育所、地域その他のあらゆ

る機会とあらゆる場所を利用して，食料の生産から消費等に至るまでの食に関する様々な体験活動を行うとともに，自ら食育の推進のための活動を実践することにより，食に関する理解を深めることを旨として，行われなければならない」(第6条)とある。同法では，児童生徒が食に関する正しい知識と望ましい食習慣を身に付けることにより，生涯にわたって健やかな心身と豊かな人間性を育んでいくための基礎が培われるよう，栄養のバランスや規則正しい食生活，食品の安全性などの指導が一層重視されなければならないとされている。さらに，自然の恩恵・勤労などへの感謝や食文化などについても，教科等の内容と関連させた指導を行うことが効果的であるとされている。食に関する指導に当たっては，給食の時間を中心としながら，体育科(保健体育科)における望ましい生活習慣の育成，家庭科(技術・家庭科)における食生活に関する指導，特別活動における学級活動が重要である。各教科，道徳科，外国語活動，総合的な学習の時間での指導などを相互に関連させながら，学校教育活動全体として効果的に取り組むようにしたい。その上で，栄養教諭の専門性を生かすなど，教員間の連携に努めること，地域の産物を学校給食に使用するなどの創意工夫を行いながら，学校給食の教育的効果を引き出すよう取り組むことが重要である。

●作成のポイント

　全体構成は，全体を序論，本論，結論の3部構成でまとめていくとよい。また，設問の指示内容から，食に関する指導の手引き(食育基本法)の内容を踏まえながらも，抽象的な法理念の書き写しにならないようにする必要がある。「茨城県食育推進計画」なども活用するとよいだろう。

　序論では，栄養教諭が食育に果たす役割について述べる。「子どもの基本的な生活習慣の形成」「望ましい食習慣や知識の習得」「家庭における共食等の食育推進」について，自身の専門性を発揮することなどを述べていこう。本論では，その具体的な取り組み・教育実践につ

いて述べる。児童生徒が食に関する興味・関心を持つことができるよう，学校教育活動全体を通じて，食育の推進及び学校を核として家庭を巻き込んだ取組の事例などを踏まえて，受験者の学んだ知識を生かした文章としたい。結論では，幼児教育から高等学校まで切れ目のない食育を推進しながら，児童生徒の健康な食習慣，運動習慣の定着を図っていくことへの決意を示して論文をまとめていく。

2022年度　論作文実施問題

【小学校・中学校・2次】　60分

●テーマ

> 　社会のより良い創り手になるために，子供が自信をもって成長するには，子供たちの自己肯定感を育むことが大切です。
>
> 　あなたは，このことをどのように考え，学級担任として，どのように取り組んでいきますか。
>
> 　600字以上800字以内で，あなたの考えを具体的に述べなさい。

●方針と分析

(方針)

　学級担任として，子供たちの自己肯定感を育むための取組みについて自分の考えを論述する。

(分析)

　自己肯定感とは「自分には存在価値がある」，「自分自身に満足できている」といったように，自分の価値や存在意義を肯定できる姿勢であり，自分自身を認め尊重できる感覚のことである。

　自己肯定感を育む意義とは，自分に自信が持てる，自分の意見を堂々と言えるようになる，といったメリット以外にも「他人任せではなく自分で考えて物事を判断し，選択することができる」，「自分の可能性を信じて，自主的に高みを目指して努力ができる」，「失敗してもくじけずチャレンジを続けることができる」といった前向きな姿勢や，「自分と違う相手の異なる意見を受け入れる」，「自分の長所だけでなく欠点を受け入れ，改善する」といった精神的ゆとりが生まれることにもつながり，コミュニケーション能力のアップになるといった点に

示されている。

　そこでこうした児童生徒の自己肯定感を育むため，学級担任としての実践については，たとえば①児童生徒の過ちや失敗を頭ごなしに否定しない，ネガティブな表現で注意や指導をせず，プラス思考につながる肯定的な言葉で励ます，ほめる機会をできる限り増やすといった配慮が挙げられる。さらに②児童生徒自身が意思決定や評価をなるだけ他人に依存せず，自らの考えや言動・判断に自信を持たせるため，授業やホームルームなどのあらゆる学校生活の機会に，ディスカッションやディベート，プレゼンテーションなど，児童生徒が自分の意見を言いやすい状況を設定し，児童生徒がお互いの肯定的な評価を述べ合うといったような場面をつくる工夫が必要である。

●作成のポイント

　前・後半の2部構成で，前半は児童生徒が自己肯定感を持つことの意義について自分の考えをまとめる。後半は，自分自身が学級担任として，自分の学級の児童生徒が自己肯定感を高めるためにどのように取り組むのか，具体的な実践例を展開する。たとえば学力テストや教科の成績についても，点数自体ではなく伸びたかどうか，自身の取組みや努力の成果が出たかどうかを評価する，またスポーツでもゲームでも，一つの物事に打ち込んだ達成感を味わわせるようなプログラムを授業に導入する，あるいは他者に認められ評価されることが自信につながるため，ホームルームなどの機会に個々の児童生徒自身の長所や特技，能力について発表し合うような機会を設けるといった取組みも参考になる。

　教科指導においても単に児童生徒を指名して正解を答えさせる授業ではなく，正解に至るプロセスを説明させるなど，特定のテーマについて個々の意見や感想を述べ合うといった授業を増やすことも，個々の児童生徒が自己肯定感を高めるための必要条件となるだろう。

【高等学校・2次】 90分

●テーマ

【文章1】【文章２】の共通点について説明し，それに関連付けて，教員として生徒にどのような指導を実践するのかを具体的に述べなさい。但し，字数は800字以内とし，原稿用紙の使い方にしたがって常体で記述すること。なお，出題の都合上，本文の表記の一部を変更している。

【文章1】

　以前，ある中学校を訪問したときのことです。

　体育館で全校生徒に1時間くらいお話をした後，学校の先生のはからいで自由質問のコーナーがありました。すると，後ろの方にすわっていた1人の男子生徒が手を挙げました。

　「なんで勉強って，しないといけないんですか。勉強して将来役に立つことが，本当にあるんですか。自分には勉強する意味がわからないから，する気がしない。」

　とても率直な質問に，私はドキッとしました。どんなふうに答えればいいのだろうか。

　「勉強をすることは必ず将来役に立つ。勉強することで，筋道を立てて考えることができるようになれば，将来，仕事にも生活にもぜったいプラスになる。」

　そんなふうに答える人もいるかもしれません。

　若い人の質問にはできるだけ正直に答えないといけないと，私は思っています。少なくとも自分自身が思ってもいないことは話すべきではない。私は，そのとき，こう答えました。

　「学校で勉強していることで，社会に出てそのまま役に立つことなんて，ほとんどない。」

　中学校や高校で習う数学だって，いや小学校で習う算数だって，今，私が解けるかというと，解けないことも多いように思います。漢字テ

ストだって，自信ありません。世界史も日本史も，おぼえていません。テレビで，中学や高校の入試問題などの解答を競い合う番組があります。芸能人の方々がスラスラと正解を出すのをみて，本当にすごいなあと感心します。私には到底，無理です。

　学校時代の勉強をすっかり忘れてしまった私ですが，だからといって，そのことで日々の生活に困っているかといえば，どう考えても，そうでもないのです。むかし勉強したおかげで，いつでも筋道を立てて考えて生きているかといえば，とんでもない。筋や道がどこにあるかなんて，まったくわからない。毎日ウロウロ迷っているというのが，実感です。だから，学校の勉強は将来役に立つので意味があるんだとは，私にはいえないのです。

　予想外の答えだったのか，質問した彼は，拍子抜けした様子でした。大学の先生なら，勉強する意味をもっとくわしく答えてくれると思ったのでしょうか。

　そこで，今度は私の方から，全校の生徒に質問しました。

　「彼は，勉強は意味がわからないから，やる気がしないっていったけど，自分は反対に，勉強はスラスラわかるし，楽しいから好きだという人はいる?」

　多少の遠慮や照れくささもあったのか，誰も手を挙げてくれません。そこで今度は

　「じゃあ，自分も勉強なんて何でしないといけないか，わからない。だから好きじゃないって本当は思っている人は？」

　やはり誰も手を挙げません。でもすこし時間をおくと，周りを探るようにしながら，何人かがぱらぱらと手を挙げます。すると，今度は私も私もと，多くの生徒さんが結局，手を挙げました。(略)

　その様子をみて，自分でもまったく思いがけなかったのですが，こんな言葉が浮かんできて，生徒さんたちに私は，しゃべっていたのです。

　「それでいいと思うよ。勉強っていうのは，いろいろなことが，わかるようになるっていうこともあるけど，本当をいえば，わからないこ

とだらけだよね。でも，勉強っていうのは，わからないということに
慣れる練習をしているんだ。」

　学校を卒業して，社会に出ると，毎日が本当にわからないことだら
けです。どんなふうに仕事をすればよいのか。将来の人生設計をどう
すればよいのか。悩みは尽きません。

　筋道を考えてよく計画をし，行動しようとしても，作戦どおりにい
かないことが，しょっちゅうです。そもそも作戦や戦略を立てて何か
をすることが成功するのは，社会の仕組みやルールがよく整備されて
いて，その中身を完璧に理解できているときだけです。でも社会はそ
れほど完璧ではない。筋道を立てようとしても，立てようがないので
す。

　だとすれば，よくわからない社会を毎日生きる上で，もっとも大切
なことはなにか。それは「わからない」ということで，簡単にあきら
めないことです。逃げ出さないことです。「わからない」から不安だ
とか，つまらないと思わない。むしろ「わからない」からおもしろい
と思えるかどうかです。

　そもそも毎日の生活で幸福に生きているかを点数ではかったとし
て，自分は百点満点だといえる人はどれくらいいるのでしょうか。で
も百点でないから駄目だということでもない。51点以上をなんとか取
る。赤点さえ取らなかったら，前にはじゅうぶん進めます。いや，た
まに落第したって，かえって，それが後からふりかえってみると，長
い目でみてよかったなんてこともある。学校の勉強と同じです。

　わからないということに慣れる練習をしているというのは，考えて
みると，教室での勉強にかぎったことではありません。部活動だって，
そうでしょう。バスケットボール部でもっとシュートがうまくなりた
い。でもどうすればもっと成功率を高くできるか，わからない。わか
らないから，あきらめずにコツコツ練習する。吹奏楽部だって，もっ
とうまく演奏できるようになりたいから，練習したり，先生や先輩，
仲間のアドバイスを真剣に聞いたりする。中学校に限らず，学校での
生活はすべて，わからないことに慣れる練習なのです。

　希望も同じです。希望なんて，考えても考えても，つかみどころの
ない，わからないものです。でもわからないからこそ，おもしろい。
希望という視点から社会を考えることで，新しい見方ができる可能性
があるからです。

　希望学をはじめたときに，ある人から「希望学の最終的な落としど
ころはどこですか」ときかれたことがあります。勉強にはどこの大学
に入りたいとか，学問にも論文をどこの専門雑誌に掲載したいといっ
た，あらかじめ目標やゴールを設定して行う場合があります。でも，
希望学は，最初から落としどころなんて，考えてもいませんでした。
やりながらどこに向かうかを考えるというのが，正直なところでした。
でも，新しいことを始めるためには，それでよかったんだと，今は思
っています。

　私自身が希望学から学んだ1つは，「わからない」から逃げないこと
の大切さでした。そしてそれこそが，勉強や学問の意味だということ
を，あらためて思い知らされた気がしています。

　　　　　　　　　　　　(玄田有史『希望のつくり方』岩波新書より)

【文章2】

　人間は親を選択することはできないが，友を選ぶ自由は認められて
いる。友人を選択する方法は人によって千差万別だろうが，選んだそ
の友人によって自分の人生が大きく変わることがあるものだ。友人と
いう存在は，親ほど身近ではないが，やはり自分の人生にプラスとな
るもの，逆にマイナスとなるものを豊かにもっているのである。

　私は，今もそうだが，常に身近なところに尊敬できる人物をさがし
求め，その人から何かを学びとろうとしてきた。意識してそういう学
び方をするようになったのは，おそらく中学生の頃からではなかった
かと思う。これは多分に私の性格によるものかもしれないが，それば
かりとはいえない。

　生まれながら才能に恵まれた，あるいは向学の家庭に育った子ども
なら話は別だが，そうではない並の頭をもち，並の家庭に育った子ど

もが勉強していくには，その方法しかないと自覚していたからである。今ふり返ってみて，これは私のような人間にふさわしい，最もいい学び方だったと思う。

　人と人との出会いには，もちろん運不運がつきまとう。友人との出会いも同様である。この意味で，私は幸運だったといえる。すでに中学校に入った時から，このような学び方を自覚していた私に，学問の上で，ひいては人生の上で後々まで役立った価値のあることを教えてくれた友人を，幾人かもつことができたからである。

　戦争たけなわの昭和19年4月，私は由宇町から汽車で35分の所にある山口県柳井中学に入学した。

　当時の中学は四年制だったが(5年で卒業してもよかった)，戦争が終わって間もなく，中学4年が修了した昭和23年4月，学制改革があって，4年生はいきなり新制高校の2年に進むことになった。つまり私は，旧制の柳井中学に4年通い，新制の柳井高校に2年通い，そしてその第1回目の卒業生になったわけである。

　この中学，高校時代を通して私が親しくしていた友人の1人に，藤本繁という同級生がいた。

　彼は学校の成績がとびぬけてよかったわけでもなかったが，学校で特異な存在とみなされていた。寡黙な性格で，ほとんど誰とも口をきかずに，いつも孤立して何か沈思黙考しているような男だった。(略)いつも黙りこくっているために，かえって彼は目立っていたのである。

　そういう彼に，私はいつの頃からか近づいていって，口をきき合うようになった。なぜか関心をもったのだ。

　今考えてみると，なぜ彼に関心をもったのか，およそ見当がつく。私は今でもそうだが，ひどくあけっぴろげな人間で，誰とでも語り合いそれを愉しむところがある。だが，その反面，独りになってじっとものを考えているのも大好きなのだ。そこには，人と交わっている時の私とは別人のような私が，確かにいるのである。孤独の中で思考することを愛する，もう1人の私が，おそらく藤本君に関心をもち，接近していったのだろうと思う。また彼は彼で，私のそういう反面を感

じとっていたから私とつき合えたのに違いない。

　彼と私は，通学の途中，哲学とは何かとか，芸術は社会に役立つかとかの問答をしたり，一緒に考え込んだりした。私が「ショパンの音楽は，きれいな音の組み合わせだ」というと，彼はしばらく考えて，「いや，ショパンほど情感の深い音楽を創る作曲家はいない」という。「情感とは何だ」と問うと，彼はまた考え込むといった情景であった。

　このように，彼と私の会話は，およそ現実離れした命題，いいかえれば哲学的な問題についてのお互いの考え方，意見の交換である場合がほとんどだった。

　由宇の1つ先の神代という駅から毎朝汽車に乗って来る彼と私とは，車中で，また駅を降りて学校に向かう途中で，互いにポツリポツリと哲学的な言葉を交わし合った。学校の勉強とはおよそ無縁な，いわば雲上の問題であっても，2人にとっては深刻な，大切な問題だったし，また2人とも，それを深く考え合うことをどこかで愉しんでいるところがあった。

　余談であるが，近年，哲学者の梅原猛氏と対談する機会があって，こんな会話を交えたことがあった。

　梅原氏が，フィールズ賞(注1)の対象になった私の理論がわからないというので，「特異点解消」を前述したような例えで説明すると，梅原氏は，

　「いや，実に哲学的な話やね。哲学の話を数学で証明しているみたいだ。存在論やね」

　といわれた。

　それに対して私は，

　「数学というのは，最終的には論理的にやらなきゃいかんから，問題をどんどん制限していって，定式化して，やっと証明できるんですよ。だけど数学にしても出発点は人間が考えるわけだから，その背景には絶えず曖昧模糊としたものがあるから，フィロソフィ(哲学)ですね」

　と答えたのである。

　フィロソフィ——数学という学問は，まさにその人間の哲学から出

発するのである。そういう点で，青春時代に，藤本君と学校の勉強を離れて，哲学的な話を交えることができ，彼のような個性を知り得たことは有意義だったといえる。

さて話をもどそう。私は母から，考えることの喜びを学んだ。考えることそのこと自体に価値があることを教えられた。そしてこの藤本君と知り合い，語り合ったことで，ものを深く考える力が促進されたと思う。

ものを深く考えるというが，やみくもに，何でも深く考えるのはあまりすすめられたことではないだろう。目にとまるもの，耳に届くことすべてを深く考えていては，第一，仕事がはかどらない。しかし長い人生には，ここ一番，深く考えなければならない時が何度もあるはずだ。

例えば，私の父が経験したように生活上の危機が，誰の人生にも絶対に襲ってこないとも限らない。あるいは，自分や肉親の誰かがとんでもない過ちを犯して，死を選びかねない傷心に陥るようなことも，長い人生にはないとは限らないのである。私は，そのような時こそ人間に深くものを考える力，深い思考力が要求されると思う。立ち直る見通しがまるでつかない，どこから手をつけて解決すればいいのか見当がつかない，そのような大問題を抱え込んだ時，頼りとなるのは自己の思考力であり，それ以外にはないと思うのだ。

藤本君との交友から学んだ，ものを深く考える力を，私は自分の人生にそのように生かしてきたつもりである。

「人間は考える葦である」と，パスカルはいった。考えない人間はいないのである。だが，ここ一番という時に，より深く考える力，素養を身につけておくことは，親の手を離れる前に是非ともやっておくべきことだと思う。

実は，私たちが勉強する目的の1つは，この思考力をつちかうことにあるのだ。

注1　フィールズ賞：際立った業績を挙げた若手の数学者に授与される国際的な賞。日本人の受賞者は広中平祐を含む3名。

(広中平祐『生きること　学ぶこと』集英社文庫より)

●方針と分析

(方針)

　2つの文章資料の共通点について説明し，その趣旨を実現するために，教員として生徒指導を実践する具体的方法について論述する。

(分析)

　文章1・文章2の2つの文章資料に共通する観点とは，「勉強」すなわち，ものごとを「深く考える」訓練を重ねることの重要性である。文章1では「勉強」とは「将来実生活で役に立つ」といった目的のために学ぶものではなく，「わからないということに慣れる練習」であり，そのわからないことを自覚し，考えることで新しい見方を見い出すことが「勉強」の趣旨であることが述べられている。また文章2では「私たちが勉強する目的の1つは，この思考力をつちかうことにある」と述べられ，とりわけ将来，予期せぬ出来事に遭遇した際に，ものをより深く考える力や素養を身につけることの必要性が指摘されている。

　この趣旨は，新学習指導要領にある「主体的・対話的で深い学び」にある「どうすれば知識をつなげ深く理解したり，考えを形成したりできるだろうか」(深い学び)といった視点に対応するものと判断できる。

　そこで，以上を実践するための具体例としてアクティブ・ラーニング，すなわちグループ・ディスカッションやプレゼンテーション，ワークショップ型授業といった学習活動を，具体的な教科指導の実践例として提示することが可能である。

　たとえば「深い学び」をそれぞれの教科指導において実践する際には，単に知識や学習内容を丸暗記するだけではなく，各単元・テーマで取り上げる内容について「なぜそうなっているのか」「どういう構造や背景により成り立っているのか」「他にどのような解き方，視点や主張があるのか」といった問いを調べ，学習やグループワークで取

り上げ，議論・発表させるといった取組が想定できる。

●作成のポイント

　最初に設問にある【文章1】【文章2】の共通点について文章から例を引用して説明する。その後，その共通点である「深い学び」または「思考力の養成」を実現するため，どのような生徒指導を実践するのかを具体的に述べる。

　たとえば国語科の場合，特定の教材(小説や随筆)を取り上げ，登場人物の性格や心理，人間関係についてまとめたり，自分が登場人物の立場に置かれたらどのように振る舞うかを考え，意見交換したり，文章表現や描写の特徴について分析するといった試みが想定可能である。理科の場合は，たとえばある化学反応について，何種類かの試薬を試験的に用いて反応の違いを観察し，実験結果に関する仮説を立て実際の結果と照合し，その原因を考察するといった取組を提示できるだろう。社会科または総合学習であれば，昨今の時事問題または国際問題として話題になっている地球規模の解決すべき課題について一つを取り上げ，その原因や背景を調べ，現に実施されている解決策のメリット・デメリットについてまとめる，意見交換するといった作業をさせる指導が，アクティブ・ラーニングの一環として取り上げられている。

　こうした具体的実践例の中から，自身が教員として取り組みたい指導・授業のプロセスや「深い学び」「思考力の養成」という観点から期待される成果について，筋道立てて論述するとよい。

【特別支援学校・2次】　90分　1200字以内

●テーマ

> 　新しい学習指導要領では，主体的・対話的で深い学びの視点から，「何ができるようになるか」を明確にしながら，「何を学ぶか」だけでなく，「どのように学ぶか」も重視して授業改善に取り組むことが求められています。
>
> 　あなたは，主体的・対話的で深い学びの視点を踏まえ，特別支援学校の教員として，授業に対してどのような思いをもち，どのように授業を展開することが重要であると考えているか，あなたの考えを具体的に述べなさい。

●方針と分析

(方針)

　特別支援学校の教員として，新学習指導要領にある「主体的・対話的で深い学び」の視点を，授業にどのように反映させるかについて，自身の考えを具体的に論述する。

(分析)

　新学習指導要領にある「主体的・対話的で深い学び」とは「どうすれば振り返る内容を充実させ，次に生かせる気付きに導くことができるだろうか」(主体的な学び)，「どうすればグループ間の議論を深め，様々な視点で考えを深めさせられるだろうか」(対話的な学び)，「どうすれば知識をつなげ深く理解したり，考えを形成したりできるだろうか」(深い学び)といった視点が必要であるとされている。これを実践するための具体例としてはアクティブ・ラーニング，すなわちグループ・ディスカッションやプレゼンテーション，ワークショップ型授業といった生徒の能動的参加による自主的学習活動が示されている。

　そこで，特別支援学校におけるアクティブ・ラーニングの事例を参考にしつつ，自身が担当教員として取り組みたい授業の流れを想定し，

どういう構成でどのようなツールを利用し，どのような授業設定にするのかについて具体的に述べることが重要である。とりわけ特別支援学校においては，個々の生徒児童の障害の種類や程度，理解度や習熟度に応じた個別対応が必要になる。

たとえば聴覚障害の生徒児童への対応については，①体験学習や音声，文字，手話，指文字等を適切に選択・活用する，②補聴器や人工内耳等を最大限に活用し，効果的な学習活動が展開できるようにする，③デジタル教科書やパワーポイントでのモニター画面，音声読み上げ機能付きの学習ソフトといったICTなどの情報機器を有効活用し，視覚的に情報を獲得しやすい教材・教具やその活用方法等を工夫するといった配慮が必要になる。こうした観点を踏まえて，自身の考えや具体的な授業の組み立て方について論述する。

●作成のポイント

設問は，特別支援学校の教員として授業に対してどのような思いをもち，具体的にどのように授業を展開することが重要であると考えているかについて問うている。そのため，生徒児童の障害タイプをいくつか特定し，それぞれについての自身の担当教科におけるアクティブ・ラーニングにもとづく具体的な授業の立て方とその趣旨，達成目標を明確にすることがポイントである。授業内容につては，どの教科指導においても，基本はグループ学習でひとつの具体的な目標を決めた創作的活動を授業で実践させる試みが基本である。

国語なら物語を完成させる，理科ならグループ単位で実験する，地理なら特定のテーマ，国や地域について，歴史なら特定の時代の商業経済や交易，外交関係といったテーマについて調べ学習をもとにまとめるといった作業が想定できる。その際に活用したいICT機器やその利用タイミングなどにも触れるとよい。いずれも担当教員は，自らが一方的に知識や情報を提示するのではなく，生徒児童それぞれが「自ら興味・関心」を持って調べ，生徒児童間の「話し合い」を通じて一つの結論に到達できるように誘導する授業を展開することが重要であ

る。

【養護教諭・2次】　60分

●テーマ

　養護教諭は，児童生徒の心身の健康問題に対し，専門性と保健室の機能を最大限に生かして，個に応じた対応をすることが重要です。
　あなたは養護教諭として，このことをどのように考え，どのように取り組んでいきますか。
　600字以上800字以内で，あなたの考えを具体的に述べなさい。

●方針と分析

(方針)

　児童生徒の心身の健康問題に対し，養護教諭として自らの専門性と保健室の機能を活かした個別対応および具体的な取組について論述する。

(分析)

　まず児童生徒の心身の健康問題については，肥満・瘦身，生活習慣の乱れ，メンタルヘルスの問題，アレルギー疾患といったものが相談内容として全国の学校で数多く報告されている。また養護教諭の専門性とは，医学・看護学的知識，健康や発育，救急措置に関する専門知識と言ったものが挙げられる。保健室の機能については，いじめや人間関係，進路や親子関係などで悩み，不登校になる児童生徒に対するカウンセリングなどの心身面での健康相談活動が重要視されている。いずれも養護教諭は，①児童生徒の気持ちに配慮しながら事実確認を行う，②児童生徒の不安を受け止め，何ができるか考える，③学校生活について具体的に話し合う，④必要な知識情報やスキルを教え，望ましい行動をほめる，励ます，見守る，⑤必要に応じて保護者・主治

医・学校医と連携協議する，といった姿勢で対処することが必要になる。

　児童生徒によっては，保健室のみを心の居場所として頼りにする，いわゆる「保健室登校」のケースも多いことから，ケースによっては児童生徒と一緒に学習やドリル，PC操作や読書などにつきあう必要も生じる。こうした実態を踏まえた，養護教諭としての児童生徒への対応および取組を具体的に提示することが重要である。

●作成のポイント

　文章を前後半の2部構成とし，前半では，養護教諭として，児童生徒の心身の健康問題に対する専門性と保健室の機能を最大限に生かした個別対応の意義と方針について述べる。後半では，それを反映させた具体的な取組の事例を展開する。後半については，たとえば肥満やアレルギー疾患をもつ児童生徒への対応，あるいはいじめや人間関係のトラブルで不登校になっている児童生徒の事例を挙げ，保健室での健康相談活動を中心に，具体的にどのような手順で対応するかを筋道立てて説明することがポイントである。

【栄養教諭・2次】　60分

●テーマ

> 　食品ロスの削減が課題となる中，食物を大事にする態度を育てることは大切です。
> 　あなたは，栄養教諭として，このことをどのように考え，どのように取り組みますか。
> 　600字以上800字以内で，あなたの考えを具体的に述べなさい。

●方針と分析

（方針）

　食物を大事にする態度を育てるために，栄養教諭として取り組もう
と考えていることについて，具体的に論述する。

（分析）

　食品ロスについては，2021年4月農林水産省発表の資料によると，
廃棄物処理法における食品廃棄物は食品関連事業者分で年間752万ト
ン，一般家庭で783万トンと計算されており，合計で食品廃棄物は
1,535万トン，食品ロスは612万トンと見積もられている。後者だけで
も10kgの米袋6億個以上の相当分である。これを1人あたりの食品廃棄
量に直すと133.6kg，1人あたりの食品ロスに直すと50kgとなる。取組
についてはこうした具体的テーマに即して実際のデータを情報収集す
るところから始めたい。

　たとえばクラス担任の協力の下でワークショップ型授業を企画設定
し，①食品ロスの量，内訳，食品ロスが起こることへの影響について
生徒児童に情報を提供するとともに調べ学習を行い，食品ロスの現状
について情報をクラスで共有し，問題点についてグループごとに議論
させる。②食品ロスへの解決策を考えるために，他国や国内で行われ
ている取り組みを調べさせる。③日本の生産者，流通業者，小売業者
は現状で食品ロスにどのように対応しているのかについて，実際に業
者とのインタビューを交えた社会見学の機会を設けて調べさせる。
④以上の調査をもとに，食品ロスの現状から消費者の立場でできるこ
とについてグループごとの解決策を提出・発表させるといった取組が
設定できるだろう。

　あるいは栄養教諭として学校給食の時間を活用して各クラスを回
り，食品ロスについての調べ学習や現状と実際の対処策についての情
報提供を行うといった取組も想定可能である。

●作成のポイント

　この設問で問われている取組の目的は，食物を大事にする態度を育
てるという趣旨から，生徒児童が食品ロスなどの問題を他人事ではな

く自分自身の身近にある問題であり，自分から行動し解決すべき問題として捉えるという問題意識を持たせることにある。そこで取組内容を抽象論や一般論に終わらせることのないよう，課題解決型のワークショップ型の授業を取り入れるとともに，最終的な達成目標を，生徒児童自身が食品ロスの問題に対してどのように行動するか，それぞれの行動目標を立てさせるといった点に置くことが求められるだろう。そのため，授業内容についても身近な食品ロスの実態や，身近に実践されている取組事例や解決策を紹介することで，生徒児童に具体的な問題意識を持たせる創意工夫が求められる。たとえば茨城県では，賞味期限が間近な商品を発売する生産者と，飲食店と消費者のマッチングアプリを運営して余った食品を提供する事業者との連携協定を締結し，「いばらきフードロス削減プロジェクト」として，食品ロス削減に取り組んでいる。

　こうした論点を参考にし，栄養教諭としての自分自身の考えやアプローチから始め，具体的な取組の実践事例をイメージして筋道を立てて論述するとよい。

【実習助手・2次】　60分

●テーマ(参考)

令和3年1月26日に中央教育審議会から出された答申「『令和の日本型学校教育』の構築を目指して～全ての子供たちの可能性を引き出す，個別最適な学びと，協働的な学びの実現～」の中の「4.『令和の日本型学校教育』の構築に向けた今後の方向性　(2)　連携・分担による学校マネジメントを実現する」においては，「教師同士の関係においても，(中略)，教師が子供としっかり向き合い，教師本来の業務に専門性を発揮できるようにするとともに，学級担任，教科担任，養護教諭，栄養教諭や部活動顧問等の役割を適切に分担し学校組織全体としての総合力を発揮していくことが求められる。」と示さ

れている。

　そこで「学校組織全体としての総合力を発揮」するために，あなたは実習助手として，どのようなことを意識しながら教育活動に従事していきたいか，これまでのあなたの経験を踏まえ，具体的に述べなさい。なお，字数は句読点を含めて700字以上800字以内とし，横書きで書きなさい。

【実習助手・農業系・2次】60分

●テーマ(参考)

　特別支援学校では，社会的・職業的自立に向けて必要な基盤となる資質・能力を身に付けていくことができるよう，家庭や地域，関係機関等との連携を図りながら，キャリア教育の充実を目指しています。
これを受けてあなたは，特別支援学校の農業系の実習助手として生徒をどのように指導し，取り組んでいきますか。具体的に述べなさい。なお，字数は句読点を含めて700字以上800字以内とし，横書きで書きなさい。

2021年度　論作文実施問題

【小学校教諭・中学校教諭・2次】　60分

●テーマ

> 児童生徒の豊かな人間性や社会性を育成するためには，体験的な活動を重視した指導の充実を図ることが重要です。
> あなたは学級担任として，このことをどのように考え，どのように取り組んでいきますか。
> 600字以上800字以内で，あなたの考えを具体的に述べなさい。

●方針と分析

（方針）

文科省の小中学校に対する施策目標2にもある「豊かな心の育成」すなわち「他人を思いやる心，生命や人権を尊重する心，自然や美しいものに感動する心，正義感や公正さを重んじる心，勤労観・職業観など，子どもたちに豊かな人間性と社会性を育むための教育を実現する」ための「体験的な活動」を通じた指導について，学級担任の立場から具体的に何をどのように取り組むかを明確に論述する。

（分析）

たとえば令和2年の茨城県の「学校教育指導方針」に示されている「学校教育推進の柱」のひとつとして示されている「豊かな心を育む教育の推進」には，「福祉教育の充実」における努力目標として，設問にも引用されている「体験的な活動を重視した指導の充実」という項目が設定されている。その具現化のための取り組みとして，児童生徒が自らも社会の一員であることを自覚し，よりよい社会づくりに参画する意欲を高める指導内容・方法の工夫改善ということが述べら

れ，○思いやりや助け合いの心の育成と，社会の一員としての自覚を高めるための職場・就業体験活動やボランティア活動等，社会奉仕体験活動の充実，○児童生徒が自ら意欲的に取り組み，問題を解決する喜びや満足感，充実感が得られる指導の工夫，○教師と児童生徒，児童生徒相互の触れ合いを心掛け，共に喜び，共に感動できる体験的な活動の充実，といった項目が示されている。

　この「体験的な活動」とは，具体的には「野外・自然」「芸術・文化・科学」「スポーツ」「農業」「福祉や環境保全」「国際交流」といった分野における職業体験やボランティア活動体験を指しているものと考えられる。これらの背景を踏まえ論述を展開する。

●作成のポイント

　ここでは，文章を前後半の2部構成として説明する。前半では，体験的な活動の意義すなわち体験的な活動が「児童生徒の豊かな人間性や社会性を育成する」ことにつながる理由を，具体的な活動の事例で示す。後半では，自身が学級担任として授業や課外活動において取り組みたい「体験的な活動」の事例を1つ挙げ，それを具体的にどのような方法で実践するのかについて，5W1Hを明確にしながら詳しく提示するとよい。その際に自身の興味関心や経験に裏付けられた取り組み事例を紹介できれば，より説得力のある内容になるだろう。自身が詳しい身近な居住地域の自然環境や伝統文化・産業について学ぶという設定にしてもよいし，自身が得意なスポーツや好きな芸術についてのテーマでもよい。海外留学経験のある人なら，地域での国際交流活動について具体的に授業の場面を設定したシナリオを描写することも可能だろう。

【高等学校】　90分

●テーマ

　【文章1】の内容を踏まえて，【文章2】で述べられている「未来を創る実践力」としての資質や能力を生徒に身に付けさせるために，教師として自らがどのようなことを実践していきたいか，具体的に述べなさい。但し，字数は800字以内とし，原稿用紙の使い方にしたがって常体で記述すること。なお，出題の都合上，本文の表記の一部を変更している。

【文章1】

　AIにも得手不得手があるはずだ。例えばAIに小説を書かせるという試みがあった。しかしその目的と意味は筆者には理解不能だ。優れた小説というのが「新しい人間像」の発見や創造という点にあるとすれば，AIが真の文学を生み出すことはない。既存の小説の主人公に似せた人物を造形はできても，人間性の謎や知られざる真実を浮かび上がらせることはできない。テレビでAIロボットの漫才を見て，この方面に大きな期待を持った人はいないはずだ。AIは自分自身が知らなかったことに当意即妙に反応するような「直観」を持たない。また，どの問題が何故重要なのかを見分ける力は，人間が機械に教え込んだ既成の価値基準に従う以外方法はない。ましてや，人間は必ず死ぬということをどう認識させればよいのだろうか。

　このように考えると，AIは生身の人間とともに働いてはじめて，その強みを発揮できるケースが多そうだ。予想しえなかった事態に対して的確な判断を下すこと，あるいは新しい問題を見つけ出す作業は，AIだけではなしえないだろう。

　産業の発達と機械技術は人類の労働を軽減し，物質的な豊かさをもたらしてきた。安楽と贅沢への欲求が発明の精神を刺激し，新たな発明が新たな欲望を生み出しているのだ。安楽と快楽を求め続け

ることに没頭するのか，「最高の快楽は，あれもこれもと快楽を必要としないこと」にあるのだと達観するのか。人々の考えは常にこの二方向の間を揺れ動いている。

しかし技術への無制約な期待は，技術の負の側面を忘れさせ，必ずしも人間の幸福につながらない。われわれにはわからないこと，できないことがある，という認識もまた必要だ。(略)技術開発が一方的に進み，その技術のもたらす弊害や事故が発生したときの責任，あるいは新技術を用いる際のルールやマナーといった倫理についての十分な対策なしに，技術革新だけに過剰な期待をかけることは避けねばならない。必要とされるのは，技術をうまく使いこなせる成熟した精神，つまり知性と道徳のバランスではなかろうか。そのバランスを涵養できるのは生得の資質だけでなく，教育と経験なのだ。

その教育は，常に人々の最大の関心事の一つであるにもかかわらず，教育について語ることは難しい。学校教育の一端に携わってきた者として，あるいは実際に子供を持った親として，教育ほど意図と結果に確かに繋がりを見つけにくい仕事はないように実感することがある。しかし社会研究をしてきたものとして，教育の一般的な現状についての感慨を書き留めることはできそうな気もする。意図と結果が計算どおり直接つながらないという点で，教育はそれほど合理的な行為ではなさそうだというところから始めたい。

かなり前のことになるが，作家の山田太一さんから話をうかがう機会があった。「変わる家族，変わらない家族」(『国際交流』104号，2004年)と題して，家族の意味を問い直すという趣旨の対談が企画されたときである。山田さんのいくつかの印象的な言葉の中で，次の発言が今も心に残っている。

「現代社会は，家族以外の関係がものすごく合理的で，だいたいプラスのカードを持ち寄って生きていく関係になってしまっていると思います。私はこういう長所を持っています，この部分を買ってくださいといって就職する。会社も，その人を丸ごと買うの

ではなくて，その能力だけを買うというふうになってきている。社会がどんどん合理化を進めていくと，家族にもその合理化は及んでくるわけですよね。そうすると，稼がない亭主と一緒にいたってしょうがないとか，そうふうに目先の合理主義のなかで物事を判断していくことになってしまう。

　マイナスのカードを持つ人間にとっては地獄ですね。だれも認めてくれない。そんななかで唯一合理的でない結びつきというものが，辛うじて家族だと思うんです。つまり，夫婦は多少合理主義的ではありますが，それにしたって夫婦という関係は相手をすべて知ってから結婚するなんてことはありませんよね。まず知らないから恋愛ができ，知らないから結婚もできるんで，全部知っていたら結婚なんかできません。気がつくと，かなり不合理な関係で生きていたりします。

　まして親子に関しては，もう明らかに選択の余地がなく，その関係を引き受けなければならない。いくら隣の息子がいいといったって，自分の息子と取り替えるわけには行きません。そういう関係がどんどん他ではなくなってきています。しかし，プラスもマイナスも引き受けなければならない部分をもっているということは，人間にとって実は救いだと思うんです。それこそが人間の面白さです。それがなくなったならば，なんて味気ない社会でしょうか」

山田さんはさらに，人間がみんな別の顔を持っており，それぞれ体の病気，健康度とかを不平等に与えられている，そういう宿命こそ実は人間の救いなのであって，もし理想の顔というものがあり，全員が理想の顔になってしまったら，どんなに不気味で単調な社会になるだろうかと述べておられる。

　この山田さんの発言の中には，教育の問題，特に「何をどう教えるのか」という点について，ヒントになる指摘がいくつも含まれているように思う。例えば，当たり前のこととして深く考えることがなくなっているが，人間は合理的，非合理的という基準や定義を超えた存在であること，プラス(の価値を持つ)と考えられる側面での競

争だけを徹底すれば，敗れた者はもちろん，勝者にとっても，競争のあと何をするかという点で「希望が持てない」状況を生み出すこと，人間が（「個性の尊重」と言いながらも）一定のモデルに従って，鋳型で造形するように教育されれば，なんと味気ない社会ができ上がってしまうのだろうか，等々。

　こうした人間の教育や競争といった問題を考えるとき，次のジョン・スチュアート・ミルの言葉は示唆的である。

　　「人間性は，模型に従って作り上げられ，あらかじめ指定された仕事を正確にやらされる機械ではなくて，自らを生命体となしている内的諸力の傾向に従って，あらゆる方向に伸び拡がらねばならない樹木のようなものである」（『自由論』塩尻公明/木村健康訳）

　このミルの言葉は，人間は合理的に設計された機械ではないから，おのおのが持つ固有性を尊重し，独自の内的な力を引き出すことが大切だ，と理解される。重要な点は，ミルは人間を，合理的に設計された機械ではなく，樹木にたとえたことである。樹木は生命体であり，外的条件によってその生育が大きく左右される。言い換えると，外的条件が変化すれば，育成の形もそれに応じて変えていかねばならない。この点を見逃すと，人間の自然的能力を伸ばす教育が，逆にその自然的能力を摩滅させることになる。

　しかし同時に，人間は合理的に設計された機械ではないが，合理的計算に基づく選択を行わないと，企業間の厳しい競争のように，生き残れない運命に置かれているのも事実である。現代の経済学が想定する「合理主義的な人間像」は，優勝劣敗の社会環境に投げ込まれた人間が，長期的な生存をかけて闘い抜くには，合理的な選択をせざるをえないという認識に基づいている。経済学は，人間がもともと合理的な存在である，と仮定しているわけではない。経済的に合理的でないと競争環境の下では生き残れないということを示唆しているのである。例えば，個人が自分の保有する経済資源を利用する場合，その効率性を考慮して使用しないと，長期的生存は危う

い。企業という組織の場合も，利潤原理を原則に合理的に行動しないと長期的な競争に負けてしまう。

　ここで重要な点は，この合理性の原則は，人間の，あるいは企業組織の長期的な生存にとって必要条件ではあるが，善き生にとって十分条件ではないということである。人間は確かに合理的でないと生き残れないが，合理主義だけでは「善く」生きられないのである。アリストテレスの倫理学を持ち出すまでもなく，人間は「善く生きる」ことなしに幸福を得ることはできないように造られている。そのことを，先に引用した山田太一氏の発言が見事に物語っているのだ。

　教育にとっての外的，社会的条件は絶えず変化している。変わらざる人間の存在条件への理解と，外的条件の変化に対する適切な対応こそが，「善く生きる」ための必要条件であることは改めて指摘するまでもない。この「理解」と「対応」なしには，人間の生存の条件すら長期的には危うくなりかねない。

　　(猪木武徳『デモクラシーの宿命─歴史に何を学ぶのか』中央公論新社より)

【文章2】

　実践力は，自律的活動，関係形成，持続可能な社会づくりから構成され，自分自身と社会の未来を切り開いていく力を意味します。我々には，周りの世界と関わりながら，自らの生き方や生活の仕方を主体的に選んでいく自律的活動，多様な人々との相互理解を深め協働して問題解決をしていく関係形成，社会や自然の課題と向き合い，新たな価値を創造する持続可能な社会づくりが求められます。こうした自立・協働・創造の力を育むためには，子供たちが生きる現実的な文脈の中で，自分たちが主体となって，多様な人々と関わり合い協働しながら，具体的な課題を創造的に解決していく経験が必要となってくるでしょう。活力ある豊かな未来を創っていくため

にも，自立した個人が，多様な人々と協働して，新しい価値を創造していく実践力の育成が課題となります。

　現在，そしてこれからの社会の大きな特徴の一つは，社会の変化が激しく将来が読み切れないところにあるでしょう。だからこそ，状況の変化に臨機応変に対応できる力，そして，できれば自ら変化を生み出す力が求められます。

　変化に対応するためには，例外的な事態も含め，様々な可能性を予測しておく力，最善の努力を尽くしても「分からないこと(未知なこと)がある」と想定しておく謙虚かつ慎重な態度，さらに，予測できなかった想定外の事態に対してその場に「あるもの」を最大限生かして対処する力が必要になります。

　また，将来が読み切れないということは，専門家など誰か一人の未来予測に頼ることができないということでもあります。だからこそ，一人一人が自ら考え，必要な場合にはリスクを取って行動することが必要になります。しかし，自分一人の考えは視野が狭い可能性が高いですので，他人と話し合い，より広い視野のものに作り直すことが望ましいでしょう。そのためには，よく考える人々のコミュニティが構築・発展できるとよいことになります。(略)

　実践力は，学校教育の中で実践的な課題を見付けて解く経験から身に付いていくものです。複雑な現実の中で常に新しい課題が出てくるからこそ，それを乗り越える工夫をすることで，実践力だけでなく，基礎力や思考力が伸びていくことが期待されます。また，具体的な課題に結び付けて自分や他者，社会に役立つ問いや答えを求めるだけに，学習内容が「自分事」になり，理解が一層深まることも期待されます。

　また，実践力は，学校で育てたい力であるとともに，学校の外の「世界」—子供たちの生活の場であり，彼らが将来，社会人として働き，生きていく場となる地域や社会，グローバルな国際社会—と実際に関わって育てていくことが望ましい力です。したがって，「未来を創る実践力」の育成は，学校が社会に開かれ，地域や多様な機関

と協働することを一層求めるものです。

> (国立教育政策研究所編『国研ライブラリー　資質・能力[理論
> 編]』東洋館出版社より)

●方針と分析

(方針)

　　情報化やグローバル化の進展により予測困難な変化をともなう社会
の中で，生徒自身が自らの生き方の基盤となる資質や能力を身に付け
るために，学校教員がどのような指導を実践すればよいかについて具
体的に論述する。

(分析)

　　【文章1】の主旨は，AIだけで人間のすべての思考や活動を代替させ
ることは困難であり，とくに予想しえなかった事態に対して的確な判
断を下すことや，新しい問題を見つけ出す作業はAIだけではなしえな
い。だから技術をうまく使いこなせる成熟した精神，つまり知性と道
徳のバランスが必要であり，それは教育によって可能となる。しかし
教育はそれほど合理的な行為ではなく，経済学が示唆する合理性の原
則は，企業組織の存続にとっては必要条件だが，人間が善く生きるた
めの十分条件ではない。後者の必要条件は外的条件の変化に対する適
切な対応である，というものである。

　　他方で【文章2】で示されている「未来を創る実践力」とは，周り
の世界とかかわりながら，自らの生き方や生活の仕方を主体的に選ん
でいく自律的活動，多様な人々との相互理解を深め，協働して問題解
決していく関係形成，社会や自然の課題と向き合い新たな価値を創造
する，といった「自分自身と社会の未来を切り開いていく」ための能
力を意味している。と同時に，この実践力は「社会や状況の変化に臨
機応変に対応できる力，自ら変化を生み出す力，さまざまな可能性を
予測する力，予測できなかった想定外の事態に対してその場にあるも
のを最大限生かして対処する力」とも述べられている。【文章2】では，

このような実践力は「学校教育の中で実践的な課題を見付けて解く経験から身に付いていくもの」であると同時に「学校外の世界─生活の場である地域社会，グローバルな国際社会と協働して育てていくことが望ましい」という旨が述べられている。

　とくに【文章1】【文章2】に共通するのは，「予想しえなかった事態に対して的確な判断を下し，対処する能力」を身に付けるための教育であり，これを具体的に学校教育における指導の現場でどのように実践するかに触れる必要がある。

●作成のポイント

　たとえば両方の課題文に共通して挙げられている「未来を創る実践力」としての資質や能力である「予想しえなかった事態に対して的確な判断を下し，対処する能力」の習得については，アクティブ・ラーニングにおけるワークショップ(課題解決)型授業を取り入れたグループワークでのディスカッションやプレゼンテーションなど，実践的な授業プログラムが想定できる。また授業内容も「危機管理」というテーマで，学校や学校のある地域の「防災・防犯」を想定した対処の仕方をシミュレーションさせ，全校生徒や地域住民との協働による解決策を調査分析させるといった内容が検討できるであろう。あるいは課題文に掲げられている「情報化」「グローバル化」に関する諸問題を提起し，それらに向き合うためのシナリオを検討させるといったプログラムでも構わない。

　さらには外部企業が主催する「クエストエデュケーション」や外部団体が主催する「全日本高校模擬国連大会」といったイベントに生徒を参加させるといった試みを提案するのも有効である。いずれにせよ，授業や指導をどのように組み立て，どう実践するのかというプロセスを具体的かつ筋道を立てて論述していくことがポイントである。

【特別支援学校教諭】　90分

●テーマ

　　令和2年度学校教育指導方針では，学校教育推進の柱の一つとして，自立と社会参加に向けた特別支援教育の推進が掲げられています。障害のある幼児児童生徒が自己のもつ能力や可能性を最大限に伸ばし，自立と社会参加ができるよう，一人一人の「生きる力」を培う教育の充実を図ることが重要です。
　　あなたは，特別支援学校の教員として，どのように自分の専門性を発揮し，子どもの教育的ニーズに基づいた指導を行いたいか，あなたの考えを述べなさい。

●方針と分析

（方針）

　特別支援学校の教員としての立場から，自分の専門性を活かした，児童生徒の「自立と社会参加」に向けた教育指導の実践方法やその概要について，具体的に論述する。

　（分析）

　特別支援学校の生徒児童の「自立と社会参加」とは，平成26年11月の「中央教育審議会答申」に示された新しい学習指導要領等の在り方に盛り込まれた内容である。

　茨城県では，各学校の教育目標具現化に向けた特色ある教育活動の一層の推進が図られるよう，毎年「学校教育指導方針」を策定しているが，令和2年度の指導方針においては，「学校教育推進の柱」の中の1つとして「自立と社会参加に向けた特別支援教育の推進」が掲げられており，設問にも引用されている「障害のある幼児児童生徒が自己のもつ能力や可能性を最大限に伸ばし，自立と社会参加ができるよう，一人一人の『生きる力』を培う教育の充実を図る」という目標が示されている。

　なかでも「特別支援学校における教育の充実」という項目では，「ICTの活用による学習活動の充実」「RPDCAサイクルに基づく各教科等及び自立活動の指導の工夫改善」「キャリア教育に関する指導の工夫改善」や「体験活動の取組」「障害者スポーツを通した交流」といった具体的内容が挙げられている。そこで本課題では，たとえば「ICT教育」「自立活動」「キャリア教育」「スポーツ交流」といったテーマについて，特別支援学級の中で児童生徒の障害の種類に応じてどのような取り組みが可能か，具体的な事例を想定した叙述が求められる。

●作成のポイント

　設問が「障害を持つ生徒児童の自立と社会参加」と広い概念であるので，特別支援学校の教員として自身がどのような指導を展開したいのか，具体的な場面やテーマを絞ったうえで書き始めること。先に挙げた「ICTの活用」「自立活動」「キャリア教育」「スポーツ交流」など，自分の専門性や専門教科の指導内容にもっとも関連づけられそうなテーマを1つ選び，「子どもの教育的ニーズ」すなわち児童生徒の障害の種類に応じた，無理のない授業ないしは指導の実践方法について，具体的かつ筋道を立てて論述することがポイントである。たとえば電子機器・機材教材の開発などを専門とする者であれば，生徒児童の障害の種類に応じたICTツールの活用法について，たとえばタブレットや画面読み上げソフト，無線LANやテレビ会議などのツールを利用した授業の実践方法について自身の専門教科の指導を想定して具体的に提示するとよいだろう。さらに文章の最後に，まとめとして授業や指導の結果，どのような生徒児童個人への学習成果が期待できるのかについても触れておくとよい。

【養護学校教諭】　60分

●テーマ

児童生徒の現代的な健康課題に対応するためには，養護教諭が窓口となり，関係教職員や外部機関等との連携を図ることが大切です。

あなたは，養護教諭として，このことをどのように考え，どのように取り組んでいきますか。

600字以上800字以内で，あなたの考えを具体的に述べなさい。

●方針と分析

(方針)

肥満・痩身，生活習慣の乱れ，メンタルヘルスの問題，アレルギー疾患といった児童生徒の「現代的な健康課題」に対応するために，養護教諭として関係教職員や外部機関等との連携を図ることの意義や必要性，さらに具体的な取り組みについて論述する。

(分析)

たとえば平成29年3月に文部科学省が作成した，児童生徒が抱える様々な現代的な健康課題についての養護教諭に期待される役割として，①児童生徒，保護者，教職員等といつでも相談できる保健室経営を行うこと，②地域の関係機関(医療機関や保健福祉機関など)とも連携できるよう関係性を築くとともに，③地域の関係機関をリスト化し，教職員等に周知するといった項目が挙げられている。また養護教諭は，学級担任等に対して ①気になる児童生徒の学級での様子についてヒヤリングする，②医学的な情報や現代的な健康課題の傾向等を的確に伝える，③日常の健康観察のポイントや，危機発生時は児童生徒が異なったサインを出すことなどを周知する，といった役割を担うことが求められている。

さらに校内委員会に対しても養護教諭は健康面の支援について，①専門性を生かし，具体的な支援方法や長期目標，短期目標等について

助言する，②関係機関と連携した対応が必要な場合は，学校医やスクールカウンセラーやスクールソーシャルワーカー等の専門スタッフとの協力のもとに，より児童生徒の実態に即した支援方針・支援方法が検討されるよう働きかける，といった内容が提示されている。

●作成のポイント

ここでは，文章を前後半の2部構成として説明する。前半では，養護教諭として「児童生徒の現代的な健康課題」に対応するための関係教職員や外部機関等との連携を図ることの重要性や意義について示す。後半では，自身が養護教諭としてどのようにこの連携を図るのか，取り組み可能な事例をいくつか挙げ，それらを具体的にどのような方法で実践するのかについて，5W1Hを明確にしながら詳しく提示するとよい。その際に，児童生徒の「健康課題」のうち1〜2のケース，たとえば肥満やアレルギー疾患への対応を挙げ，具体的にどのような手順で連携を図るのかを筋道立てて説明することがポイントである。

【栄養教諭】

●テーマ

学校給食における児童生徒の食物アレルギーに対応するためには，学校全体で組織的に取り組む必要があります。

あなたは，栄養教諭として，このことをどのように考え，どのように取り組みますか。

600字以上800字以内で，あなたの考えを具体的に述べなさい。

●方針と分析

(方針)

　児童生徒の食物アレルギーに栄養教諭として取り組む際に，学校全体で組織的な取り組みを行うことの意義や，具体的にどのように組織的な取り組みを構築するかについて，自身の考えをまとめる。

(分析)

　茨城県の小中学校の場合は，全教職員による「校内食物アレルギー対応委員会」などの組織を構成して児童生徒の学校給食における食物アレルギーに対応に当たっているが，食物の専門家でもある栄養教諭はこの中でも指導的な役割を果たす任務が課せられている。この中では，食物アレルギーのある児童生徒への日常的な対応措置として，学校医や保護者との連絡，養護教諭や担任教諭などとの間での情報共有，リスク低減のための給食献立表の作成や調理員，食品納入業者への指示等を実施するのが栄養教諭の役割となる。

　さらに給食終了後の健康観察の結果，異常がみられた児童生徒に対しては，保護者への連絡・所持薬の使用，救急車の出動要請等が必要になるケースがあるため，学校教職員全員で組織的な対応をとる必要が生じる。養護教諭と連携し医療機関への搬送における対応など短時間で対応できるよう，複数の職員でそれぞれ役割分担をする必要がある。また，事後の児童生徒のケア等もある。

　こうした取り組みの意義や方法論について，ポイントを押さえた論述を心がける必要がある。

●作成のポイント

　ここでは，文章構成を前後半の2部に分け説明する。前半では栄養教諭として，学校全体で生徒児童の食物アレルギーについて取り組むことの重要性やその中での栄養教諭の立場や役割について，後半では栄養教諭としての具体的な取り組みについてアイデアを提案する内容で論述するとよい。

　その際に県で実施されている「校内食物アレルギー対応委員会」の

マニュアルや注意事項なども参考にしながら，栄養教諭としての一般的な役割や指導内容，さらに自分自身が栄養教諭となって特に取り組みたいことについて，自分自身の経験や関心を土台にしながら，論点を1〜2点に絞って具体的かつ論理的に説明することがポイントとなる。

2020年度　論作文実施問題

【小学校教諭・中学校教諭・2次】　60分

●テーマ

> 　児童生徒が安心・安全に過ごせる学級にしていくためには，教師が一人一人の小さな変化やサインを見逃さず，適切に対応することが必要です。
> 　あなたは，このことをどのように考え，学級担任として，どのように取り組んでいきますか。
> 　600字以上800字以内で，あなたの考えを具体的に述べなさい。

●方針と分析

（方針）

　学校は児童生徒理解に努め，児童生徒の安心・安全な学校生活を保障することの重要性を論じたうえで，そのために学級担任としてどのように取り組みを行っていくか，具体的な方策を2つから3つに整理して述べる。

（分析）

　学校は，児童生徒が安心して生活し，学ぶことのできる安全な場所でなければならない。しかし，大地震や風水害などの自然災害，不審者の侵入，火災など，安全を脅かすものは広範囲に及ぶ。特に，児童生徒の人間関係を巡るトラブルやいじめといった問題は，児童生徒の安心・安全な学校生活を脅かす存在として深刻な問題となっている。いじめの問題は，社会的な注目を集めており，平成25年9月「いじめ防止対策推進法」が施行された。しかし，いじめは一向に減少の気配を見せず，平成30年度に認知されたいじめが前年度から約13万件増加

し，54万3933件と過去最多を更新したことが明らかになった。また，心身に大きな被害を受けるなどの「重大事態」も602件で，過去最多となっている。学校は，いじめなどの問題を防止し児童生徒の安心・安全な学校生活を保障する取り組みを充実させていかなければならない。

いじめなどの問題を防止し児童生徒の安心・安全な学校生活を保障するためには，教師が児童生徒一人一人の変化や児童生徒が発するサインを見逃さず，適切かつ迅速な対応をしていかなければならない。そのために，教師は児童生徒理解に努めなければならない。また，「道徳教育の充実」「より良い人間関係の構築」「支持的風土のある学級づくり」「いじめに負けない強い心の育成」など，日常的な指導も重要である。

●作成のポイント

序論，本論，結論の三段構成で論じる。

序論では，児童生徒たちが安心して生活し，学ぶことのできる学校であることの重要性を論じ，そのために，教師は児童生徒一人一人の変化や児童生徒が発するサインを見逃さず，適切かつ迅速な対応をしていかなければならないことを述べる。

本論では，児童生徒の安心・安全な学校生活を保障するために，どのように取り組みを行っていくのか，具体的な方策を2つから3つに整理して論じる。その基本は児童生徒理解であり，そのための具体的な取り組みを述べる。また，日常的な取り組みとして，「道徳教育の充実」「より良い人間関係の構築」「支持的風土のある学級づくり」など幅広い内容に論及してもよいだろう。

結論は，本論では取り上げられなかった視点を含め，児童生徒の安心・安全学校生活を保障するという強い決意を述べて論作文をまとめる。

【高等学校教諭・2次】　90分

●テーマ

【文章1】【文章2】の内容を踏まえて，生徒に身に付けさせたい資質や能力について示し，その育成のために自らがどのような実践をしていきたいか，具体的に述べなさい。但し，字数は800字以内とし，原稿用紙の使い方にしたがって常体で記述すること。なお，出題の都合上，本文の表記の一部を変更している。

【文章1】

　ひとことで北海道と言っても，場所によって雪の降り方が違う。

　札幌市から列車に乗り，岩見沢市でバスに乗り換えると，そのたびに雪が深くなった。

　三笠市の同市立北海道三笠高校に着いた時には，世界が違って見えた。まちは雪に埋もれ尽くして，眠っているかのようだった。

　風が冷たい。指が千切れてしまいそうだ。

　客など来るのだろうか。そう思って入口をのぞくと，開店前だというのに，既に40人ほどが待っていた。

　同校が部活動で運営しているレストラン「MIKASA　COOKING　ESSOR(ESSORは仏語で飛翔の意)」。2018年7月22日に開店して以来，冬季になっても賑わいが続いている。

　三笠市の人口は8500人ほどしかない。しかも65歳以上の高齢化率が46.3パーセント(18年11月末時点)と極めて高い。にもかかわらず，これほどの来客があるのは，50キロメートルも離れた札幌などから訪れる人が多いからだ。これと言った観光施設がなかった三笠では初めてのことである。

　だが，あくまで高校生が運営する施設だ。苦労や失敗もあったろう。年末，それを取材するために訪れた。12月末で3年生が部活動を引退する前に聞きたかった。

「配膳中にお茶をこぼしたり，レジでお釣りを間違えたりすること
もありました。でも，実際の営業なので，高校生だからという言い
訳はできません。教室ではできない勉強ができました」と岩松優さ
ん(3年，北海道浜中町出身)は振り返る。

　生徒は仕込みの班，厨房で調理する班，客席で接客する班などに，
10数人ずつ分かれて活動する。

　この日，岩松さんが属したのは接客の班だ。前日から新メニュー
として，三笠産のホウレンソウを使ったジェノベーゼパスタを加え
たのだが，客に「ジェノベーゼとはどういう意味か」と尋ねられて，
しどろもどろになる生徒がいた。このため開店前の打ち合わせでは，
「バジルペーストに松の実，チーズ，オリーブオイルなどを加えたソー
ス」と接客担当の全生徒がメモを取って頭に叩き込んだ。
「何が起きても即座に対応しなければなりません。お客様の前では
一人一人が学校代表です。責任は重いのですが，大きな達成感につ
ながります」と岩松さんは話す。

　全員で発声や挨拶の練習をし，午前11時からの営業が始まった。
「いらっしゃいませ」
　若々しい声が響く。接客担当の生徒に導かれた客は，心なしか頬
を赤らめて席に着く。

　茶が減っていないか。　箸は進んでいるか。高校生が食い入るよう
にして見守るので，背筋を伸ばし，礼儀正しく食べていく人が多い。
　市民の反応は，すこぶるいい。
「店に入った途端に，挨拶してくれるでしょう。高校生らしくて気
持ちがいいですよね。遊びたい盛りなのに，土日祝日の営業だから，
遊ぶ暇がないんです。部活動なので給料ももらっていないのよ。でも，
志のある子ばかりだから，決して投げ出さないんです」。60代の女
性が誇らしげに語る。この女性は2度目の来店だ。オープンから間も
ない頃にも訪れたが，1時間以上待たなければならないほどの盛況ぶ
りだった。

　そんな「高校生レストラン」ができるまでには紆余曲折があった。

炭鉱の閉山，人口の流出，財政難・・・。道立高校まで廃校になり，まちとしてはどん底に落ちた。

しかし，道が見放した高校を市が引き取り，逆に全国で注目されるまでに育てあげた。なぜそのようなことができたのか。

(中略)

三笠高校は1945年，工業高校として発足した。その歴史は炭鉱の盛衰を色濃く反映している。

当初は炭鉱技術者を養成するための採鉱科だけだった。普通科や工業科，家庭科が設置され，市の人口が最も多かった60年代には，1学年10学級と各学年500人を超える生徒が在籍した。

69年には野球部が甲子園に出場している。ただし，1回戦で長野県代表の松商学園に14対0で敗れ，ノーヒットノーランを喫した。

その後は相次ぐ閉山で生徒数が減少し，85年に普通科だけの募集になった。

この頃，三笠市教育委員会の中原保・高校生レストラン開設室長は同校へ通っていた。

「応募者がどんどん減って，生徒の学力の差がすごく広がりました。授業についていけずに退学者が続出し，2年生になると1クラス減り，3年生になるとまた1クラス減るという状態でした」と振り返る。

北海道の高校は学区制を布いており，三笠市は空知南学区(9市町)だ。進学を目指す子ほど，人口の多い岩見沢の高校へ進んだ。三笠市は運動も盛んだったので，スポーツ進学を目指す子も市外へ流出した。

そうして三笠高校の学級数はどんどん減っていった。

(中略)

2008年には1学年1学級(定員40人)となり，それでも生徒は半数に満たなかった。

ついに道は09年度の入学生を最後に募集を打ち切り，12年3月で閉校すると決めた。

三笠市では，普通科ではなく職業科高校として残せないかと，1万人規模の署名を集めて提出したが，道の決定は変わらなかった。

　　西城賢策・副市長(現市長)が「これだ！」と膝を打ったのは，そんな時だった。

　　09年2月，付き合いで購読していた政党の新聞を広げた。いつもならあまり読まないのに，その日はなんとなく気になったのだという。三重県多気町の県立相可高校の記事が載っていた。

　　同校には家政科があったが，なかなか生徒が集まらなくなった。そこで1994年度，家政科を食物調理科(定員40人)に変え，20人ずつの調理師コースと製菓コースを設けた。教師には村林新吾教諭が着任した。辻調理師専門学校(大阪市)で10年間教え，テレビの料理番組で調理助手を務めた実績もある。きっちりとだしを取る料理の基礎から叩き込み，地元産の食材の素晴らしさも教えた。調理実習の授業は週に5時間しかないため，調理クラブを結成して技術を磨く場を作った。

　　これを多気町役場が応援した。授業では教えられない接客やコスト管理を学ぶための施設として2005年，日本で初めて高校生レストランを建設した。

　　食物調理科は一躍，人気学科になった。高校生レストランにはいつも長蛇の列ができ，営業終了時間を待たずに完売してしまう。
「北海道と言えば，食と観光だ。これに関わる人材育成を目指し，食を通じたまちづくりと連動させれば，高校もまちも生き残れる」

　　そう考えた西城副市長は，当時の小林和男市長の部屋に駆け込んだ。小林市長は元小中学校の教員で，市立博物館の副館長や市教育長を務めた教育者だった。
「とりあえず，現地を見てこよう」という話になり，視察団を送り込んだ。この年，相可高校を訪れた三笠市教委の音羽英明・学校教育課長は「多気町は三笠市と同じく何もないところでした。なのに，ものすごい数の客が高校生レストランを訪れていて，驚きました」と話す。

　　三笠市は，道立高校としての廃校後，すぐさま市立に移管し，相可高校と同じく調理師と製菓の2コースを持つ食物調理科(定員40人)

の単科高校として2012年4月に開校すると決めた。

(中略)

新生の市立高校は，職業科ではあっても，進学を目指せるカリキュラムを導入した。

校舎は道が修繕して市に委譲し，市が調理室などを整備した。全道から受験できるため，閉院した民間病院を寮に改造した。寮費は月額4万円のうち1万円を補助する。朝食と夕食は寮で食べ，昼には給食を出すので食事の心配はない。入学時に包丁セットと実習服を市から贈呈することにした。

「どれくらい受験してくれるか，最後まで心配でした」。永田徹・教育長は話す。当時は市教委で高校開設準備室の室長だった。

市は消防を含む全職員を動員して，道内の中学校のうち3クラス以上を持つ408校を訪問した。ポスターや資料を手に，新しい市立高校をPRして回ったのである。

その結果，全道から受験者が集まり，入学試験の倍率は2.2倍を記録した。この年の道内の公立高校では最高の倍率だった。

第1期生として調理師コースで学んだ小林美聖さん(22歳)は，幼稚園教諭を目指して，地元の岩見沢市内の普通科高校を受験するはずだった。しかし，中学校に張り出された三笠高校のポスターを見て，栄養士になりたいと思った。

「当時はまだ道立時代のあまり良くないイメージがあり，友達のお母さんには心配されました。でも，全く新しい高校で，新しい勉強ができるところにひかれました」と話す。

札幌市から入学した岩佐愛花さん(22歳)も札幌の普通科高校へ進学を考えていたが，ポスターを見て三笠高校の製菓コースに変えた。バレンタインデーにチョコレートを渡した教師から「パティシエになれる」とほめられたのも一つのきっかけだ。受験の面接では「都会ではなく，小さなまちでアットホームな菓子店を開きたい」と答えた。

「イメージ通りの学校でした。しっかり勉強できて，自由な雰囲気

がありました」と話す。

　ただし，道立の高校の閉校と同時に開校させるために急いだせいか，特に製菓コースでは教育体制が整っていない面があった。

　教師は全国一律の設置基準に従って配置され，市立であっても道採用教員が道の異動で赴任する。調理師コースでは，これに加えて相可高校OBの斉田雄司教諭を市単独で採用した。しかし，製菓コースに市単独採用の教諭はいなかった。

　資格も調理師コースは卒業時に調理師免許が取得できるが，製菓コースは学校だけでは製菓衛生師の国家資格が取れない。いまだに在学中に，札幌市の専門学校でスクーリングが必要だ。当時は，教師も岩佐さんと一緒に製菓衛生師の資格を取得するような状態だった。「調理師コースがうらやましかった。部活動も調理部はすぐにできたのに，製菓部は私達が運動して2年生の時に設立しました」。岩佐さんは初代の製菓部長に就任した。

　旭川市から製菓コースに入学した上西歩夢さん(22歳)は「製菓衛生師のスクーリングで専門学校に行くと，こんなに違うのかというぐらい高校の授業と差がありました」と話す。だが，専門教諭がおらず，自由にできたのが，上西さんにとって良かったという。

　菓子が好きになったのは，小さい頃に兄が作ってくれたからだ。中学校時代は，菓子作りの教室に通った。同じように菓子作りを趣味にしていた中学校の男性教諭に三笠高校の「新設」を聞いて受験した。「お菓子を科学的に研究するのが好きでした。休日には寮にこもり，時間割を作って10時間以上，製菓理論などを勉強しました。疲れたらチョコレートを溶かして文字を書く練習をしました」と話す。

　上西さんは製菓部に入った。調理部は斉田教諭に率いられて，数々の大会で入賞していた。調理部に負けてなるものかと，岩佐さんらと大会に参加し，優秀な成績を収めた。

　三笠高校にはもう一つの部活動があり，小林さんは地域連携部に入った。企業と協力して地場産品を使った商品を開発したり，高齢者施

設や児童施設を訪問したりする。農家に教えてもらいながら野菜を栽培し，食材の知識も蓄える。市立高校らしい地元密着の活動だろう。

教育環境は，走りながらではあるが，整えられていった。

「入試倍率は平均して1.7倍〜1.8倍です。学力と理解力があり，将来何をやりたいか明確な子が入ってきます。やらされる学習ではなく，自分がやりたい勉強をしています。有名な料理人にも講師で来てもらいますが，生徒はひとことも聞き漏らさないようにメモを取り，質問攻めにします。外部講師には三笠高校で教えると楽しいと言われます」と遠藤校長は語る。

心配された経費だが，高校の設置基準に基づいた交付税措置があるので，純然たる市の支出は年間2000万円程度で済むと分かった。

久々に明るい話題を与えてくれる三笠高校生に市民の間ではファンが増えていった。68歳の女性は「素直で，明るくて，どこで会っても挨拶をしてくれます。親元を離れて寮生活をしているので，すごくしっかりしているんです。孫みたいで本当にかわいい」と手放しでほめる。

中原室長も「自分の出身校が誇らしくなりました。三笠高校の生徒の活躍で，市のイメージは180度変わりました」と断言する。

そして18年，高校生レストランができた。調理部と製菓部がそれぞれ店舗を持ち，地域連携部も物販を行う。建設費の約5億円は，政府の交付金などが使えたため，市の実質的な持ち出しはほとんどない。

ここで生徒は何を学んだのか。

調理部長だった村越羽那さん(3年，北海道千歳市出身)は「自分で頭を使って動く力が身につきました。待っていても仕事はきません。人の動きを見て，自分で探していくのです」と語る。

高校生レストランがオープンする前，調理部は市内の飲食店を借りて，休日ごとに営業の実習をした。その時，村越さんは予約が入っていたのにご飯を炊き忘れるミスをした。落ち込んでいる暇はなかった。すぐに謝り，気持ちを切り換えて，次の行動に移らないと，予約の客以外にも迷惑をかけてしまうと実感した。「リカバーする力

も必要なのだと学びました」と話す。

　製菓部長だった村木宏寧さん(3年，札幌市出身)は「周りを見る力がついた」と話す。

　ルバーブという野菜を使った製菓部オリジナルのデニッシュを販売した時のことだ。ルバーブは赤くてセロリのような食感があり，酸味もあって美味しい。しかし，一般にはなじみがないので，あまり売れなかった。部員の1人が，絵入りで分かりやすく解説したディスプレー広告を描いて張った。すると次第に売れ始めて人気商品になった。

　「自分がいいと考えているものが，すぐさま周りの人にもいいと思ってもらえるわけではありません。人が何を求めているか，どう伝えていくか，俯瞰的に見ることが必要だと分かりました」と言う。

　村越さんも，村木さんも，食べ物を通して，人間を見る力を養ったのである。

　卒業後，2人は就職と進学に分かれる。「物心ついた時には調理師の母にならって包丁を握っていた」という村越さんは，札幌市の和食店に勤める。「和食は勉強すればするほど深まるので，もっと追究していきます。世界にも広めたい」と話す。「お菓子だけでなく，人間をどう動かすかが重要」と感じた村木さんは，食やマネジメントについて幅広く学びたいと立命館大学へ進学する。「将来は商品企画や地域おこしの仕事がしたい」と語る。

　ところで，第1期生の小林さん，岩佐さん，上西さんは18年，三笠市に戻って来た。高校生レストランには，調理設備を備えたイベントスペース「キッチンスタジアム」があり，市民向けの催しを行っている。ここで運営に当たる地域おこし協力隊員に応募したのだ。

　地域おこし協力隊員は，市の非常勤職員で，給与は特別交付税で賄われる。任期は3年以内で，任地での定住を目指す。

　まず動き出したのは上西さんだ。高校を出てからコーヒーの美味しさに目覚め，三笠でカフェを開こうと考えていた。インターネットを利用して出資を募るクラウドファンディングで約155万円を集め，

5月の開店に向けて準備の真っ最中だ。

　岩佐さんは元製菓部長だが，居酒屋を開く予定だ。「料理の感想が聞けるし，お客さんと楽しく話せて，人に触れあえる面白さがあります。三笠市では高齢化した飲食店主の引退時期が迫っていて，新しい店が必要になっています」と話す。

　小林さんは，高齢者施設の栄養士として働き，自宅で祖母を介護した経験から，「高齢者向けの料理教室を始めたい」と言う。雪国の料理は塩分が多い。しかし三笠高校ではだしをしっかり取り，素材をいかした味つけをするので塩分は控えめだ。高校生レストランでは「自分の料理がどれほど塩辛かったかよく分かった」と驚く客もいる。高校と連携して健康的な調理方法を教えれば，効果が上がるはずだ。

　3人は三笠の出身ではない。しかし寮生が多く，課外活動までみっちりこなす三笠高校での3年間は濃密だった。だからこそ「三笠に帰ろう」という意識が生まれたのだろう。しかも，まちの課題を解決する形で事業を興そうとしている。こうした若者が育っただけでも三笠高校の市立化は成功だったと言える。

「イタリアには，こんな田舎まちがあります。少し前まで何もなかったのに，食材が素晴らしいことから凄腕のシェフが次々と開店して有名になりました。僕ら卒業生が三笠をそんなふうに盛り立てていけたら楽しいですね」と上西さんは微笑む。

　将来が楽しみだ。

　　　　　　(葉上太郎「北海道三笠市，高校生レストランの奇跡」『中央公論』　平成31年4月号より)

【文章2】

　キャリア発達に関する学校の役割は，学校から社会に移行するために必要な基礎的・汎用的能力を獲得する機会を設けることだ。キャリア発達は生涯にわたるため，個人が学校を卒業した後に自分自身でキャリア発達を促進し続けられるような育成が求められている。

(中略)

　2008年には中央教育審議会「キャリア教育・職業教育特別部会」が設置され，「今後の学校におけるキャリア教育・職業教育の在り方について(答申)」の中で，「基礎的・汎用的能力」が定義された。同答申によると，「基礎的・汎用的能力の具体的内容については，「仕事に就くこと」に焦点を当て，実際の行動として表れるという観点から，「人間関係形成・社会形成能力」「自己理解・自己管理能力」「課題対応能力」「キャリアプランニング能力」の4つの能力に整理した」とある。　　(中略)

　キャリア教育・職業教育特別部会で定義されたこの4つの能力は，端的には，対人基礎力・対自己基礎力・対課題基礎力，キャリアプランニング能力であり，前者の3つの基礎力は，経験を通じて獲得されるものである。たとえば，人間関係形成・社会形成能力(対人基礎力)は，自分から話しかけることや他者を受容すること，共通の目標に向かってチームで取り組むこと，リーダーシップの発揮などが含まれるが，これは小学校の段階では，班活動や運動会，縦割り清掃などの経験を通じた獲得が期待される。中学校では，調べ学習や職場体験，クラブ活動，修学旅行など，小学校段階に比べ，多様な他者の力を引き出しながらチームの目標を達成するといった，より複雑な対人基礎力の獲得が期待される機会が存在する。同様に，高校以降では個人の発達に合わせ，さらに高度で複雑な能力獲得が期待される。

　自己理解・自己管理能力(対自己基礎力)とは，具体的には「思考」・「感情」・「行動」のセルフマネジメントをさしている。前向きな思考や自分で自分を動機づけることができる力，怒りを覚えたときにそれを自覚し，自分で制御するアンガーマネジメント，自身のストレスに影響するストレッサーを自覚し，ストレスとじょうずに付き合うストレスマネジメント，その他，独自性の理解，計画的で主体的に行動することが含まれる。

　課題対応能力(対課題基礎力)は，課題を見つけ，計画を立て，解決

に向けた行動を起こすことが含まれる。この能力は，アメリカでは数学や科学との関連性が指摘され，教科学習を通じて獲得できるスキルの一つと考えられている。

　キャリアプランニング能力は，他の3つの基礎力とは異なり，獲得のためには日常的な経験だけでなく，新たな知識の獲得が求められる。小学校段階から少しずつ自らの役割を果たしながら，自身の社会における「働き」や貢献を考える時間を設けるなど，意図された学習機会を設けることが必要だ。

(小泉令三・古川雅文・西山久子『キーワード　キャリア教育
—生涯にわたる生き方教育の理解と実践—』北大路書房より)

●方針と分析

(方針)

　二つの文章の趣旨を踏まえ，そこから考えられる生徒に身に付けさせたい資質・能力を示す。そのうえで，そのためにどのような実践をしていくかを具体的に論じる。

(分析)

　文章1は，北海道三笠市の高等学校の，地域課題を教育課程の中で解決した実践を紹介したものである。平成27年12月の中央教育審議会の答申では，「学校と地域はパートナーとして相互に連携・協働していく必要がある」と述べている。文部科学省でも「社会教育関係者をはじめ地域の多様な主体と学校が連携・協働し，高校生が地域課題を解決する取り組みを地域の住民や団体等と共に企画・実施することは，生徒の主体的・対話的で深い学びの実現に大きな意義を持つものであり，地域への愛着や地域の将来を担う当事者としての意識の向上など，地域の持続的な発展にも資することが期待される」とし，高校生の地域課題の解決に向けた取り組みに期待している。

　文章2は，新学習指導要領で重視しているキャリア教育に関わる文章で，その重要性を述べている。キャリア教育については，「子ども

たちに将来，社会や職業で必要となる資質・能力を育むためには学校で学ぶことと社会との接続を意識し，一人一人の社会的・職業的自立に向けて必要な基盤となる資質・能力を育み」としている。

　この二つの文章から考えられることは，地域課題を解決する取り組みを通して良き社会人，職業人となるための資質・能力を育てることである。

●作成のポイント

　序論，本論，結論の三段構成で論じる。

　序論では，この二つの文章の趣旨から読み取ったことを述べ，これからの社会を担っていく高校生に身に付けさせたい資質・能力を示す。それは，将来，社会や職業で必要となる資質・能力であり，課題発見力や創造力，課題に粘り強く取り組む態度を含む問題解決力，多くの人々と協働するためのコミュニケーション能力などである。

　本論では，そうした資質・能力を育成するために，高校生が地域課題の解決に取り組んでいくためにどのような実践をしていくか，専門とする教科の指導も含めた具体的な方策を2つ～3つに整理して論述する。その際，こうした活動を通してこれからの地域社会を担っていく人材を育てるという考えを基本に据えることが重要である。

　結論では，そうした資質・能力を育成するための本文では触れられなかった視点やこれからの自分自身の研修課題などを含めて述べて，まとめとする。

【養護教諭・2次】　60分

●テーマ

　養護教諭は，児童生徒の身体的不調の背景に，いじめや不登校，虐待などの問題が関わっていること等のサインにいち早く気付くことができる立場です。

　あなたは養護教諭として，このことをどのように考え，どのように取り組んでいきますか。

　600字以上800字以内で，あなたの考えを具体的に述べなさい。

●方針と分析

(方針)

　他の職種にはない養護教諭の職務の特質を生かした児童虐待やいじめ不登校のサインの早期発見のための視点や方法，養護教諭が果たすべき役割の重要性を整理して述べたうえで，どのように取り組んでいくか具体的に論じる。

(分析)

　深刻化する陰湿ないじめや子ども同士のトラブル，友達とのコミュニケーションがとれず不登校や引きこもりに至ってしまう状況，適切な人間関係が築けずに暴力行為等に走る傾向，自分の思いを素直に表現できず自傷行為などに至る行動，自分自身に自信がなくて極端に自尊感情が低く自死に至ってしまう現状などは，子どもの心が健康な発達をしていないことに起因していると考えられる。その根本的な原因は，学校や家庭等での人間関係にある。

　養護教諭は，その職務の性質上学業の成績とは直接関わることはなく，子どもが心を開放して自らの悩みなどを相談しやすい環境をつくることが可能である。また，身体を直接観察できる機会も多く，身体の痣や傷の様子，栄養状況などから，虐待の兆候を発見しやすい立場にある。そうした兆候を発見した場合は，迅速に管理職に報告し，組

織的な対応につなげていくことが必要である。

　養護教諭は，そうした職務の特性を生かして心の問題を抱えた子どもにとっての学級とは異なる居場所を提供し，一人一人の子どもに関わる様々な情報の収集と提供，担任教諭とは異なる視点からの指導・助言などに努めなければならない。また，当人はもとより保護者も含めた教育相談的手法を活用した相談機能を充実させることも必要である。

●作成のポイント

　序論，本論，結論の三段構成で論じる。

　序論では，子どもの心身の健康管理を担う養護教諭は，その職務の特性を生かして，一人一人の子どもの心身の健康に関わる様々な情報の収集と提供に努めなければならないことを指摘する。そのうえで，そうした子どものサインを見逃さず，いじめや虐待などの兆候の早期発見のための視点や方法を整理して述べる。

　本論では，そうした基本的な考え方に立って，養護教諭としてとるべき具体的な方策について，2つ程度に整理して論述する。この2つは，異なる視点から述べ，様々な対応策をもっていることを示すことが重要である。また，小学生，中学生，高校生では発達段階が異なり，その具体的な方策も異なってくる。したがって，どの校種を想定するのかを特定し，発達段階に即した論述にすることも考えられる。

　結論では，子どもの心身の健康問題をもう一度俯瞰的に捉え，本論で述べられなかった方策や自分自身の研修課題なども含めて，いじめや虐待などの早期発見と早期解決を図っていくことに努力するという決意を述べ，論作文をまとめる。

【特別支援学校教諭・2次】　90分　1200字以内

●テーマ

　小学校学習指導要領解説　特別の教科　道徳編によると，道徳の教科化について，「発達の段階に応じ，答えが一つではない道徳的な課題を一人一人の児童が自分自身の問題と捉え，向き合う「考える道徳」，「議論する道徳」へと転換を図るものである。」とあります。
　知的障害のある児童生徒においても，社会で生活する上で，特別の教科　道徳は大切であると考えますが，知的障害のある児童生徒に道徳科の指導をする時に，どのようなことに留意し，取り組んでいきますか。具体的に述べなさい。

●方針と分析

(方針)

　社会環境や児童生徒の状況から，設問の「考える道徳」「議論する道徳」への転換を図ることの重要性を述べる。そのうえで，どのように取り組みを行っていくか，具体的な方策を2つから3つに整理して述べる。

(分析)

　道徳教育は，教育基本法や学校教育法に定められた教育の根本精神に基づき，自己の生き方を考え，主体的な判断の下に行動し，自立した人間として他者と共によりよく生きるための基盤となる道徳性を養うことを目標としている。

　今回の学習指導要領の改訂によって，「特別の教科　道徳」が教育課程上に位置付けられることになった。従来から，週一時間，道徳の時間が位置づけられていたが，他の教科等の学習に比べて軽んじられ，場合によっては他の教科等に振り替えられる傾向があったことは否定できない。一方，児童生徒の状況を見ると，自ら考える力や学ぶ意欲に課題があること，自己肯定感や社会参画の意識が低いことなどが指

摘されている。また，社会問題ともなっているいじめや不登校といった問題も一向に減少する気配を見せない。「特別の教科　道徳」は，こうした状況を背景とし，道徳教育の一層の充実を図るために設置されることとなったのである。

　新学習指導要領では，「考えを深め，判断し，表現する力などを育むことができるよう，話し合ったり書いたりするなどの言語活動を充実すること」が示されている。これは，自ら考えさせ，友達と話し合うことで，主体的で自立した人間の育成を意図している。これが，設問の「考える道徳」「議論する道徳」への転換を図ることであり，特別支援学校でもその具体化が求められている。

●作成のポイント

　序論，本論，結論の三段構成で論じる。

　序論では，現在，なぜ道徳教育の充実が求められているのか，その理由を分析し，整理して論述する。道徳教育が目指すもの，社会の状況，児童生徒の実態などに論及する必要がある。その際，設問で示された「考える道徳」「議論する道徳」へ転換を図ることの重要性を強調する。

　本論では，特別支援教育において「考える道徳」「議論する道徳」をどのように具体化していくのか，2つから3つの視点に整理して論述する。その方策は，特別支援教育の基本である障害の状況に応じた指導でなければならない。障害種別やその状況を設定して論じることも考えられる。

　結論では，本文で書けなかったことも触れながら，特別支援教育においても特別の教科道徳を充実させていくという，強い決意を述べてまとめとする。

【栄養教諭・2次】　60分

●テーマ

　栄養教諭の職務において，食に関する指導と学校給食の管理を一体のものとして行うことは，大切なことです。

　あなたは栄養教諭として，このことをどのように考え，どのように取り組みますか。600字以上800字以内で，あなたの考えを具体的に述べなさい。

●方針と分析

(方針)

　栄養教諭の専門性と職務の特質を生かし，食の指導と給食管理を一体とした取り組みをしていくことの重要性を述べたうえで，そのことにどう取り組んでいくか具体的に論じる。

(分析)

　学校給食法に「学校における食育の推進」が位置づけられ，栄養教諭には，その食育にかかわる指導を充実させることが求められている。栄養教諭は，子ども一人一人と向き合うことだけではなく，食の指導と給食管理を一体とした取り組みをしていかなければならない。そのために，教師集団や保護者を含む地域住民，医療機関などの関係諸機関と連携協力し，組織的な食の指導と給食管理が求められているのである。

　それらの目的は，児童生徒の心身の健康の保持増進である。その指導のポイントは，児童生徒が「自ら営む」という点にあり，自己の食事の管理に関して自助努力をさせ，健康の保持・増進を自ら進めさせていくことが重要である。そのために，学校の全教職員はもとより，保護者や地域と連携した組織的な取り組みが求められている。

　今回の設問のねらいは，組織的に取り組むべき食の指導と給食管理指導に向けての栄養教諭としてのリーダー的役割である。たとえ新規

採用教員であっても，その分野の専門家としての「リーダー的役割」が求められている。その役割を果たすことを力強く論作文に表現することが重要である。

●作成のポイント

　序論，本論，結論の三段構成で論じる。

　序論では，まず，食の指導と給食管理を一体とした指導をしていくことの重要性を指摘する。そのために，『チーム学校』の考え方に立って，組織的な指導を行うこととし，栄養教諭が果たすべき役割の重要性について述べる。そのうえで，栄養教諭としてこの責務をどのように果たしていくのか，その視点を示して本論に結びつける。

　本論では，そのための具体的な方策を論述することになる。異なる視点から2つ程度の方策を設定して論述するとよい。食事に関する自己管理能力の育成，教育相談的手法の習得とその活用などが具体的な方策となると考えられる。栄養教諭としてどのようにかかわっていくのかを論述することになるが，問われているのはこの問題に対する専門家としてのリーダー的視点である。周りは先輩教員ばかりで配慮も必要であり，あなたの人柄に基づくリーダーシップの発揮について論述することが必要となる。

　結論では，本論で述べられなかった方策，自分自身の研修課題などを含め，組織的な食の指導，給食管理に向けて不断の努力を続けていくという決意を述べて論作文をまとめる。

2019年度　　論作文実施問題

【小学校・中学校教諭・2次試験】　60分

●テーマ

> 確かな学力を育むためには，互いのよさを認め合い，自分のよさを発揮できる学級づくりが大切です。
>
> あなたは，このことをどのように考え，学級担任としてどのように取り組んでいきますか。
>
> 600字以上800字以内で，あなたの考えを具体的に述べなさい。

●方針と分析

(方針)

　確かな学力を育むための学級づくりでは，互いのよさを認め，自分のよさを発揮することが必要である。このことについて，自身の考えを述べ，学級担任として実践したいことを説明する。

(分析)

　「互いのよさを認め合い」は「生きる力」においては豊かな心に該当するので，「確かな学力を育む」のに，「互いのよさを認め合い」はどう関連するか戸惑った受験生もいるかもしれない。「いばらき教育プラン」(茨城県教育委員会・以下，本資料)によると，国の方針として「課題の発見と解決に向けて主体的・協働的に学ぶ学習の在り方」を推進しているとあり，「小学校学習指導要領解説 総則編」では「…言語活動の充実や，グループ学習，ICTの積極的な活用をはじめとする指導方法・指導体制の工夫改善を通じた協働型・双方型の授業革新が求められており…」と，グループで問題解決にあたることを示している。また，新学習指導要領の改訂の方向性でも「主体的・対話的で深

い学びの視点からの学習過程の改善」から，確かな学力を育むために，互いのよさを認め合うことが必要であることがうかがえる。

　また，ここで論点となっているのは「学級づくり」であるため，各教科の授業に関することではなく，ホームルームや特別活動，道徳などにおける指導と考えられる。したがって，自己有用感の醸成や多様性への理解などをテーマにするのが一般的であろう。これらの具体的内容はいくつか考えられるが，自己有用感の醸成や多様性への理解はいじめの防止にもつながると考えられているので，いじめ防止に関する具体策の中から取組を考えるのも一つの方法と思われる。

　本テーマは自身の理想を述べて終わることができる内容だが，論文課題なのできちんとした論拠を持って，展開を整理し，採点官を納得させる必要がある。そのことを踏まえて，しっかりと構成を考えよう。

●作成のポイント

　論文の形式はいくつかあるが，ここでは「序論・本論・結論」で一例を考えたい。

　序論では，自己有用感や他者の相互理解に必要なことは何かについて述べる。根拠を提示しながら，自身の考えを述べるとよい。本論への展開を考え，ここでは概論だけでよい。文字数は300字を目安とする。

　本論では，序論で示したことにつき，具体的な取り組みを説明する。授業内だけでなく，授業外，つまり学校生活全般を見据えながら，どのように取り組むのかを示すとよいだろう。文字数は400字を目安とする。

　結論では，今までの内容を踏まえ，教員になる決意を述べてまとめる。文字数は100字を目安とする。

【高等学校・2次試験】　90分

●テーマ

　【文章1】【文章2】を読んで2つの文章に共通した論点を指摘した上で，それらを踏まえて授業や特別活動などにおいて教員が果たすべき役割について論じ，自らがどのような実践をしていきたいか，考えを具体的に述べなさい。但し，字数は800字以内とし，原稿用紙の使い方にしたがって常体で記述すること。なお，出題の都合上，本文の表記の一部を変更している。

【文章1】
　1980年代までに研究者達は，子どもが大人とは違ったふうに考えるという根本的な主張を確認した。教育研究者には，例えば，子どもが数学の問題を間違えたのは，十分熱心に勉強しなかったから，または教科書で読んだことを忘れてしまったからという理由だけではなく，つまり子どもの精神が，教師が期待した方法と異なる方法で数学について考えていたため，数学の問題を間違えることがあるのであり，数学教育がこれらの誤解を正すようにデザインされてこなかったのだということがわかった。学習科学者は，子どものナイーブ数学とナイーブ物理学の認知的特徴を認識しはじめており，人々がこれらの内容領域について抱く典型的な誤解について，重要な知識体系を蓄積しはじめた。この研究は，学習環境のデザイナーが，生徒の既存知識と誤認に，学習を結びつけることを可能にする。
　構成主義は，教師の言うことを聞いたり教科書から読んだりすることによってでは，生徒がなぜ深く学ばないことが多いのかを説明する。学習科学研究は，どのように知識構築が機能するかについて，より深い潜在的基盤を明らかにしつつある。効果的な学習環境をデザインするためには，子ども達が教室にやってくる時に何を知っているのかについて，深く理解していることが重要である。子どもの

認知発達については，高度な研究を必要としており，学習科学は認知発達の心理学的な研究を最大限に活用する。

　学習科学研究を導いている最も重要な発見の1つは，学習が常に既有知識を背景として起こるということである。生徒達は，満たされるのを待つ空の容器として教室に入ってくるのではなく，世界がどう動くかについて，半分成形されたアイデアと誤認を持って教室に入ってくる。それらはよく「ナイーブ」な物理学・数学・生物学などと呼ばれる。多くの認知発達主義者は，世界に関する子どもの理論や，世界についての子どもの理解が，就学前や低学年期から，どのように発展していくかを研究した。この研究に起因する認知発達についての基礎知識は，学習科学の基礎に基づいており，学校教育改革にとってはかなり重要である。

　標準モデルの学校(注1)は，子どもが空っぽの頭脳で学校に入ってくるという，行動主義者の仮定のもとで開発されており，学校の役割は，知識で子どもの頭脳を満たすことだとされる。標準モデルのカリキュラムは，子どもがどのように考えるのか，教室にどんな知識構造を持ってやってくるのかを学習科学が発見する以前に，デザインされたものなのである。

　学習科学は，学習者が自分の知識向上を具体化し，発話する時に，より効果的に学ぶことを明らかにした。これは，学習者がまず何かを学び，その上でそれを表現するという事例ではないので，見かけよりも複雑である。代わりに，学習者が自身の未形成で発展途上の理解を明瞭に発言し，学習プロセスを通してそれを明瞭に発話し続ける時に，最良の学習が起こる。発することと学ぶことが，手に手をとって相互に補強し合うフィードバック連鎖の中に入っていくのである。多くの場合，学習者達はそれを明瞭に発しはじめるまでは，実際まだ何かを学んだわけではない。言い換えれば，大声を出して考えれば，静かに勉強するよりも急速に深く学ぶということでもある。

　明確に発話することが，学習にそれほど役立つ理由の1つは，それ

が省察またはメタ認知を可能にするからであり，学習のプロセスについて考えること，知識について考えることになるからである。学習科学者は，より深い理解のための学習における省察の重要性を，繰り返し示してきた。多くの学習科学の教室は，省察を助長するように設計されており，それらのほとんどは，生徒が発達中の理解を発言しようとするツールを提供することによって，省察を育む。生徒がいったん自分の発達中の理解を明瞭に発話すれば，生徒がたった今，明瞭に発したものを省察することを，学習環境がサポートしていなくてはならない。学習科学研究において最も中心的なトピックの1つは，教育的に有益な省察に関して生徒をどうサポートするかなのである。

　学習科学研究の最も重要なトピックの1つは，この発話と省察を進行していくプロセスの中で，どのように生徒達をサポートするか，そして発話と省察にどのフォームが最も有益かということである。学習科学は，足場がかけられた時に，発話がより効果的になることを明らかにした。つまり，ある種の知識が明瞭に発せられ，その結果，最も有益な省察を生じそうな一定のフォームへと導かれるのである。生徒達が自分の理解を明瞭に発言するには，手助けを必要とするが，それは，彼らがまだ，省察とはどのように考えればよいのかを知らず，考えたことについてどう語ればよいのかも知らないからである。

　足場かけは，学習者のその時点での目標を達成する上で，各自のニーズに合うように調整された，学習者に与えられる補助である。最良の足場かけは，学習がはかどるような方法でこうした補助を提供する。例えば，誰かに何かをどう行うかを言ったり，代わりにそれをしてやったりすることは，当面の目標を達成する手助けにはなるかもしれない。しかしそれは，その子が積極的にその知識の構築に参加していないので，良い足場かけとは言えない。対照的に，効果的な足場かけは，学習者が自分自身の力で理解することを手助けする手順やヒントを提供する。効果的な学習環境は，足場かけが建

物の建築を補助するやり方に似た方法で，生徒達の知識の積極的な構築に足場をかける。建設作業員は，より高いところへ到達しなければならない時に，追加の足場が足され，建物が完成したときには足場を取り除くことができる。効果的な学習環境において，足場は学習者のニーズに従って徐々に追加され，修正され，取り除かれて，最後に足場は完全に消えていく。

(OECD教育研究革新センター『学びのイノベーション―21世紀型学習の創発モデル』明石書店より)

> (注1)　標準モデルの学校：教師による直接伝達指導を中心とした伝統的な学校。

【文章2】

　できるだけ大量の知識を「教えよう」「教わろう」というエピステモロジー(注2)を教える側，教わる側の双方が持っていると，知識の断片(「事実」と考えられていること)をとにかく「覚える」というドネルケバブ・エピステモロジー(注3)に必然的に行き着いてしまう。そうならないようにするためには，狭い範囲の分野だけを深掘りすればそれでよいというわけではない。知識に幅がなければ，様々な状況で使える知識がない(足りない)ことになってしまう。知識のシステムを構築するためには広がりと深さのどちらも必要なのだ。

　そこで，児童期以降の学びでは時間の使い方がカギになる。いったいどうすれば，好きな学校外の活動の時間も運動する時間も十分な睡眠をとる時間も確保しつつ，知識の広がりと深さを得ることが可能になるのだろうか。それには，子どもが自分自身で学ぶ力を身につけるしかない。そもそも，学校でどれほど幅広くいろいろな分野をカバーしても，技術や求められる知識が短期間にどんどん進化していく現代社会では，必要な知識は自分で身につけ，自分で自分を進化させていくしかない。ドネルケバブ・エピステモロジーでこれからの世界を生きていけないことは明らかだ。

　探究エピステモロジー(注4)をもち，ずっと学びつづける探究人を育

てるために何をするべきか。まず第一に，学校は「知識を覚える場」ではなく，知識を使う練習をし，探究をする場となるべきだ。知識を使う練習とは，持っている知識を様々な分野でどんどん使い，それによって，新しい知識を自分で発見し，得ていくということである。それこそがアクティヴ・ラーニングの本質である。

　探究人を育てるために大事なことの第二は，誤ったスキーマ[注5]の修正だ。　(中略)　子どもは(大人も)経験に基づいて誤ったスキーマをつくる。スキーマは概念の根幹である。これが誤っていると，それに関して何か新しいことを読んだり聞いたりしても，そのスキーマに合わせる形で理解してしまう。スキーマに合わない情報はそもそも取り込まれない。したがって，誤ったスキーマは学びの障害になるので修正しなければならない。しかし，「間違っている」と指摘して正解を教えても，誤ったスキーマはなかなか修正されない。これまでの自分の理解のしかたが，いま観察している現象と矛盾していることに自分で気がつかなければ，誤ったスキーマは修正されない。

　発達心理学でZPDと呼ばれる概念がある。Zone of Proximal Developmentの略で，若くして亡くなったロシアの心理学者レフ・ヴィゴツキーによって提唱された。日本語では「発達の最近接領域」という。子どもの知織の発達と教育に関して最も大事な概念だ。

　子どもが，大人や少し年上の仲間の力を借りて，いまよりも少し発達のレベルの高いところに上っていく。それを助けるのは大人の大事な務めだ。子どもを上から引っ張り上げるのではなく，自分でよじ上っていけるように，環境をつくり，下から少しだけ支える。レベルの設定が現状よりも高すぎても，低すぎてもうまくいかない。現状での子どもの知識を見極め，自分で上って行けるちょうどよいレベル設定をする。子どもの間違いを頭から否定せず，辛抱する。子どもが誤ったスキーマを持っているときにはそれを見極め，子どもが自分のスキーマがおかしいことに気づく状況を設定する。それが教師や親の役割ではなかろうか。

　子どもが自分のスキーマが誤っていることに気づき，自分で修正することができたら，その喜びと感動は，テストでよい点を取ってお小遣いをもらう比ではないはずだ。そして，この経験は学びへの意欲につながり，さらに「学び＝教えられたことを覚えること」というドネルケバブ・エピステモロジーからの脱却につながるだろう。

　子どもの発達の段階，知識の段階に合わせて，子どもが自分で発見し，自分で進化できるような状況を設定する。これは座学で学べることではない。親も教師も教えることの熟達者でなければならない。そのためには，自分自身が学びつづける探究人になるしか方法はない。

　このごろ「協調学習」という言葉もよく耳にする。生徒が机におとなしく座って先生の話を聞くこれまでの授業スタイルから，グループでいっしょに作業したり，ディスカッションしたりするスタイルに変わりつつある。これは認知科学的にとても意味があることだ。まず，自分の考えを他の人に話すことは，考えを明確にし，整理するのにとても役立つ。自分でわかったつもりでいたことでも，いざ人に説明しようとするとうまくできないことがある。すると，自分で何が理解できていないのかがわかるのである。

　複数の人が集まって考えを出し合うことで，自分では考えつかなかった視点やアイディアに気づくことができるという利点もある。実際，社会ではほとんどのプロジェクトは複数のメンバーで行う。多様な視点，価値観，知識，スキルがシナジー効果(注6)を生む。コラボレーションをうまく行うためには経験が必要だ。だから，学校でコラボレーションによってプロジェクトをまとめる練習をすることはとても大事である。しかし，複数の人が集まれば，いつもプラスになるというわけではない。参加者一人ひとりが探究エピステモロジーを持っていなければ，シナジー効果は生まれない。

　　　　　　　(今井むつみ『学びとは何か─〈探究人になるために〉』
　　　　　　　岩波新書より)
　(注2)　エピステモロジー：知識観，つまり知識についての認識。

(注3)　ドネルケバブ・エピステモロジー：ドネルケバブは肉片を集成してつくる巨大な竹輪のようなもので，トルコの伝統的な料理。筆者は，(客観的な)「事実」が知識であり，それをたくさん覚えることが大事であるという認識が，現在多くの人に共有されている「知識についての認識(エピステモロジー)だと指摘している。そのような認識における知識を薄い肉の断片にたとえ，知識をぺたぺた表面に貼り付けていってひたすら大きくしていくことをイメージしている。この認識では自分で要素を見つけ，要素を関連づけ，事象のシステムを発見していないので，目の前の問題を解決し新たな知識を創造できないとしている。

(注4)　探究エピステモロジー：様々な現象に対して疑問を抱き自分から答えを求めていく姿勢から生まれる「知識は教えてもらうものではなく，自分で発見するもの」という認識。

(注5)　スキーマ：新しいことを認識するために使うすでに獲得している認識枠組み。

(注6)　シナジー効果：相乗効果。

●方針と分析

(方針)

　まず，【文章1】【文章2】の共通論点を説明する。次に，それを踏まえて，授業や特別活動において教員が果たすべき役割を説明する。最後に，自らの役割をどう実践するか，具体的に説明する。

(分析)

　今回の文章の共通論点の一つとして，主体的な学びの力を伸ばすことがあげられるだろう。すなわち，生徒個人，また生徒間の主体的な学びの姿勢をいかに引き出すか，また，生徒自身の考える力をいかに伸ばすのかということである。文章1では，ナイーブ数学・物理の例が示されているように，子どもの精神が教師とは異なる方法で考えていることを踏まえた指導や支援が大切であり，勉強への熱意の欠如や

知識の欠如という先入観を持つべきではないことが述べられている。文章2では，複数の生徒同士の協力の中で，自分だけは考えつかなかった視点や発想に気付くことの重要性，1つのプロジェクトをまとめる練習の重要性が述べられている。こうした練習を有効にするのは，生徒の持つ，様々な現象に疑問を持ち，それについて自ら答えを求めていく姿勢である。受験者は，以上の内容を読み取り，授業や特別活動における主体的な学び，協調学習の支援について，述べていく必要がある。

●作成のポイント

　論文の形式はいくつかあるが，ここでは「序論・本論・結論」で一例を考えたい。

　序論では，2つの文章の共通論点を示し，生徒の主体性を引き出すための支援の重要性を押さえたい。主体的な学びというキーワードを示すのも有効だろう。文字数は200字を目安とする。

　本論では，主体的な学びにおいて，教員の果たす役割を述べる。知識の伝達者ではなく，問いや疑問を発見し，自らの力で考えるための支援者であることを説明したい。具体的な実践では，受験者の志望する教科の指導や特別活動の場面に引き付けながら，知識や経験のないことを単に教え込むのではなく，生徒の持つ率直な問いや疑問を共有することを述べるとよい。文字数は400字を目安とする。

　結論では，これまで述べた内容を踏まえながら，生徒の主体性を伸ばし，生徒が将来に有益に学ぶことができる環境づくりに貢献したいことを述べるとよいだろう。文字数は200字を目安とする。

【養護教諭・2次試験】　60分

●テーマ

> 　特別な配慮を必要とする児童生徒の一人一人が，楽しく充実した学校生活を送れるようにするためには，適切な対応が必要です。
> 　あなたは，養護教諭として，このことをどのように考え，どのように取り組んでいきますか。
> 　600字以上800字以内で，あなたの考えを具体的に述べなさい。

●方針と分析

(方針)

　特別な配慮を必要とする児童生徒一人一人が，楽しく充実した学校生活を送れるために，養護教諭として必要な具体的な取り組みを述べる。

(分析)

　本問では，まず「特別な配慮を必要とする児童生徒」とはどのような児童生徒か，ということを理解する必要がある。「特別な配慮を必要とする児童生徒」という文言は，いわゆる次期学習指導要領から出てきたものであり，小学校学習指導要領解説 総則編では「障がいのある児童生徒など」「海外から帰国した児童や外国人の児童」「不登校児童」の3つが示されている。養護教諭対象の問題であることを考慮すると，「障がいのある児童生徒など」「不登校児童」の2つが主となるだろうが，ここでは不登校・保健室登校(以下，不登校等)の児童生徒について考えてみたい。

　不登校等は，小学校高学年以上になると顕著になるといわれており，全国における不登校児童生徒の半数以上は中学生である。また，不登校等の主な原因としては人間関係や授業についていけない，クラブ活動への不適応，家庭環境に関する問題(両親の離婚や再婚による環境の激変など)があげられる。このようなトラブルを抱える児童生徒はスト

レスが蓄積し，疾患と同様の症状を示すことがある。また，思春期を迎えた児童生徒は，心身の不安定さを抱えていることも多く，中には担任が男性であるという理由だけで，授業や生活指導など，あらゆることを感情的に受け付けられない状態になった女子生徒の例もある。したがって，まず不登校等になっている児童生徒が落ち着く環境を整えること，そして不登校等の原因は何か，それは何に起因しているかを知ることが対応の第一歩といえるだろう。そのためには児童生徒との会話が重要になると考えられる。養護教諭は，不登校等の児童生徒から頼られる存在であるケースが多いことから，その立場を活用しながら不登校等の原因を解決することを目指したい。

●作成のポイント

論文の形式はいくつかあるが，ここでは「序論・本論・結論」で一例を考えたい。

序論では，「特別な配慮を必要とする児童生徒」はどのような児童生徒を指すのかを踏まえ，自身の取り組みに関する概要を述べる。序論と本論の関連性も必要になるので，あらかじめどのような児童生徒への対応かを考えておくこと。文字数は300字を目安とする。

本論では，自身の取り組みを具体的に説明する。児童生徒をイメージしながら時系列的に述べるとよい。担任や保護者等との連携も必要だが，児童生徒のことを第一に考えた対応を考慮すること。文字数は400字を目安とする。

結論では，これまでの内容を踏まえ，児童生徒への支援を惜しまない姿勢を明確にすることが考えられる。文字数は100字を目安とする。

【特別支援学校・2次試験】　90分　1200字以内

●テーマ

「特別支援教育」とは，障害のある幼児児童生徒の自立や社会参加に向けた主体的な取組を支援するという視点に立ち，幼児児童生徒一人一人の教育的ニーズを把握し，その持てる力を高め，生活や学習上の困難を改善又は克服するため，適切な指導及び必要な支援を行うものです。そのためには，保護者との連携は児童生徒の教育を行う上で重要です。

特別支援学校において，保護者との連携を図る上で大切にしなくてはならないことは何か，具体例を用いながらあなたの考えを述べなさい。

●方針と分析

(方針)

特別支援教育において保護者との連携を図るうえで大切なことを，具体的に説明する。

(分析)

児童生徒は生活を通して人格などを育くむため，学校と保護者が連携し，当該児童生徒の長所の育成，短所の改善を行うことが必要になる。特に，障害を持つ児童生徒は障害の克服という課題もあるため，連携がより重要となる。

文部科学省の資料によると，保護者との連携については「情報交換(ニーズの把握など)」「保護者への説明(個別の指導計画，引継ぎ)」といった側面があり，連携は保護者との協働作業でもあるため，相手の立場を尊重する，一緒に考え，一緒に指導するといったことが必要であるとしている。また，保護者との連携において教師に求められる要件として「信頼関係」「コミュニケーション」「専門性(教員が知識豊富であること)」「敬意(児童生徒の置かれている状況を理解し尊重するこ

と)」「献身(児童生徒や保護者に共感し力を尽くすこと)」「対等性」「アドボカシー(児童生徒と保護者の権利擁護)」をあげている論文もあり，これらは文部科学省の資料と共通する点が多い。以上を踏まえ，具体例をあげながらいくつかの要件について説明することが考えられる。

　なお，茨城県教育研修センターでは，教員が特別支援学校等に初めて就いた際に読む資料として「特別支援学校スタート応援ブック」を作成している。ここでも，保護者との連携の必要性に触れられているので，一読しておくとよい。

●作成のポイント

　論文の形式はいくつかあるが，ここでは「序論・本論・結論」で一例を考えたい。

　序論では，保護者との連携の必要性と，本論で述べる具体例の概要について述べる。具体例は複数になってもよいが，その根本となるものは1～2に絞られるはずである。その点について述べるとよいだろう。文字数は300字を目安とする。

　本論は，具体例を用いながら考えを述べる。文字数を考慮すると，具体例は1～2が適切であろう。保護者との連携の必要性がテーマであることを意識しながら文章をまとめること。文字数は700字を目安とする。

　結論ではこれまでの内容を踏まえ，保護者との連携を充実させ，児童生徒の生活改善や障害の克服に尽力するといったことを述べまとめるとよい。文字数は200字を目安とする。

【栄養教諭・2次試験】 60分

●テーマ

食の自己管理能力を育む学校給食の充実について，あなたはどの
ように考え，栄養教諭として，どのように取り組んでいきますか。
600字以上800字以内で，あなたの考えを具体的に述べなさい。

●方針と分析

(方針)

食の自己管理能力を育む学校給食の充実について，自身の考えと取
り組み説明する。

(分析)

まず，「食の自己管理能力を育む」について考えてみたい。第3次茨
城県食育推進計画(以下，本計画)によると，学校ではライフステージ
に応じた食育を推進しており，特に高等学校では社会人になることを
踏まえ，食育を推進するとしている。食の自己管理能力については
「食を選択し，自己管理する力の育成を支援し，望ましい食生活が実
践・継続できる環境づくりを推進します」とある。つまり，自ら望ま
しい食生活が実践・継続できることが食の自己管理能力といえる。こ
れは共働き家庭の増加，子どもの貧困問題等を原因とする孤食や偏食
による，食を大切にする心の欠如，栄養の偏り，不規則な食習慣など
が背景にあると考えられる。こうした児童生徒は，生活習慣病の予備
軍となる等，健康上のリスクを抱え込むことになるため，学校給食を
通して，その予防を図るという側面がうかがえる。

学校給食のもう一つの側面として，地域の食文化や農林水産物に関
する理解を深めることがあげられる。一見すると食の自己管理能力と
関連がないようにも見えるが，収穫して間もない野菜は一般的に比較
的安価であり，栄養価が高く，味もよいといわれている。このような
事項を学習することで，食に関する興味・知識を育成し，食の自己管

理能力を高める効果が期待できる。以上を踏まえ，論文を考えるとよい。

●作成のポイント

　論文の形式はいくつかあるが，ここでは「序論・本論・結論」で一例を考えたい。

　序論では，食の自己管理能力を育む意味を述べる。ここでは，心身の健康は一時的なものではなく，生涯にわたって継続的なものであるため，学校での食育が重要であることを強調する。文字数は200字を目安とする。

　本論では，学校給食の充実のために必要な取組を述べる。茨城県は数多くの野菜だけでなく，サバやイワシの漁獲量，卵の生産量でも日本一になっているので，それらを生かしながら食について考えさせる。他教科との連携を図るのもよいだろう。文字数は400字を目安とする。

　結論では，食に対する関心を高め，正しい知識と判断力を子供のうちから身に付けさせる食育の場として，学校給食を生かしていく必要性を確認したい。文字数は200字を目安とする。

2018年度　論作文実施問題

【小学校・中学校教諭・2次試験】60分

●テーマ

> これからの時代を生きる子どもたちを育むためには，教員として，常に自分自身の専門性と人間力を磨き続けていくことが大切です。
> あなたは，教員として，このことをどのように考え，どのように取り組んでいきますか。
> 600字以上800字以内で，具体的に述べなさい。

●方針と分析

(方針)

まず，常に磨くべき教員としての専門性，人間力とは何かを定義する。次に，そうした力を養うための具体的な取組について述べる。

(分析)

本設問は，社会の中で広く信頼される教員の資質について問うものといえよう。

「教員としての自分自身の専門性と人間力」という文言については，「これからの学校教育を担う教員の資質能力の向上について～学び合い，高め合う教員育成コミュニティの構築に向けて～」(中央教育審議会答申，平成27年12月)中に示される「自立的に学ぶ姿勢を持ち，時代の変化や自らのキャリアステージに応じて求められる資質能力を，生涯にわたって高めていくことのできる力」「情報を適切に収集し，選択し，活用する能力や深く知識を構造化する力」「新たな課題等に対応できる力量」等が参考になると思われる。

また「いばらき教育プラン」(茨城県教育委員会，平成28年4月)では

教員に自覚と責任，専門性がより求められている背景として，「産業・就業構造の変容に代表される社会状況の急激な変化を背景に，学校に対する家庭や地域からのニーズは多様化している」ことを挙げている(第4章第2項第1節)。学校が直面する教育課題が複雑化・多様化し，教員一人だけでは対応が困難な事案も生じている。そこで学校組織の一員として，他の教職員や家庭・地域等と連携しながら教育課題の解決に向けて取り組むことができるよう，社会性やコミュニケーション能力等が強く求められている。こうした資質能力を「専門性，人間力」としてあげてもよいだろう。

　これからの時代を生きる子どもたちを育むためには，こうした様々な資質能力を磨き続け，子どもや保護者，さらには社会の信頼を得ていかなくてはならない。最新の教育政策や研究成果の動向，経済社会の変化に敏感になり，普段から論文や専門誌を読んで勉強するなどの具体例を出しながら論じよう。

●作成のポイント

　600～800字以内の論述であるので，全体を序論・本論・結論の3～4段落程度に分けて執筆する。

　序論では教員に求められる専門性や人間力につき，その内容を自分の言葉で記述することである。これは，設問の要求に対して端的に答えるとともに，キーワードの定義を明確化することで，本題から外れないようにするためである。ここは100字程度でまとめたい。

　本論は具体的な考察である。なぜ，昨今の教員には高度な専門性や人間力が求められるのか，そして自己研鑽が要求されるのか。また，具体的にどのような取組をするのか。こうした点を説明しよう。以上の内容について，概ね600字程度を目指し，適宜，2段落に分けてもよい。

　結論では，普段から論文や専門誌を読んで絶えず情報収集を続け，子どもたちの探究心を上向かせる重要性を訴え，幅広い視野と確かな指導力を身につける決意をアピールしよう。字数は100字程度でよい。

【高等学校・2次試験】90分

●テーマ

　現代社会は様々な課題に直面している。筆者の論点をふまえ，教育が果たすべき役割を論じた上で，「生き方としての民主主義」が共有される社会を実現するために教員として授業などを通していかに実践すべきか，自らの考えを明確に論じなさい。

　但し，字数は800字以内とし，原稿用紙の使い方にしたがって常体で記述すること。なお，出題の都合上，本文の表記の一部を変更している。

　成熟した民主主義国家である欧米諸国を「ポピュリズム」が席巻している。欧米諸国が直面しているのは，移民，難民による問題やグローバリズムによる雇用の流出だ。近代的な自由主義と民主主義，そして現代的なリベラリズムと多文化主義が掲げる理性的な「建前」に基づくならば，移民，難民への人道支援を積極的に行い，彼らと共存できるように文化や価値観が異なる「他者」を対等な存在と認め，差異を承認し合うべきだとされる。実際に，ヨーロッパ諸国の首脳は，そういった理性的な「建前」に基づいて行動してきたし，多くの国民も表面的には従ってきた。だが，マイノリティへの政策を充実させる一方で，国内のマジョリティに対する雇用対策，格差是正政策は置き去りにされてきた。

　人は誰しも，自分と似ている者に対しては親愛の感情を持ち，自分と異なる者に対しては嫌悪の感情を持つものだ。「他者」を認め，寛容に接しなければならないと理性的な「建前」を掲げる人であっても，内心の「本音」の部分で「他者」への感情的な反発や拒否感を覚えずにいるのは難しい。近代社会では，「本音」はどうあれ，公共領域においては「他者」へ寛容に接するべきとする理性的な「建前」が一つの習慣として共有されてきた。

　だが，「他者」との軋轢が強まっているヨーロッパ，アメリカで暮

らす多くの人たちは，心の奥に隠す「本音」の熱量を増大させていたのだろう。社会全体のフラストレーションが高まった時，誰かが声高に「本音」を言い，導火線に火をつければ，フラストレーションは一気に爆発する。その時にはもはや，理性的な「建前」という堰は切られ，「本音」の洪水が公共領域を浸水していく勢いを，誰も止められなくなる。こういった状況に対して，知識人たちがどれほど「他者」への寛容の重要性を理性的に訴えたところで，実際に影響を生み出すことは難しいのかもしれない。というのも，「ポピュリズム」は，既成の権威に反発する反知性的な運動という側面を持っているからだ。

　近代における寛容の理念は，近代哲学の理性的人間像を一つの源泉としている。しかし，怒れる大衆と扇動するデマゴーグは，哲学者や知識人が偉そうな態度で語る理性的な教説に耳を貸すことなどないだろう。だからといって，大衆の無教養さや粗暴さ，反知性的な態度に呆れ，絶望してしまうのであれば，問題を改善できず，ただの貴族主義に留まってしまうだけだ。(中略)

　どれほど「他者」を理解し，受け容れ，寛容に接するべきだと理想を掲げたとしても，現実的には，全く相容れない「他者」が存在することは確かである。相反する価値観，習慣，文化を持ち，言葉での意思疎通も難しいとなれば，その存在に不安や反発を感じるのも無理はない。だが，相容れない「他者」は，果たしてどこまで相容れないものなのだろうか。完全に理解し合えないのか，それともそうではないのか。

　「他者」とは，それを認識する「自己」という主体があってはじめて存立し得るものである。「自己」という意識があり，「自己」が周囲の環境や他の存在を「他者」と認識することで，自と他の差異も気づかれる。そのような，世界の外側から他を認識する「自己」という構図は，デカルト，ロック，カントなどの近代哲学によって生み出され，洗練されてきた。

　しかしながら，実際には「自己」は完全に世界から隔絶された存在ではありえない。現実的には，「自己」とは世界の中で周囲の環境や

他者と相互作用を行いながら，世界の内側から世界を認識せざるを得ない存在なのではないだろうか。アメリカの哲学者R・ローティは，プラグマティズムの観点に立ち，D・デイヴィドソンの議論を引き合いに出しながら，「自己」と「世界」，「他者」との関係について近代とは異なる構図を提示した。(中略)

「自己」が「他者」とは異なると示すための独自性を見出すために必要なもの，「人が自分という存在の原因の根拠をしっかりと辿る唯一の方法は，自分の原因についての物語を新しい言語で語ることなのだ」と，ローティは述べている。「自己」のための「物語」と言っても，様々なものがある。人間は今まで，哲学，科学，宗教，イデオロギーといった，「大きな物語」に対して「自己」を同一化し，自らが拠って立つ根拠としてきた。「大きな物語」が語る正しさは唯一無二であり，物語を共有する「自己」と「他者」の間で正しさが異なるということはありえない。だからこそ，人は異なる「物語」を語る「他者」を排除してきたのである。

一方，ローティが挙げる「物語」とは，個別的で特異な「物語」である。それは正しさが唯一無二であることを否定し，多元的な正しさを認める。個人は，それぞれ個別で特異な「物語」によって「自己」を規定するため，「自己」と「他者」の正しさは異なるものとなる。各々が抱く世界についてのメタファーから成る信念と，世界についての関心からなる欲望のネットワークとして「自己」が形成されていき，個別の「物語」によってそれぞれの世界の在り方を受け容れる。「自己」そのものが絶え間なく変遷を続ける「終わりなき物語」として，捉えられるようになるだろう。

多様な「物語」としての「自己」と「他者」が，それぞれの特異な「物語」によって触発され，相互作用と再編成を行い，変容と成長を続けていく。「自己」と「他者」の接触はこのようなコミュニケーションの可能性に開かれたものなのではないか。

とはいえ，「自己」と「他者」の接触は衝突を生み出すこともある。最後に，「自己」と「他者」が衝突ではなく相互作用を生み出し，変

容と成長を遂げるために必要とされるのは何かということを考えたい。

　これまでに述べたような観点を，ローティは，デューイが言うような意味での「自然主義」的な人間観として捉えている。デューイは19世紀後半から20世紀前半にかけてアメリカで影響力を持ったプラグマティズムの哲学者であるが，その思想には後の「現代思想」的な発想を先取りするような考え方が多く含まれていた。

　デューイは，人間の認識における「経験」を重視している。しかし，近代の経験主義の哲学は，非経験主義的だと批判する。では，デューイにとって「経験」とは何か。

　1917年に書かれた「哲学の回復の必要性」という文章の中で，デューイは「経験」を，生命体が自らの物理的社会的環境と取り結ぶ相互交渉という問題として現れてくるもの，人間の働きかけと人間の被る困難に関与し，人間の様々な反応を通して変更される客観的世界として示唆されるもの，既に与えられたか，今与えられているものに結びつくだけではなく，未来を視野に入れながら与えられたものを実験的に変えていく努力として現れるもの，個別的で個人の内面に特有なものではなく，環境と直面して環境を新しい方向へコントロールしていくもの，結び付きに満ちたもの，思惟や推論と対立するものではなくそれを内在するものというように定義した。

　近代哲学における「経験」とは，人間が外部の世界に触れることで心の内面に抱くものであり，主客二分の構図として理解されるものだった。また，「経験」は過去に起きた個別の出来事，現在生じている出来事についてのものであり，個人の内面の「知性(understanding)」，「理性」が認識，推論，内省するものと考えられてきた。それに対して，デューイは，「経験」とは主体が客体から得て内面に表象されるものではなく，人間や生命体が周囲の環境に働きかけ，影響を被るという相互交渉のこと，過去や現在だけでなく未来を意識して実験的な態度をとること，そして単独的で内面的に限定されるものではなく様々な連関を持ち環境に影響を与えようとするものだと主張したので

ある。

　デューイは端的に「経験とは，現在に関与している未来でなくして，何であろうか」と述べている。「経験」が持つこういった側面を捉えていなかった点で，近代哲学における「認識論産業」が取り扱ってきた「経験」は，経験主義を自称する哲学者の議論さえ，非経験主義的であったとデューイは喝破した。

　人間や他の生命体を含む有機体は，「経験」において，既に起きた事柄をもとに反省して，未来に対する理にかなった予期の念を形成し，様々な理念を形成する能力を持っている。デューイは，その能力こそが「知性」に他ならないと論じる。有機体は，未来へ向けた選択の際に，推論し，熟慮して，理にかなっていると思われる選択を行い，実行する。その過程は実験となり，実験で得られた帰結を再び反省して，さらに理にかなった「知性」的な選択を行うようになっていく。認識とはこのように，「経験」を超越した理性が主体となって行うのではなく，実際には観察，推論，推理，実験という「経験」における一連の過程の中で「知性」的に行われているのである。

　プラグマティズムとは「真理とは上手くいくもののことである」とする考え方であるため，効率的なものを正しいとする思想であるように思われるかもしれない。だが，デューイが提唱する「知性」とは，予め定められた目的を効率的に遂行して達成するために機械的に働くものではない。反対に，未来を志向し，予め定められた目的なしに行為を向け，精神の自由をもたらすような「創造的知性」なのである。

　人間が周囲の環境へ働きかけ，環境が人間へ働きかける。その相互作用から，未来へ向けた実験が行われ，新たな創造が行われる。このような一連の過程としての「経験」はまた，探究的なものであり，民主主義的なものであり，教育的なものでもある。「経験」において，問題状況に直面した人びとが，状況を観察し，仮説を立て，実験を行うという過程が探究の過程であるが，科学的な手法に沿った真理の探究は個人の内面における孤独な探究ではなく，共同で行われるものとなる。共同で探究する人びとの関係は協働的であり，対等な立場の人

びとが多様な意見を認め合うという民主主義の態度が必要とされる。そして、こうした過程を積み重ねていく中で、人間は学び、「自己」を変容させ、未来へ向けた成長を果たすこととなるだろう。

　ローティ、そしてデューイによる、新旧のプラグマティズムにおける主張から汲み取れるのは次のような点である。近代哲学においては、「自己」と世界、環境、「他者」とは、隔絶し、対比される関係にあった。主体としての「自己」は客体としての心の外の世界を内面に表象することで認識を行っていた。認識は、経験を超越する理性によって統合された。それに対してプラグマティズムは、主体としての「自己」が客体としての世界を表象とするという三角関係の構図を放棄する必要性を訴える。「自己」と世界、環境、「他者」とは、隔絶して対比される関係というよりも、相互作用する関係にある。「自己」が環境に働きかけて環境を変化させ、環境の変化が「自己」を変容させる。そして「自己」が「他者」の新たな「メタファー」に触れることで再編成され、「自己」の変化が「他者」の変化を生み出す。「自己」と世界、環境、「他者」は、そのような関係として捉えた方が適切なものとなるだろう。そこで生み出される変容は、究極の目的へ向かう変化ではなく、過去と現在が「知性」と「創造的知性」によって未来へ向けて実験的に再編成されていくような、目的なき成長を続けていく。その成長の過程は、終わりなき「物語」となるだろう。また、「自己」と「他者」が認め合い、対等に向き合うことで相互作用を生じさせ、影響を与え合うような社会とは、制度や統治機構としてではなく、人びとの「生き方としての民主主義(democracy as a way of life)」が習慣として共有される社会となる。

　だが、理性ではなく「知性」を前面に押し出したとしても、もちろん冒頭に掲げた問題から逃げることはできない。どれほど「知性」を持って環境や「他者」と接するようにと声高に訴えても、それだけでは多くの人の行動や考え方をすぐさま変化させる力を持つことは難しいだろう。必要となるのは、人びとが「経験」し、学び、教育されていくことなのである。子供たちの学校教育でも、あるいは、大人たち

が生きる社会の様々な場面においても，多様な人びとが共に学び，「経験」を共有し，協働的な生活様式を習慣として身につけていくことで，「知性」的な生き方を育むことができるだろう。「他者」との触れ合いと相互作用は，同時に「他者」とは異なる他の誰でもない「自己」の個性を涵養することともなる。多様な「他者」との違いを認め合い，対等な存在として協働するような「生き方としての民主主義」の習慣を共有した「知性」的な人びとからなる社会は，未来に向けた終わりなき変容と成長を遂げられる社会となるだろう。そのための変化は劇的ではなく，ラディカルな変革を求める声にかき消されるほど微かなものであるかもしれないが，未だ完全に道が閉ざされたわけでもない。

> (大賀祐樹「理性的ではなく，知性的に―自己，他者理解，創造的知性―」『atプラス』31号　太田出版　より)

●方針と分析

(方針)

　まず，課題文の筆者の論点を読み取り，それを踏まえながら，教育が果たすべき役割を論じる。次に，「生き方としての民主主義」が共有される社会を実現するために，教員として授業などを通じて，どのような実践していくのかを説明する。

(分析)

　全国の高等学校の教員採用試験では短文型・テーマ型の設問が多い中で，本問は課題文型の設問である。しかも，課題文の内容は，教育理論の古典を対比している専門的な評論であり，設問としては難易度が相当に高い部類に入るだろう。

　課題文の論点は，5段落より「全く相容れない「他者」が存在することは確かである。(中略)　だが，相容れない「他者」は，果たしてどこまで相容れないものなのだろうか。完全に理解し合えないのか，それともそうではないのか」というところにある。そしてこの問いに対し，筆者はローティ，デューイの両名を具体例に挙げながら論じ，

　第20段落にて自己と他者の関係を「「自己」と世界，環境，「他者」とは，隔絶して対比される関係というよりも，相互作用する関係にある。「自己」が環境に働きかけて環境を変化させ，環境の変化が「自己」を変容させる。そして「自己」が「他者」の新たな「メタファー」に触れることで再編成され，「自己」の変化が「他者」の変化を生み出す。」とまとめ，相容れない「他者」を排斥するのではなく，相互作用によって変化を果たしていくべきだとした。そしてここでいう相互作用しあう関係が実現する社会とは，「生き方としての民主主義(democracy as a way of life)」が習慣として共有される社会である。

　「生き方としての民主主義」が習慣として共有される社会の実現するための方策については，第19段落の内容や，第21段落の「子供たちの学校教育でも，あるいは，大人たちが生きる社会の様々な場面においても，多様な人びとが共に学び，「経験」を共有し，協働的な生活様式を習慣として身につけていくことで，「知性」的な生き方を育むことができるだろう」という文言を手がかりに記述するとよいだろう。

●作成のポイント

　難解な設問ではあっても，序論・本論・結論の構成を取りやすいタイプの問題である。

　序論では，筆者の論点に対して，教育が果たすべき役割が「生き方としての民主主義」が共有される社会の実現に向けた働きかけであることを，本文よりまとめる。字数は150字〜200字程度になるだろう。

　本論では，「生き方としての民主主義」が共有される社会とはどのようなものか，その実現のためにどのような指導が必要なのかを説明する。住んでいる地域の違い，宗教の違い，言語の違い，人種の違いなどの差異を優劣で捉えず，あくまでも自分たちの基準でしか考えられないという発想の限界を，いかにわかりやすく伝えるかを述べよう。文字数は450字程度であろう。

　結論は，自己とは異なる他者に対して寛容であり，主体的に社会の諸問題と取り組む積極的な姿勢を持つ生徒を育てる決意表明をしてみ

よう。字数は100字程度でまとめる。

　90分の時間配分は，20分を課題文の論点整理と構想，60分を執筆，10分を見直しにあてるというのを基準に練習するとよいだろう。

【特別支援学校・2次試験】

●テーマ

> 　平成25年6月28日にいじめ防止対策推進法が公布され，各学校においては，いじめ防止に取り組んでいるところです。
> 　平成27年度「児童生徒の問題行動等生徒指導上の諸問題に関する調査」によると，特別支援学校でも全国で1,274件のいじめを認知していると報告されています。
> 　特別支援学校でいじめを防止するためには，どのような課題があり，またその課題に対して，どのように取り組んでいけばよいか。あなた自身の考えを具体的に述べなさい。
> ※制限時間は90分
> ※文字数は1200字以内

●方針と分析

（方針）

　まず，特別支援学校でのいじめ防止の課題について説明しなければならない。次に，その課題解決にむけ，受験者はどのような取組をするのか，具体的に説明しなければならない。

（分析）

　「信頼される学校づくりをめざして－保護者との適切なかかわりのために－【事例集】」(平成22年2月，茨城県教育委員会)中に，「事例からつかむ対応のポイント」という事例集がある。その中で，知的障害を持つ特別支援学校の生徒がいじめを受けてけがをした事例がある(事

例8)。そこでは，危害を加えたのは，同級生だと思い込んだ保護者の言葉のみで対応してしまったことが紹介されている。ここから，被害を受けた児童に知的障害がある場合，原因について本人が説明することは難しい状況があること，自傷行為との区別が不明確なこと，教員の目が届かない送迎のスクールバス内で他の学年の生徒から危害を受けた可能性もあることなどを踏まえ，実態を正しく把握することが大きな課題であることがわかる。

このため，管理職，主事教員，学年主任，生徒指導主事，バス乗務員といった複数の関係者が介在する，チーム学校としての組織的対応が必要である。こうした現状を，受験者がどれだけ理解しているのか試す意図がある。

●作成のポイント

字数制限は1200字以内と，やや多めの分量である。とはいえ，特別支援学校におけるいじめの現状説明や課題といった，特定の項目の内容説明が詳しすぎると，それだけで答案が埋まってしまうことになるので注意したい。

全体を序論・本論・結論の3段落程度に分けるとよいだろう。

序論は，特別支援学校でのいじめ防止の課題について，実態把握の難しさを，簡単に説明する。200字以内にとどめよう。

本論は，課題の具体的な説明，および，具体的な解決策の提示である。内容としては，被害を受けた児童に知的障害がある場合，原因について本人が説明することは難しい状況があること，自傷行為との区別が不明確なことは外せないだろう。解決策としては，チーム学校としての組織的対応を挙げてみよう。800字程度を費やそう。

結論は，障害を持った児童生徒が在籍する特別支援学校であるからこそ，いじめによる人権侵害を根絶するための努力，その努力に力を尽くす決意を200字程度で示そう。

【養護教諭・2次試験】

●テーマ

> いじめの早期発見・早期対応のためには，学校全体による組織的な取り組みが大切です。
>
> あなたは，養護教諭として，このことをどのように考え，どのように取り組んでいきますか。
>
> 600字以上800字以内で，具体的に述べなさい。

●方針と分析

(方針)

学校全体でどのように組織的な取り組みを行うことがいじめの早期発見・早期対応において有効か述べる。その上で，その取り組みを果たすために養護教諭としてどのように取り組むか具体的に説明する。

(分析)

養護教諭は，職務の特質から校内外のいじめを発見しやすい立場にある。この点について，受験者がどれだけ理解しているのかを，職務内容の理解とともに，問う意図がある。例えば，不自然なけがで来室する児童生徒の言動，健康診断時の身長や体重測定などを通じて子どもの外傷があるかどうかなどを観察できる。また体の不調を訴えて頻繁に来室する子ども，保健室登校の子ども，教員に対して過剰に甘えるか，反対に反抗的な子どもの中には，クラス内やクラブ活動でいじめを受けているケースもある。養護教諭は，このような様々な問題を持つ子どもと日常的に保健室でかかわる機会が多いため，そのような機会や健康相談活動を通して，いじめがあるかもしれないという視点を常に持つ必要がある。そして，日ごろから人間関係を円滑に保つことで児童生徒や保護者，担任等から広く情報を入手できるよう心がけることがいじめの早期発見・早期対応に繋がると言える。

また，「学校保健・学校安全管理の手びき(四訂版)」(平成24年10月，

茨城県教育委員会)第2章第3節3「いじめ問題と健康相談」(2)中には，これらの情報入手は「開かれた保健室経営が行われて初めて可能となる」とある。この「開かれた保健室経営」をキーワードに記述してもよいだろう，また，同箇所には養護教諭がいじめを発見するための日頃からの心がけについて「できるだけ多くの児童生徒と言葉をかわす」「担任や部活動の顧問教師などと話し合いを多くもつ」など8項目が具体的に挙げられている。具体的な取り組みについて述べる際は，参考になるだろう。

●作成のポイント

　一般的な論作文であるので，序論・本論・結論の構成をとるとよい。

　序論では，いじめの早期発見・早期対応において，どのように学校における組織的に取り組むことが必要か述べる。字数は150字程度で簡潔にまとめる。

　本論では，序論で述べた組織的な取り組みの中で，養護教諭が果たすべき役割と，そのために必要な取り組みについて述べる。例えば保健室等での子どもへの対応について述べる場合は，「子どもの訴えに耳を傾け，子どもが発するサインを見逃さないようにすること」，「明らかになった情報を総合的に評価して，校内・校外で情報を共有し，いじめの早期発見に努めること」などを具体的に述べる。字数は550〜600字程度とし，具体的な取り組みは特に重要だと思う事項ひとつに絞って掘り下げて書く。

　結論では，一人で抱え込まず，学校というチームで対処したいという姿勢を再度アピールする。字数は50〜100字程度を目安にする。

【栄養教諭・2次試験】

●テーマ

　学校給食は，食育を推進する上でその役割は大きく，一層の充実を図ることが必要です。

　あなたは，栄養教諭として，このことをどのように考え，どのように取り組んでいきますか。

　600字以上800字以内で，具体的に述べなさい。

●方針と分析

(方針)

　食育の充実を図るとき，学校給食の果たすべき役割を自分なりに述べ，その役割を果たすために，栄養教諭として行いたい取り組みについて具体的に述べる。

(分析)

　「いばらき教育プラン」(平成28年4月，茨城県教育委員会)では，「食に関する指導と学校給食の充実」に関する施策として「学校給食に地域の産物を活用した食育活動の促進」を掲げ，その取り組みとして「地域の産物を学校給食に活用し，給食の時間等における食に関する指導を通して，地域の食文化や地域の食料生産，流通，消費等に対する児童生徒の理解に努めます。」としている。この施策に沿って作成することが無難だろう。

　具体的な取り組みとしては，「学校における食育の手引」(平成24年5月，茨城県教育委員会)が参考になる。例えば巻末のQ&Aでは，学校給食における地産地消推進の取組例として，「食育の日(毎月19日)，県の地産地消の日(毎月第3日曜日とその前の金・土曜日)，あるいは市町村で独自に定めた日に，地元の食材を学校給食に活用する」といったことや，「栄養教諭や学校栄養職員は，生産・流通団体(JA関係者等)と連携を図り，献立作成や食材の調達を行うことにより，地場産物の

活用を推進することができる」などのことが挙げられている。こうした資料を参考に，意欲的に取り組みを述べたい。

　なお，「茨城県食育推進計画―第3次―」(平成28年3月，茨城県)では，茨城県の平成 26 年度の学校給食における地場産物の活用割合は44.5％という具体的な数値が出ている。適宜このような統計的数値に言及することで，より説得力のある論文が執筆できるだろう。

●作成のポイント

　本設問は小論文なので，全体を序論・本論・結論の3段落程度に分けるとよいだろう。

　序論は，食育の充実を図るとき，どのような課題があるか，またどのような目標を設定したいかなどを100字以内で述べる。

　本論は，序論で述べた課題や目標を達成するために，学校給食が果たすべき役割について述べる。その上で，実現に向けて栄養教諭としてどのような取り組みをしたいか具体的に述べる。字数は600字程度を目安にする。

　結論は，100字程度でよい。学校給食を含む食育の意義を再度確認し，栄養教諭として推進に尽力していく決意などを述べて，まとめとする。

2017年度　論作文実施問題

【小学校・中学校教諭・2次試験】60分

●テーマ

子どもたちには，学校生活を通して，自らの考えと責任において行動する態度を育成していくことが必要です。

あなたは，このことをどのように考え，学級担任として，どのように取り組んでいきますか。

600字以上800字以内で，具体的に述べなさい。

●方針と分析

(方針)

学校生活を通じて，自らの考えと責任において行動する態度を育成することの重要性についての自らの考えを説明し，そのための学級担任としての取り組みを論述する。

(分析)

茨城県の教育振興基本計画である「いばらき教育プラン」は基本テーマを「一人一人が輝く　教育立県を目指して～子どもたちの自主性・自立性を育もう～」とし，基本方針1として「社会全体による子どもたちの自主性・自立性の育成」を掲げている。この項目に関する施策・取り組みについて，「社会を生き抜く力の育成」以下10の項目に分けて説明されている。この施策・取り組みについては家庭教育に関することも多いが，学校の教育活動に関わることも多数列挙されている。たとえば，第1項「社会を生き抜く力の育成」に関連しては，「豊かな人間性を育むための体験活動の推進」や「子どもの読書活動の推進」が，第4項「豊かな心を育むための道徳教育の推進」に関連

しては「道徳教育の充実」や「ボランティア活動の推進」があがっている。受験者はこうした事柄を参考に，子どもたちの自主性・自立性を育成するために取り組みたい教育活動を考察・論述することが求められている。

●作成のポイント

　本問は試験時間・分量ともオーソドックスな形態である。そこで，一般的な小論文の構成である序論・本論・まとめの3段階構成によるのが妥当だろう。

　序論は「学校生活を通じて，自らの考えと責任において行動する態度を育成」することの重要性についての自らの考えを論述し，本論につなげたい。その分量は150字前後が妥当と思われる。

　本論は上記をふまえての学級担任としての取り組みであり，この点を具体的に，そして説得的に論じたい。分量は500字前後が妥当だろう。

　まとめは取り上げた取り組みの中でも特に力をいれたいものを指摘するなりした上で，教職につきたい旨の自分の熱意をアピールしたい。分量は150字程度が妥当だろう。

【高等学校・2次試験】90分

●テーマ

　筆者の論点をふまえ，現代社会において教育が果たすべき役割を論じた上で，生徒の豊かな学びを実現するために教員として授業などを通していかに実践すべきか，自らの考えを明確に論じなさい。但し，字数は800字以内とし，原稿用紙の使い方にしたがって常体で記述すること。なお，出題の都合上，本文の表記の一部を変更している。

　教育は，つねに教育をおこなう者のために，おこなわれてきた。教育する主体がいて，教育される客体がいて，前者の必要と企図にもとづいて，後者は「教育」されてきたわけである。これは一種の支配の関係である。

　日々の授業のなかでも，その関係は変わらない。教師は文字どおり，教える人だ。子ども，とくに小さな子どもを相手としておこなわれる小学校教育の場面では，教師はしばしば「子どもたちの王様」になりがちだ。こういう子どもであってほしい，ああいう子どもであってほしいと，教師は願望する。あの知識，この技能を，覚えさせたいと願う。そして自分の思うとおりの行動を，子どもたちに期待する。

　実際には教師の思いどおりにはならない「他者」として子どもは生きているのだが，教師が「絶対君主」として子どもに臨んでいるかぎり，この子どもの「他者性」は教師の目には映らない。教育関係のなかに底深くふくまれている諸矛盾は，彼や彼女の意識にはのぼらない。支配は成功し，教師の思いどおりの「成果」がえられることも，すくなくないだろう。しかし，力づくで引きだした子どもたちの「服従」は，その力がおよぼなくなった瞬間に，音をたててくずれさるだろう。

　実際，教える，ということには，ある根本的な矛盾がふくまれている。「教えた」からといって，「生徒」が学ぶとはかぎらないのである。生徒が学ばなければ，教えは教えとして成就しない。教師がどんなに教えたような「つもり」でいても，その教えは，実際にはたんなる空虚な儀式，教師の独りよがりな自己満足以外のものではないだろう。そして――教師にとってすこぶる歯がゆいことに――「学ぶ」のは，つまり教えが教えとして成立するか否かのカギを握っているのは，学ぶ主体としての生徒たちなのである。生身の子どもと出会うということは，そういう他者としての子どもと出会う，ということを意味している。

〈　中　略　〉

　それと関連して，もうひとつ重要なのは，生きた状況のなかの学び，

ということである。

　子どもは――そして一般に人は――なぜ，学ぶのだろうか。漠然とした興味や関心から，というよりも，状況がなげかける課題に応えるために私たちが学ぶときに，その学びはより切実なものとなり，自分のなかにより深く浸透するものとなるのではないだろうか。生きることと学ぶことの一体化，といってもよい。ほんとうの学びは，状況のなかでの学びなのだ。

　学校という空間はずいぶんと不自然な空間で，子どもたちは，地域や家庭の生活からきり離され，教室の壁の内部で，教科書の内容を，ただ抽象的な知識として学ぶことになりがちだ。だから初期の生活教育の実践家たちは，子どもたちの生活経験から出発して，たえずそこにたちかえるかたちで，子どもの学びを組織した。それを継承し，子どもの既有の経験を土台にしてそこから学びを組み立てることは重要だが，しかし，子どもたちの生活経験もまた極度に貧困化し狭<ruby>隘<rt>きょうあい</rt></ruby>化している今日の日本では，学校は，子どもの経験の地平じたいを広げていくという，かつてとはちがった役割をも担わざるをえなくなっているといえるだろう。

　知識をたんに知識として教えるのではなく，行動と結びついたかたちで，知識が真に必要とされる状況のなかに身をおくことが重要なのであって，そうした状況を設定することが，学校なり教師なりのひじょうに大きなしごとになっていくわけである。地域との協力が不可欠な条件となることはいうまでもない。

　反面からみると，学校という空間には，ほかの空間にはない大きな可能性が潜在している。子どもたちが集まって，ひとつのことがらを，協働的に，持続的に，かつ知的に追究できる場として，学校以外に現在，どのような場がありうるだろうか。学校のもつこのメリットをどう活かしていけるかを，私たちはポジティブに追究していかなければならないだろう。〈　中　略　〉

　学習には，ふたつのタイプがあると思われる。情報蓄積型の学習と問題提起型の学習である。同化型の学習と異化型の学習といいかえて

もよい。

　同化型の学習とは，情報やスキルを自分のなかにとりこんで，その
レパートリーを「蓄積」していく，というスタイルの学習である。外
的な情報を吸収しても，自分の「考え方」，認識のコードじたいはあ
まり変容しないという意味で，それは「同化型」なのだ。石は池に沈
んでいくが，波紋はおこらない。認識の構造をゆりうごかすことなく，
知識だけがふえていく，あるいは，操作の習熟度だけが高まっていく，
という学習のありかたである。

　知識を一種のモノとみなして，ヒト(人格・主観)と，そのヒトによ
って「所有」される知識・スキル(モノ)とを二元化して考えようとす
る傾向が，コンドルセ以来，近代教育思想には根づよく流れているが，
そうした二元的思考は，情報蓄積型の学習観ときわめて親和的である
といえよう。知識はモノとして「所有」され，記憶のなかに累加され
るが，「客観的な」知識と自分の主観とはしばしば没交渉で，両者が
それぞれにニッチをつくって「すみわけ」をすることになりやすい。
自分の考えや感じ方は棚上げにして，とにかく教えられたことを受動
的に覚える，というかたちでおこなわれる「学習」は，「知る」こと
(知識を得ること)と「考える」こと(考えをつくること・つくりかえる
こと)を分断し，知識の習得をある種の預金行為におとしめてきた。

　貯金箱に貯金をするように，生徒のアタマのなかにできあいの知識
を機械的に注入する教育を，ブラジルの教育思想家パウロ・フレイレ
は，「預金型教育」とよんでいる。ためたお金が活用されるかどうか
は，教育者の問うところではない。預金型教育の効用は，なによりも，
人間を世界にたいして，そして教師の権威にたいして受動的にするこ
とにあるのだ。

　これにたいし，ある認識対象と出会うことによって，学習者の既有
の認識の枠組みがゆるがされ，それをなんらかの仕方で再編成するこ
とをうながされるとき，その学習を「異化」的な学習とよぶことがで
きるだろう。

　異化的な学習がおこなわれている現場では，学習者たちは「自分の

考え」が再考を迫られ，つきくずされていくことの不安や苦痛を訴えることが多い。反面そのことを「快い」と感ずる者も多い。表現は対極的だが，経験としては表裏一体のものと考えてよいだろう。

　紙や薪をモデルにして「ものの重量は燃えれば軽くなる」と考えていた生徒が，スティール・ウールの燃焼実験や気体の重量測定をとおして，「燃えれば(酸化すれば)ものは逆に重くなる」と考えるにいたったとすれば，そうした一連の経験は異化的である。それは学習者を新しい「科学」の地平に誘うものとなるだろう。1円玉を150倍の顕微鏡でのぞいて見た女子高生は，「びっくりしたの一言だ。だってまっすぐなんだもん。うそみたい！」と叫ぶ。細分化すれば曲線が直線になることを発見した生徒たちは，そのことを手がかりにして微分の世界に入っていくのだ。

　それぞれの地域で人びとがどのような仕方で自然とかかわりながら独自な文化をつくってきたかを社会科で学んだ者は，もはや，一本線の「先進─後進」のモノサシで世界を序列化することはできなくなってくる。できあいのモノサシで世界を見てきた自分が，異化されるのだ。

　「学習」にはさまざまな形態がありうるであろうが，「教育」実践の固有の課題は，こうした異化的で，問題提起的な学習を実現することにあるのではないだろうか。

　自然発生的な発達や成長とはことなって，「教育」は，基本的には学習者にたいする外からのはたらきかけであって，学習者によって学習される知識内容は，教育者によってあらかじめ用意されたものであらざるをえない。そこでの学習内容は，じつは「教育」内容であって，学習者にたいして「もちこまれる」ものだ。だからこそ，それは「情報蓄積型」「預金型」のおしつけに陥りやすい，という一面をもつのだが，しかし外部からもちこまれるからこそ，異化や挑発が可能となる，という一面を見落としてはならない。学習者の経験知のなかから，おのずと科学的な諸概念が生成するわけではない。外なる知，仕組まれた素材や状況との出会いをとおして，学習者はある飛躍をうながさ

れるのである。

　教育と学習，「教える」ことと「学ぶ」ことのあいだには，複雑で困難な問題がよこたわっている。

　今日の教育改革の焦眉の課題は，「教え」を中心にしてかたちづくられてきた学校教育を，生徒の「学び」を中心としたものにくみかえる，ということだろう。学ぶ主体の意欲や関与なしには，いかなる「教え」も実を結びえないという，学ぶ側にたって考えればあたりまえなことが，「教える」側の目にはしばしば見えてこないのだ。ルソーやデューイが主張したのは，まさにそのことであった。

　それはしかし，「教える」ことの役割を否定するものではない。いまの自分から，もう一歩ふみだして，あたらしい自分の世界を拓いていくためには，他者からのはたらきかけが必要なのである。この他者(教師)からのはたらきかけは，はたらきかけられる側(生徒)が行為の主体となって動きはじめることによって——客語として語られていた者が主語としてみずからの物語を紡ぐことによって——はじめて成就するような性質の「はたらきかけ」なのである。「教え」は，「教え」としておこなわれるのではなく，対話へと，学習者の側の探究や発見へと変換されなければならないのだ。これは「教え」の高度化であって，「教え」の否定と同一視されてはならない。

　問題提起型の学習を実現しようとする教師たちは，ある知識内容を直接的に生徒になげかけるよりも，学習者の関心や探究行動を誘発する教材や状況を設定することによって，かれらに挑むことになるだろう。行動は，かならずしも言語的なものばかりではない。それはしばしば，暗黙知の次元をもふくんだ身体的で感覚的な活動となるだろう。結果として習得される知識内容そのものにもまして，それと出会う体験のなかに——学習者がみずから学ぶプロセスのなかに——重要なものがあるのだ。

　それゆえに，教師はふたつのレベルで高度な専門性を求められている，といわなければならないだろう。

　ひとつは，何に挑み，何をもちこむのか，という教育内容の選択の

レベルでの専門性。これは具体的な生徒とのかかわりにおいて選択・決定されるべきものであって，千篇一律の目標として与えられるものではありえない。

　いまひとつは，そのための教材づくりと，状況設定のレベルでの専門性。かりに理科で重力を教えるとして，そのとき教師は，どんな事象をとりあげ，どんな実験をおこなったらよいのか。歴史で「鎌倉時代の武士」をあつかうとして，そのことを身近にひきよせて考えることのできる素材はなんなのか。どんな活動をくんだらよいのか。そんなことをたえず考えながら，教師は日常のしごとをすすめている。それらの素材や活動は，地域のちがい，学習者の既有の知識・経験，その心身のありようによって，それぞれにちがってくるだろう。教師の専門性をささえるもっとも基本的な土台が，学習者との対話能力であることはいうまでもない。〈　中　略　〉

　近代学校は，貯金型教育をより安上がりに，より能率的に推進するために，画一的な一斉教授方式を採用したが，「集団」的な規律下で遂行される生徒の学習は，じつは本質的に孤独で競争的な個人の行為であった。学びが「学びの共同性」を没却した純粋に個人的・利己的ないとなみになるとき，その学習はかえって個人を疎外し，かれの人格をかれの行為(学習)から疎隔する。学習はドリル化し，個人は原子化される。学ぶ主体としての，統合された人格をもつ個人は生成しない。人間は，社会的な相互作用を通じて，協働と社会的存在確認を通じて，みずからを個性化するのである。〈　中　略　〉

　「まだできないこと」が「できること」に変わっていく道すじには，「おのずとできるようになっていく」道すじもあるし，他者との相互作用によって，いわば人為的に発達がうながされていく場合もあるが，とりわけ科学的な概念の習得や，読み書き能力(リテラシー)の発達は，しばしば後者の代表例としてあげられているものである(たとえばヴィゴツキー『思考と言語』)。

　学校という場がもつ意義は，ひとつには，この他者との相互作用にあると思われる。教師という他者，友だちという他者と出会って，自

分のアタマだけでなく「他人のアタマで考える」ことを学ぶことによって，子どもは閉じた自分だけの思考を相対化し，また無自覚に刷りこまれたできあいの観念を自覚的に異化することができるようになるのだ。世界を拓き，広げながら，その世界とむきあう主体として，「自分」を創造していくのだ。

　たんなる情報蓄積型の学習ならば，共同性は，おそらく無用であろう。昨今，学力向上の名目で，いわゆる「学習の個別化」，そのじつは「学習の一律化」が推奨されるのは，その学習観が徹底的に情報蓄積型であり，同化・吸収型であり，預金型であるからだ。こうした学習像の行きつくところ，それは，電子メディアによる「学習の個別化」の徹底，その「能率」化，すなわち学校の解体であると思われる。そうした「ポスト学校」社会へのシフトは，教育産業だけでなく，今日の学校の内部で，すでにはじまっているとみてよいだろう。

　だからこそいま，学校で何が可能かを，われわれは深刻に問わなければならないのだ。

(里見実『学校でこそできることとは，なんだろうか』
太郎次郎社エディタス)

●方針と分析
(方針)

　まず筆者が提示する論点と，これについての自分の意見をまとめる。それをふまえて，現代社会において教育が果たすべき役割を論じた，生徒の豊かな学びを実現するために教員として授業などを通じていかに実践すべきかを検討し，論述する。

(分析)

　筆者が提示する論点は「学校で何が可能か」，すなわち，どのような学習が展開されるべきかである。この論点について，筆者は同化型の，情報蓄積型の学習に否定的な立場をとり，「異化的で，問題提起的な学習を実現することにある」と考えていることを読み取ることができる。また，筆者は「学校という場がもつ意義」は，「他者との相

互作用」にあるとする。すなわち，異化的な，問題提起的な学習を進めるためには学びの共同性が求められるとする。このような筆者の主張をふまえて，現代社会において教育が果たすべき役割を受験者自身が考察しなければならない。その上で生徒の豊かな学びを実現するために教員としてどのような実践をしなければならないかをも考察しなければならない。そして，「豊かな学び」の実現という言葉は問題解決学習を特に推進することを重視する立場において使われるので，その実践はそうした考えに合致したものでなければならないだろう。

●作成のポイント

　序論，本論，結論の3部構成でまとめるとよい。まず序論では，筆者の考えをまとめた上で，現代社会において教育が果たすべき役割を論じることになる。本問は800字以内という字数制限があり，この部分で分量を多くとってしまうと本論の記述が薄くなってしまうので，簡潔にまとめることに留意したい。

　本論は，生徒の豊かな学びを実現するためにどのような実践を行うかについて論じる。その具体的実践は1つだけあげても複数あげてもよいが，序論で示した自分の意見に矛盾したり，大きく逸脱したりするものにならないようにすること。

　結論は，今までの内容を簡潔にまとめ，生徒の豊かな学びの実現に熱心に取り組んでいきたい旨を記述して仕上げたい。

【特別支援学校・2次試験】

●テーマ

　次の表は，本県の県立特別支援学校児童生徒数の推移，本県の県立知的障害特別支援学校児童生徒数の推移及び本県の小・中学校特別支援学級児童生徒数の推移である。

　これらの資料から，読み取れることを示した上で，特別支援教育を推進するために，特別支援学校はどのようなことに積極的に取り組むべきか，また，特別支援学校の教員にはどのような力が求められるか，あなたの考えを述べなさい。

○本県の県立特別支援学校児童生徒数の推移（平成18年度から平成27年度）

障害種	H18	H19	H20	H21	H22	H23	H24	H25	H26	H27
視覚障害	72	64	54	49	51	48	43	40	45	47
聴覚障害	125	126	118	106	114	115	114	102	108	107
知的障害	2,279	2,370	2,503	2,617	2,755	2,857	2,923	3,002	3,084	3,117
肢体不自由	369	396	417	435	437	454	442	461	449	454
病弱	54	54	47	62	59	62	55	56	59	52
計	2,899	3,010	3,139	3,269	3,416	3,536	3,577	3,661	3,745	3,777

○本県の県立知的障害特別支援学校児童生徒数の推移（平成18年度から平成27年度）

部	H18	H19	H20	H21	H22	H23	H24	H25	H26	H27
小学部	776	813	849	884	938	977	993	1,024	1,042	1,047
中学部	556	557	601	641	676	687	685	718	753	797
高等部	947	1,000	1,053	1,092	1,141	1,193	1,245	1,260	1,289	1,273
計	2,279	2,370	2,503	2,617	2,755	2,857	2,923	3,002	3,084	3,117

○本県の小・中学校特別支援学級児童生徒数の推移（平成18年度から平成27年度）

	H18	H19	H20	H21	H22	H23	H24	H25	H26	H27
児童生徒数	3,617	3,896	4,268	4,645	5,113	5,512	5,829	6,201	6,709	7,283
学級数	1,069	1,136	1,220	1,301	1,403	1,438	1,484	1,529	1,600	1,669

※制限時間は90分

※文字数は1200字以内

●方針と分析

（方針）

　　①本問の資料から読み取れることを示し，② ①をふまえた上で特別

支援教育推進のため特別支援学校が積極的に取り組むべきこと，そして③特別支援学校の教員に求められる力を論述する。

(分析)

　本問資料からは，特別支援学校，特に知的障害者である児童に対する教育を行う特別支援学校の児童生徒数が増加傾向にあることや，小・中学校の特別支援学級に在籍する児童生徒数が増加傾向にあることが読み取れる。特別支援学校においてなぜ知的障害を有する児童生徒や高等部の児童生徒が増加しているかについては，小・中学校の特別支援学級に在籍していた児童生徒が特別支援学校の高等部に入学しているものと推測される。これらのことから方針②，③について考察しなければならない。

　まず方針②について，小・中学校の特別支援学級に在籍する児童生徒数が増加傾向にあるという点については，特別支援学校のセンター的機能の一層の充実が求められると考えられる。茨城県教育委員会が作成した「第2期県立特別支援学校整備計画」においても，「特別支援学校のセンター的機能の充実」が含まれており，「地域のニーズに応じた支援の充実」，「特別支援学校と幼稚園，小・中学校，高等学校等との連携強化」，「特別支援学校の専門性向上」が課題として示されている。次に，特別支援学校高等部に在籍する生徒が増加しているという点については，「比較的軽度な知的障害のある生徒の増加」を現状に示し，その充実を課題として示している。その説明として，各知的障害特別支援学校において生徒の実態に応じた教育課程の充実を図るとともに，比較的軽度な知的障害のある生徒の進路選択の幅を広げ，社会自立・職業自立を目指す専門学科の設置について検討するとある。

　最後に，方針③の「特別支援学校の教員に求められる力」を検討しなければならない。「特別支援教育を推進するための制度の在り方について(答申)」(平成17年12月，中央教育審議会)ではこの力に関連して「障害の種類に応じた専門性が求められる一方，幼児児童生徒一人一人の教育的ニーズに対応した適切な指導及び支援を行うこと」や，特

別支援学校(本答申では「仮称」と但し書きされている)が特別支援教育のセンター的機能を担うために，特別支援学校の対象となる5種類の障害種別以外の，言語障害，情緒障害，LD，ADHD，高機能自閉症等を含めた「様々な障害に関する幅広く基礎的な知識を有していることが期待される」と説明している点が参考になると思われる。

●作成のポイント

本問は時間・分量とも小論文問題としてオーソドックスなものである。そこで，一般的な構成である序論・本論・まとめの3段階構成を採用するのが妥当と思われる。

序論は，本問の資料で読み取れることを示し，本論につなげたい。分量は250字程度にし，あまり長くならないよう簡潔に示したい。

本論は，読み取ることができた点について，特別支援学校が積極的に取り組むべきこととその教員に求められることを充分に論じたい。分量は700字程度がよいと思われる。

まとめは，特に重視したい点などを示した後，特別支援学校の教員になりたい旨の熱意を示したい。分量は250字程度がよいと思われる。

【養護教諭・2次試験】60分

●テーマ

子どもの健康づくりを推進するために，学校保健活動のセンター的役割を果たす保健室経営が求められています。

あなたは，養護教諭として，このことをどのように考え，どのように取り組んでいきますか。

600字以上800字以内で，具体的に述べなさい。

●方針と分析

(方針)

　①子どもの健康づくりを推進するために，学校保健活動のセンター的役割を果たす保健室経営についての自分の考えと，②その点について自分がどのように取り組んでいくかを論述する。

(分析)

　「子どもの心身の健康を守り，安全・安心を確保するために学校全体としての取組を進めるための方策について(答申)」(平成20年1月，中央教育審議会)では，「子どもの健康づくりを効果的に推進するためには，学校保健活動のセンター的役割を果たしている保健室の経営の充実を図ることが求められる」とする。そして，そのためには養護教諭が「保健室経営計画を立て，教職員に周知を図り連携していく」こと，および「養護教諭が充実した健康相談活動や救急処置を行うための保健室の施設整備の充実が求められる」ことが示されている。また，茨城県教育委員会が作成した「学校保健・学校安全管理の手引き(四訂版)」には「学校保健活動のセンター的機能(場としての機能)」として健康診断，健康相談，保健指導，救急処置といった学校保健安全法第7条所定のものだけでなく，「発育測定」「保健情報センター」「保健組織活動のセンター」などもあがっている。また保健室経営の実際について言及した節では，「保健活動のセンター的機能」の諸点についての確認事項や基本的な考え方等が説明されている。本問はこのようなさまざまな活動について自分なりにどのように考え，どのように取り組んでいくかを論ずる問題となる。

●作成のポイント

　本問は試験時間・分量ともオーソドックスな出題となっている。そこで，一般的な小論文の構成である序論・本論・まとめの3段階構成がよいであろう。

　序論では，まず「学校保健活動のセンター的役割」についてその内容を説明したい。そして，自分の考えを明らかにした上で，本論につ

なげたい。分量は200字～300字程度がよいであろう。

　本論は，その充実を図るためにどのようなことに取り組んでいくかを論述する。分量は500字程度がよいであろう。

　まとめは，本論の要点を100字程度で示しておきたい。最後に，記述した取り組みについて養護教諭として熱心に取り組みたい旨を記述して仕上げるとよい。

【栄養教諭・2次試験】60分

●テーマ

　栄養教諭には，学級担任や教科担任と連携しながら食に関する指導を行うことが求められています。

　あなたは，このことをどのように考え，どのように取り組んでいきますか。

　600字以上800字以内で，具体的に述べなさい。

●方針と分析

（方針）

　学級担任や教科担任と連携しながら食に関する指導を行うことについての，①自分の考えと，②その取り組みについて論述する。

（分析）

　茨城県の教育振興基本計画である「いばらき教育プラン」では，「食育，がん教育などの健康教育，薬物乱用防止に関する教育の推進」の今後の方向性として「今後は発達段階に応じて児童生徒が食に関する知識と能力等を総合的に身に付けることができるよう，各教科等や学校給食の時間における個々の食に関する指導を体系的，また教科横断的に実施することなど，学校の教育活動全体で推進・充実」を図る

旨が記載されている。その主な施策・取り組みとして「望ましい食習慣の形成に向けた，食に関する指導の実施」をあげており，その内容として「児童生徒の望ましい食習慣を形成するため，全体計画・年間計画に基づき栄養教諭をはじめとする教職員相互の連携・協力による食に関する指導を実施し，正しい知識に基づいて自ら食を選択する自己管理能力を育成」するとある。このように「教職員相互の連携・協力による食に関する指導を実施」とあるので，「自分の考え」についてはその連携について積極的にそうする旨を理由とともに述べなければならないだろう。次に，その取り組みであるが，栄養教諭が中心となって学級担任や教科担任と連携しながら全体計画を作成することがまず考えられる。「学校における食育の手引」(平成24年5月，茨城県教育委員会)は「特別活動の時間や学校行事をはじめ，広く教科等においても推進することが重要」であるとするが，そのような教育実践を行う場合，児童生徒の実態に関する情報交換や念入りな打ち合わせなどの連携が必要になる。その具体的な取り組みについては上記手引などを参照しながら，自分の考えを発揮できる案を示すことができるようにしたい。

●作成のポイント

　本問は試験時間・分量ともオーソドックスな出題となっている。そこで，一般的な構成とされる序論・本論・まとめの3段階構成にするとよいだろう。

　序論は，学級担任や教科担任との連携についての自分の考えを理由とともに述べた上で，本論で述べることを端的に示したい。分量は200字程度が妥当だろう。

　本論は，自分がその連携について取り組むことを説得的に論ずる。分量は400字程度が妥当だろう。

　まとめは，特に取り組みたいことを中心に本論の要点を示した上で，栄養教諭として指導に取り組みたい旨の熱意を示したい。分量は200字程度が妥当だろう。

2016年度　論作文実施問題

【小学校・中学校教諭・2次試験】60分

●テーマ

　児童生徒が，楽しく充実した学校生活を送るためには，集団の中で自分が大切な存在であることを実感できるような学級づくりが大切です。
　あなたは，このことに，学級担任として，どのように取り組んでいきますか。
　800字以内で，あなたの考えを具体的に述べなさい。

●方針と分析

（方針）

　児童生徒が集団の中で自分が大切な存在であることを実感できるような学級づくりを，学級担任という立場から具体的に論述する。

（分析）

　本問においては，児童が「集団の中で」自身の存在を実感できるように，とされていることに注意する。これらに関しての自身の考えをまとめた上で，どのように学級経営に取り組んでいくかを述べる必要がある。「集団の中で自分が大切な存在であること」を一人一人の児童生徒が実感できるという条件を満たすには，担任教師が常に一人一人の生徒児童の性格や長所とともに，教室内での様子を個別に把握しておく必要がある。茨城県教育委員会の平成27年度学校教育指導方針における学校教育推進の柱の1つ「豊かな心を育む教育の推進」にある「生徒指導の充実」の項目には，「自己実現を促す指導・支援の促

進」として「日常の様々な学校生活の場面における自己選択や自己決定の機会を設定し，自己存在感や自己有用感及び共感的理解を高める工夫」，「児童生徒が明確な目標を掲げ，その達成に向けて根気強く努力し，自らを振り返る活動の工夫」という内容が示されている。以上の趣旨を踏まえて，小中学校の教員として，どのような学級運営を取り組んでいくべきかを具体的に提示する必要がある。

●作成のポイント

　序論，本論，結論の3部構成でまとめるとよい。序論では，この課題に対する学校の現状と背景，それを踏まえた自分自身の考えを端的に述べる。本論では，生徒児童が「集団の中で自分が大切な存在であることを実感できる」ようにするためには，学級担任としてどのようなことをするのかを具体的に展開する。「あなたの考え」については，すでに序論で述べたことを踏まえ，これと本論での内容が矛盾しないように展開することが大切である。さらに，論述に説得力を持たせるため，具体的な指導案や自分が過去に学校で受けた教育，指導事例なども含めて書くことが有効である。具体的な指導案については先にあげた茨城県の学校教育指導方針の中の「確かな学力を育む教育の推進」にある「具現化のための取組」の各項目が参考になるだろう。結論ではもう一度自分の考えを簡潔にまとめ，学級担任としてどのような方向で取り組んでいきたいか，決意を述べる形で書き上げるとよいだろう。

【高等学校・2次試験】90分

●テーマ

教育基本法第一章第一条には下記のように「教育の目的」が記されている。

教育は，人格の完成を目指し，平和で民主的な国家及び社会の形成者として必要な資質を備えた心身ともに健康な国民の育成を期して行われなければならない。

筆者の意見を踏まえ，現代社会における教育の果たすべき役割を論じた上で，「社会の形成者」を育成するために教員としてどのように生徒と向き合っていくか，自らの考えを明確に論じなさい。但し，字数は800字以内とし，原稿用紙の使い方にしたがって常体で記述すること。なお，出題の都合上，本文の表記の一部を変更している。

「よい職業を手に入れ(させ)るために教育を受ける(与える)」というのは，これまであたりまえのようになされてきた。「学歴稼ぎ」のための進学準備教育もそこに含むことができる。「よい高校―よい大学―よい就職」という想定の下で，教育は究極のところは，よい仕事を手に入れるための手段にすぎないとされてきたのである。もちろん，そうであるがゆえに学校教育が大衆的に拡大することも，生徒の自発的な学習の動機づけを調達することも可能だったともいえる。

しかしながら，進学をめぐる競争であれ，職業をめぐる競争であれ，結局のところ，全体としてみると「いす取りゲーム」のようなものでしかない。労働市場における「よい仕事」を目指す競争は，競争者間の相互の関係のみが問題になる。周囲が高学歴化していけば，十分な潜在的能力やスキルを持っている者が，学歴を指標とした選抜プロセスの中で敗者になってしまう。目の前の誰かが勝者になれば，別のどこかの誰かが敗者になるような，ゼロ・サム・ゲームである。それ自体が社会に希望をもたらしてくれるわけではない。

　教育社会学の研究者は，これまでずっと，教育機会の不平等の問題に関心を持ってきた。学校は社会移動の装置とみなされ，家庭背景による進学機会の格差の構造やその変容が考察されてきた。しかし，社会・経済が不平等な社会においては，社会移動の装置としての学校は，その不平等を緩和することはできない。学校が社会移動の装置であるということ自体は，経済的な不平等の構造を改善したり，貧困を減らしたりすることを意味しているわけではない。むしろ，世代間の関係で見ると，高学歴層の子どもが高学歴を取得するという，進学機会の相対的な位置の面での格差構造は持続的で頑健である。学校教育による社会移動に期待をかける限り，われわれは不平等が改善されない現実に失望しつづけることになる。〈中略〉

　学校教育の役割を，人がこの世界について広く深く知り，考えることができるようになるための場とみなすという私の考えは，現実ばなれした夢想に見えるかもしれない。しかし，教育基本法や学校教育法，学習指導要領などに盛り込まれている多くの事項は，実は，そういう理念や理想である。進学準備に特化した教育の日常のあり方や入試の形式・内容がそういう理念や理想を棚上げにしてしまってきたから，軽視されてきているだけである。

　個人と社会の経済的効用のために(のみ)学校があるという見方を相対化する必要がある。「われわれは過剰に教育の経済的な目的や機能に焦点を当てすぎてきている」(Covaleskie)。確かにそう思う。経済的効用だけでなく，市民形成や優れた文化の継承・発展など，多様な目的や機能を持つものとして学校教育の役割をとらえ直す必要がある。この点で，人的資本論の狭さを指摘するＡ・センの議論は示唆的である。人的資本論的アプローチに代えて潜在能力(ケイパビリティ)の開発を主張するセンは，「単純化しすぎる危険を承知でいうならば，人的資本について書かれたものは，生産の可能性を強化するための人間の能動的な力に集中する傾向があると言うことができる。一方，人間の潜在能力の考え方は，人々が生きたいと考える理由のある生き方をし，持っている真の選択を向上させることのできる能力——本質的

な自由——に焦点を当てる」と説明する。人的資本論の見方は否定されるのではなく，人間の潜在能力に関するもっと包括的な考え方の一部として位置づけられているのである。

「人的資本」の概念の活用は，全体像の半分(「生産的な資源」の価値の拡大に関係する，重要な部分)にしか焦点を当てないが，たしかに豊かさを増してくれる動きである。しかし，これにはどうしても補完が必要である。なぜなら人間はたんに生産手段ではなく，すべての活動の目的でもあるからだ。(A・セン)

もしも学校教育が，人間を手段——生産手段——という狭く従属した地位に押し込めていくだけの役割しか果たさなかったら，矛盾や難題に満ちたこの世界を人々が自らの手で作り変えていく可能性は閉ざされてしまうことになる。センが言うように，人間が「すべての活動の目的」でもあるならば，学校教育は，人間が自分や自分が住むこの世界のことをもっと知り，多様な形でこの世界に関与できるようになるための装置としての役割を果たす必要がある。それは，コミュニケーションや文化享受の基礎，社会の能動的な形成者の育成や社会連帯の基礎など，「労働力の脱商品化」のための装置として学校教育が機能すべきことを意味している。

特に本書で私が重視しているのは，政治や経済のシステムを自分たちの手で制御する，賢明で能動的な市民の創出の役割を学校教育に期待することができないか，ということである。格差の問題も，突き詰めれば経済次元の問題としてではなく，市場を制御する政治の次元の問題として位置づけることができる。格差の拡大を憂えて福祉国家再編の道を模索する新川敏光は，「今日貧困の問題は，富の絶対量の不足ではなく，分配にある。トリクルダウン効果(上層の潤いが下層へとこぼれ落ちる)なるものが，たとえあったとしても，最底辺層では喉の渇きを潤すに足りない僅かなものにすぎない。市場による分配は，多くの人々の生存権を脅かし，社会的公正を損なうものとなっている。

このような状況のなかで，再分配は喫緊の課題となっている」と述べる。ではどうすればよいのか。新川が期待していることの一つは，政治である。「自由権が法の下の平等を実現するとしても，いやむしろそのことによって経済における非対称関係(不平等)を維持・再生産・正当化するのに対して，参政権の確立，民主主義政治の実現は，経済的非対称的関係を政治的に是正する機会を提供する」と。

　経済的な格差や不平等の問題を，学校教育による社会移動では改善できないとすると，それとは別の道として，学校教育にもともと期待されていた「市民形成」という目的を，改めて評価する道があるのではないだろうか。

　もっとみんなが社会の現実に向き合い，よりよい社会の構築に向けて考え，議論し，行動するような社会になれば，さまざまな問題にはもっとましな選択がなされるのではないか。誰もが目の前の仕事だけに汲々とする社会ではなく，もっと多くの人たちが，もっと幅広くこの世界のことを知り，考え，行動することができるようになるために，学校教育は貢献することができる。税金の使い道について考えたり，労働法制やブラック企業について考えたりすることもできるし，環境問題を考えたり，平和の問題を考えたりもできる。新川がいう再配分のあり方の見直しについていうと，もっと賢明な市民たちが増えてきたとき，その選択は変わるかもしれない。いずれにせよ，目の前の社会を「自然」で宿命的なものとみるのではなく，新しい世代自身が民主主義の担い手になって，自分たち自身で社会のあり方を決めていけるようにする，という点が重要なのではないか，と私は考えた。

　産業構造の変化の中で，きわめて生産性の高いごく一部の仕事と，高度の熟練を必要としない多くの低賃金の仕事とが二極分化していっている。誰もがみんな「よい仕事」につけるわけではない。だからこそ，どういう雇用や再分配のルールを持つ社会にするかといった課題を，専門家や政治家に白紙委任してはいけない。また，目の前の仕事の中にはない，地球環境が抱える深刻な問題やグローバル資本主義の制御の問題に，利害の当事者や専門家だけが取り組めばよいわけでも

ない。目の前の世界の外にある地球規模の深刻な課題に，もっとみんなが関与していく必要もある。

　近年の政治で強まっている強力なリーダー待望論や，既得権集団を攻撃するルサンチマン^(注1)の政治は，既存の不公正なルールの是正や再配分への希求の高まりとも読むことができる。しかしながら，①民主主義的な市民としての行動は投票以外には何も行わないで，カリスマリーダーに期待を寄せるだけ，②改革案の内容を適切に判断することもないままそのカリスマリーダーに白紙委任してしまう，という点で，二重に政治的主体性を喪失してしまっている。

　われわれは，「民主主義のための教育」という，手垢のついた考えにもう一度光を当ててみる必要があるでのはないか。一人ひとりが競争の中で生き残るための教育ではなく，人と人とがこの世界について議論を交わし，対立したり連帯したりしながら，新しい社会を作っていく——そのために学校が果たしうる役割の可能性を再評価してみたいと考えたわけである。すべての子どもが「賢い市民」として振る舞えるようになるとは思えないけれども，すべての子どもに「賢い市民」になってもらうことをめざす教育をすることはできる。

　その意味でいうと，現実に教えられていることの大半は，市民形成に役立ちうる内容である。進学準備教育として教えられている中学校の主要5数科にせよ，高校の普通科の教育内容にせよ，市民として世界を理解し，自分で何かを考え判断するために役に立つ。物理や数学を学ぶことが多くの子どもにとって「職業的レリバンス^(注2)」が不明確であったとしても，市民としては不可欠，あるいは有用な知は多く含まれている。

　われわれが考えないといけないのは，おそらく普通教育か／職業教育か，という論点ではない。というのも，近年の教育の中で重視されるようになっているジェネリック・スキル^(注3)の育成という次元で見ると，市民形成のための教育と職業人のための教育が与えるものは，かなりの程度，相互に重なっているからである。山内紀幸が，「創造性や問題解決力の育成を企図した教育過程による汎用的コンピテンシー^(注4)

の育成」や「現実や現場を通じた考現学(注5)の活用」を「積極的普通教育」と呼ぶとき，その普通教育は職業遂行能力を高めるもの，として位置づけられている。また，「国益を追求するあまり，諸国家とその教育システムは，デモクラシーの存続に必要な技能を無頓着に放棄している」と現代の教育を批判し，市民に必要な批判的思考や共感を育むものとして人文学と芸術を重視するヌスバウムもまた，「繁栄する経済のために必要なのは，市民精神を支えているのと同じ諸技能なのです」と述べている。

　また，職業教育推進論者の多くが指摘しているように，職業教育の中にも，教養的な意味を持つ知が含まれていたり，職業的専門知が市民としての認識や人格の形成に寄与したりする側面もあるだろう。つまり，普通教育と職業教育とでは，関心や具体的知識のレベルでは，両者はまったくちがったものを学習者に刻印することになるけれども，ジェネリック・スキルのレベルでは，相互に重なり合う部分が少なくないのである。それは，職業的に有用なスキルにもなるが，同時に市民として活動していく上で重要なスキルにもなりうる。私は，この相互浸透性に期待をしたいと思っている。

(広田照幸「教育は何をすべきか――能力・職業・市民――」岩波書店
序論)

　注1　ルサンチマン：強者に対する弱者の憎悪や復讐衝動などの感
　　　　情が内向的に屈折している状態。怨恨。遺恨。
　注2　レリバンス：関連性。妥当性。有用性。
　注3　ジェネリック・スキル：社会で求められるコミュニケーショ
　　　　ン能力，論理的思考力，問題解決力などの汎用的な能力。
　注4　コンピテンシー：企業などで人材の活用に用いられる手法で，
　　　　高業績者の行動特性のこと。
　注5　考現学：現代の社会現象を場所・時間を定めて組織的に調
　　　　査・研究し，世相や風俗を分析・解説しようとする学問。

●方針と分析

(方針)

　筆者の意見をまとめ，その上で現代社会における教育の果たすべき役割を論じる。そして，「社会の形成者」を育成するために教員としてどのように生徒と向きあっていくかについて，自らの考えを明確に論じる。筆者の意見を踏まえることを忘れてはならない。

(分析)

　筆者は現在の教育に関する問題点と，目指すべき方向性を論じている。筆者が自身の考えを述べているところを中心にまとめる。第4段落冒頭「学校教育の役割を，人がこの世界について広く深く知り，考えることができるようになるための場とみなすという私の考えは，現実ばなれした夢想に見えるかもしれない。しかし，教育基本法や学校教育法，学習指導要領などに盛り込まれている多くの事項は，実は，そういう理念や理想である」，第9段落冒頭「もっとみんなが社会の現実に向き合い，よりよい社会の構築に向けて考え，議論し，行動するような社会になれば，さまざまな問題にはもっとましな選択がなされるのではないか」，同段落最後の1文「目の前の社会を「自然」で宿命的なものとみるのではなく，新しい世代自身が民主主義の担い手になって，自分たち自身で社会のあり方を決めていけるようにする，という点が重要なのではないか」，などが筆者の意見の代表的な部分である。これらを踏まえて，よりよい社会の形成者を育成するために，どのような指導を心がけていくかを考えてみるとよい。

●作成のポイント

　序論，本論，結論の3部構成でまとめるとよい。まず，序論では筆者の考えをまとめ，自身の考えを述べる。重要なのは，筆者の考えと自身の考えに矛盾が生じないようにすることである。全体で800字以内なので，ここを多く書くと，本論で書く，取り組みたいことが書き切れない場合も考えられるので注意が必要である。

　本論では序論で述べたことを踏まえ，自身が実際にどのようなこと

に取り組んでいきたいか述べる。具体的な取り組みは2つは書きたいところである。教育は学歴を稼ぐためだけに存在しているわけではない。自分で考えられる能力を身につけさせる必要がある。そのためには，どのようなことをしていけばよいのかを考えてみるとよい。安易に答えが出ることばかりさせては，それを身につけさせることは難しいはずである。

　結論では今までの内容を簡潔にまとめ，最後に教員としての決意を述べて終わらせればよい。今回は「社会の形成者」を育てるということが課題の中心である。それに関する教員としての決意を述べることが重要である。

【特別支援学校・2次試験】

●テーマ

　近年，特別支援学校や特別支援学級に在籍する幼児児童生徒は増加する傾向にあり，通級による指導を受けている児童生徒も増加してきている。また，文部科学省が平成24年に実施した「通常の学級に在籍する発達障害の可能性のある特別な教育的支援を必要とする児童生徒に関する調査」の結果では，知的発達に遅れはないものの学習面又は行動面で著しい困難を示すとされた児童生徒の割合は，推定値で6.5％と示されている。

　このような現状を踏まえ，インクルーシブ教育システム構築のための特別支援教育の推進に向けて，今後，特別支援学校の教員はどうあるべきか，あなたの考えを述べなさい。

※制限時間は90分

※文字数は1200字以内

●方針と分析

(方針)

　第1段落で述べられている現状とそれに関する自身の意見も踏まえ，インクルーシブ教育システム構築のための特別支援教育の推進に向けて，教員はどうあるべきかについて論じる。

(分析)

　「共生社会の形成に向けたインクルーシブ教育システム構築のための特別支援教育の推進(報告)」(平成24年7月23日文部科学省)は障害者の権利に関する条約第24条を引き，「インクルーシブ教育システム」を「人間の多様性の尊重等の強化，障害者が精神的及び身体的な能力等を可能な最大限度まで発達させ，自由な社会に効果的に参加することを可能とするとの目的の下，障害のある者と障害のない者が共に学ぶ仕組み」と定義している。また，茨城県教育委員会の平成27年度学校教育指導方針では学校教育推進の柱の1つに「自立と社会参加をめざす特別支援教育の推進」を掲げ，その中で「インクルーシブ教育システムの理念を踏まえて，特別な教育的支援を必要とする幼児児童生徒が自己のもつ能力や可能性を最大限に伸ばし，自立と社会参加ができるよう，一人一人の「生きる力」を培う教育の充実を図る」としている。これらのことを踏まえ，障害のある幼児児童生徒が障害のない幼児児童生徒とともに教育を受けるための教員の指導・支援体制について自分の考えを論じることを基本的な方向性としたい。

●作成のポイント

　序論・本論・結論の3部構成でまとめるとよい。序論では，課題に述べられている「このような現状」に関する自身の意見を述べるとよい。現状の中に，幼児児童生徒を取り巻く環境についても述べられているので，それを参考にして，自分の意見が課題の内容にずれていないかを確認するとよい。また，序論で述べたことと，これから本論で述べる，実際に取り組んでいくことに矛盾が生じないように注意して書く必要がある。

本論では，序論で示した考えをもとにして，実際に取り組んでいきたいことを述べる。課題に「どうあるべきか」とあるが，これは実際にどのようにしていけばよいか，ということと言い換えてよい。一人一人の個性を尊重するような指導をしていかなければならないが，それを実現させるためにはいろいろな方法が考えられる。また，幼児児童生徒によって，同じような問題が生じていても同じ方法で解決できるとは限らない。よって，様々な解決方法を教員は持っていなければならない。自分一人でそれを身につけるのはあまりにも時間がかかるであろう。そこで，他の教員などと情報の共有が必要になってくる。情報の共有はこういう側面からも重要である。全体で1200字以内とあるので，ここでは自分が取り組みたいことを600～800字程度割いてしっかりと述べたい。

結論では，今までの内容を簡潔にまとめ，自身が特別支援学校の教員としてどのような姿勢や決意をもって取り組んでいくかを述べるとよい。今回は「インクルーシブ教育システム」に関する決意について述べると，課題から外れることはない。

【養護教諭・2次試験】60分

●テーマ

日常生活の中で，児童生徒の心身の健康課題を把握し，適切に対応していくことができるようにするために，あなたは，養護教諭として，どのように取り組んでいきますか。
800字以内で，あなたの考えを具体的に述べなさい。

●方針と分析

（方針）

児童生徒の心身の健康課題を把握し，適切に対応していくための取

り組みについて論述する。心身の健康課題に関して，児童生徒を取り巻く環境についても言及する必要がある。

(分析)

　「教職員のための子どもの健康観察の方法と問題への対応」(平成21年3月文部科学省)では養護教諭の役割のポイントとして，「子どもの心身の健康状態を日ごろから的確に把握し，問題の早期発見・早期対応に努める」，「子どもが相談しやすい保健室の環境つくりに努める」，「常に情報収集に心がけ，問題の背景要因の把握に努める」などをあげている。養護教諭は，日頃より心の健康問題のある子どもを支援していることが多いことに加え，担任や保護者からの相談依頼も多いため，学校における心の健康問題への対応に当たっては中心的な役割を果たすことが求められている。その役割を果たすため，教職員，保護者，関係者との人間関係つくりに努め，信頼関係を築いておくことが大切である。

●作成のポイント

　序論・本論・結論の3部構成で書くとよい。800字以内とあるので，序論や結論を多く書き過ぎると，自身の取り組みを述べる本論が少なくなってしまうので，字数のバランスは意識しておこう。

　序論では，「児童生徒の心身の健康課題を把握し，適応に対応していくこと」についての自分の意見を述べる。この意見は，本論で述べる取り組みたいことと関連しなければならないということに注意してまとめるとよい。

　本論では，実際にどのようなことに取り組んでいきたいかを述べる。取り組みは1つに絞っても2つ以上あげてもよいが，ポイントは，自身が中心となって学校全体で行えるような取り組みを提示することである。自ら積極的に動かなければ，児童生徒が養護教諭のところに相談をしに来ることは考えられず，他の教師との連携も不可能であろう。

　結論では，今までの内容をまとめた上で，養護教諭としての決意を述べるとよい。今回は「児童生徒の心身の把握に関する」ことについ

ての決意を述べることがよい。

【栄養教諭・2次試験】60分

●テーマ

　児童生徒が，将来にわたって健全な食生活を送れるようにするために，あなたは，栄養教諭として，どのように取り組んでいきますか。
　800字以内で，あなたの考えを具体的に述べなさい。

●方針と分析

(方針)

　児童生徒が将来にわたって健全な食生活を送るために，どのような取り組みをすればよいかを論述する。また，児童生徒を取り巻く食生活に関する自身の考えも書かれていると，取り組みたいことの部分の説得力が増す。

(分析)

　栄養教諭は，食に関する専門的な知識を有し，学校における食育推進の要として，学校内における食に関する指導のコーディネーターとしてだけでなく，家庭や地域との連携を図る役割を果たしていくことが期待されている。本問では「児童生徒が将来にわたって健全な食生活を送る」ための取り組みを論述するので，「食に関する指導の手引第一次改訂版」(平成22年3月文部科学省)にある各教科等における食に関する指導の展開や学校給食を生きた教材として活用した食育の推進，学校・家庭・地域が連携した食育の推進における具体的な取り組みをあげていくとよいだろう。たとえば，小学校生活科において調和のよい食事のとり方を具体的に指導すること，中学校保健体育科で食生活と生活習慣病とのかかわりについて指導すること，特別支援学校

において児童生徒の食に関する実態をしっかり把握することなどが想定できるだろう。

●作成のポイント

　序論・本論・結論の3部構成でまとめる。800字以内とあるので，序論と結論で多く書き過ぎると，本論で書く取り組みたいことが思うように書けなくなるので注意したい。

　序論では，健全な食生活に関する自身の意見を述べる。難しい問題ではあるが，様々な角度から児童生徒に伝えられる話題でもあるので，前向きな意見を述べることが重要である。これを踏まえて，本論では取り組みたいことを述べるとよい。

　本論では，序論で示した自分の考えを踏まえて，実際に取り組んでいきたいことを述べる。取り組みは1つに絞っても2つ以上あげてもよいし，テーマに「将来にわたって」とあることより小学校と中学校，学校と家庭あるいは地域社会などのような連携を考えてもよいだろう。ポイントは，栄養教諭である自分自身が中心となって学校全体で行えるような取り組みを提示することである。

　結論では，今までの内容をまとめた上で，栄養教諭としての決意を書いて終わらせればよい。今回は「児童生徒が，将来にわたって健全な食生活を送れるようにするため」に関する決意を述べることが大切である。

2015年度　論作文実施問題

【小学校・中学校教諭・2次試験】　60分

●テーマ

> 　教師が子どもと向き合い適切に指導を行うためには，教師に対す
> る信頼の確立が不可欠です。
> 　あなたは，「信頼される教師」とはどのような教師であると考えま
> すか。また，そのような教師となるためにはどのように取り組んで
> いきますか。
> 　800字以内で，あなたの考えを具体的に述べなさい。

●方針と分析

(方針)

　教師が子どもと向き合い適切な指導を行うという観点から，自分が
理想とする「信頼される教師」とはどのような教師であるか，そして，
そのような教師となるためにどのような取り組みを行うかについて具
体的に述べる。

(分析)

　茨城県では求める教師像として，①教育者としての資質能力に優れ
た，人間性豊かな教師，②使命感に燃え，やる気と情熱をもって教育
にあたることができる活力に満ちた教師，③広い教養を身につけ，子
どもとともに積極的に教育活動のできる指導力のある教師，④子ども
が好きで，子どもとともに考え，子どもの気持ちを理解できる教師，
⑤心身ともに健康で，明るく積極的な教師，をあげている。これらの
教師像を踏まえながら，自分の理想とする教師像を構築してもらいた
い。

　理想とする「信頼される教師」像を述べることになるが，なぜ教師になりたいのかという志望理由も踏まえた上で，オリジナリティのある意見が求められている。適切な指導を行うためになぜ信頼の確立が必要なのか，社会的・教育的背景も踏まえ，その理由を論理的に述べる。心身の発達途中である子ども達は精神的にも未熟といえ，正しいこと・誤っていることを教える存在が不可欠である。しかし，子どもたちがその指導を受け入れることは容易とはいえない。ここに信頼が必要である所以を考えてみるとよい。さらに，子どもからの信頼が成り立たないと指導できないこと，信頼があるからこそ指導できることなどを具体的に考えてみよう。それを基に理想とする「信頼される教師」を表現する手がかりとなるだろう。

　また，ここで大切なことは，「そのような教師となるための取り組み」である。単に理想に思っているだけでなく，その目標への手立てを確立できていること，目標に向けた行動や努力ができていることを強調したい。

●作成のポイント

　はじめに，社会情勢や子どもたちの周りの環境などの背景を導入とするとよい。その上で，信頼関係が教育において大切と考える理由について続けると，その後の教育・指導内容につながる。そして，「信頼される教師」について，「～ができる教師」「子どもから～される教師」など，端的に示しておくとよい。そうすることで，読み手は論点を理解しやすくなる。

　本論では，その中身を具体例を用いながら書いていこう。たとえば，「ある児童が他の児童を執拗にからかっていた場合に，それぞれの児童にどう接し，どのように指導を行うか」などの事例をあげ，指導の上での信頼関係の重要性に言及したい。

　そして，自身が行うべき取り組みについて具体的に示そう。教師になってからはもちろん，現在でも行える取り組みを考えるとよい。「信頼される教師」という目標に向けて，行動目標を立て，努力して

いる様子を述べておきたい。

　最後に，「信頼される教師」像についてもう一度まとめ，それを目標としていること，それに向けて取り組んでいく決意を示そう。

【高等学校・2次試験】　　90分

●テーマ

　現代社会では多くの高校生が何かしらの課題に直面しながら生活している。教員は教育活動全体を通じ，そうした生徒に適切に対応することが求められている。以下の文章は哲学者である篠原雅武氏へのインタビューの一部である。筆者の意見を踏まえ，現代社会における教育の果たすべき役割と，教員としての「痛み」を抱える生徒にどのように向きあっていくか，自らの考えを明確に論じなさい。ただし，字数は800字以内とし，原稿用紙の使い方にしたがって記述すること。

　……私たちも，これまでことあるごとに要素還元主義という言い方でその問題点を指摘してきましたが，それは事象をいったん要素に分解したうえで，再び一つにまとめ上げるという方法でした。そこで言われる全体とは，単に要素の集合にすぎません。篠原先生のおっしゃる「包み込む全体性」は，それとはまったく性質の異なるものです。要素化全体かということよりも，連関，関係性，つながりにこそポイントが置かれている。

　そのあり方をどう捉えるかということが一つ課題になっていると思うのです。人間を「個」という単位に分解して，分解された個という要素の集合として全体と捉える発想。こうした発想，方法論がこれまでの社会科学の主流だったと思いますが，この方法では，今言ったよ

うな連関，関係性は視野に入らないと思います。そこには「個」しか
ありません。「個」の利益の最大化，「個」の自立性，というように。
これに対して私は「個」を第一に立てるのではなく，関係の網の目を
第一に立てる考え方が要請されているのではないか，そう思うのです。

そこで着目したのが「痛み」でした。冒頭，ご質問があったように
(注1)，私はそのことを考えるために，「生活」という問題を立ててみ
たのです。いまさらなぜ生活なのかといわれそうですが，少し踏み込
んで考えてみると，生活を問うということはそうやすやすとできるも
のではないということがわかってきます。戸坂潤，アンリ・ルフェー
ブルといった思想家が，かつては日常生活論を試みていたことからも
わかるように，生活を問うことは，思想的課題の一つとなり得ます。
生活とは，簡単に言うと，住まうこと，食すること，会話すること，
掃除すること，子育てや介護などという無数の地味な営みの複合体と
捉えることができます。住居や街路，家具や食材，テレビやパソコン
といった諸々の物質的存在がそこでないまぜとなり，さまざまな価値
観や習慣という精神的な創造物もまたその縦糸となりうるような，心
的とも物的ともつかぬ組織体です。生活とは，決して当たり前のこと
として成り立つものではなく，それを維持し，存続させていくために
は相当の労力を必要とし，ともすれば，そこに生じる綻びを放置して
おくと，その裂け目をきっかけに一気に崩壊へと至ってしまう，そう
いう危ういものでもあると，私は考えています。

戦後の高度成長において，生活は，基本的にはよくなるもので，少
なくとも，維持が困難になり，破綻するなど，よほどのことでもない
限り起こりえない，例外的なこととみなされてきました。しかし，近
年においては，生活の困難，破綻は，さして珍しくもない事態となり
つつあります。ただ，先程言いましたように，これまでの社会科学の
方法(とりわけ，戦後に導入されたアメリカ型の近代化論を基礎とする
社会科学)では，今起こっているような生活の困難，破綻，失調という
事態は捉えきれないと思います。既存の学問領域の枠組みにとらわれ
ることなく，この問題に切り込む必要がある。そこで，包み込む全体

性という見方を提起したわけです。生活という組織体が壊れ，失調し，荒んでいくということを，「全体性の死滅」という問題点を定めて捉えてみる。全体性とは，別言すれば，生活という組織体を織りなすさまざまな営みを集め，関係づけ，出会わせ，織りなしていく作用であり，働きです。こうした意味でも全体性があって初めて，生活は，関係性の網の目としての組織体となり，存続可能なものとなる。

　生活はより便利になり，充足をもたらすことが当然だという想定が疑いの余地なく通用している状況においては，生活の困難は，たとえ感覚されたとしても，あくまでも一時的なことであり，いずれは克服されるだろうと思い込まされてしまう。つまり，進歩，成長の恩恵による克服です。そのなかにあって，生活を維持し，存続させていくことの難しさを考え，議論することはそういった想定を疑問に付すことであり，さらには，その想定のもとでまどろんでいる，夢のなかにある人々の意識に対し，現実を意識化せよと働きかけることです。ではどうやって，その困難を感覚することが可能になるのか。意識されていない物事を意識化するために，私たちができることは何か。そこで注目したのが，「痛み」だったのです。

　この社会では，生活の困難，苦しさと共に「痛み」というものもなかなか自覚されにくいものです。しかし，「痛み」は「痛み」として，打ち消しがたいものとして存在しているはずです。「痛み」の存在を直視し，そこから考えることの重要性に気付くことになったきっかけが，田中美津さんの著書でした。これは，震災後になって急にわかるようになった本の一冊です。田中さんは，1970年代の日本のウーマン・リブ運動の中心的存在で，「一度リブになったら一生リブ」と言い切って，現在もなおその生き方を続けている女性です。田中さんは今をさかのぼること40年前，1972年に，著書『いのちの女へ　とり乱しウーマン・リブ論』(田畑書店，1972，河出文庫，1992)で，次のように述べています。

　「人間の意識を管理していく要領は，人々に己れは光の中にいる人間だと思い込ませ，闇に目を向けさせないことだ。〈痛み〉を〈痛み〉

と感じさせないことなのだ……〈痛み〉を〈痛い〉と感じない人は痛くない人ではなく，己をあくまで光の中にいると思い込みたい人なのだ。〈痛み〉を痛いと感じないように呪文をかけ続けている人だ。」

　「痛み」を「痛い」と感じさせない体制，あるいは「痛み」を自覚できなくするシステム，それは，現代の日本においても，基本的には変わっていないと思います。むしろ「痛み」の度合いは，かつて以上に深刻なものになっているかもしれない。「痛い」と感じさせない体制も，より巧妙なものになっている。新聞，雑誌，テレビ，各種のベストセラー本，シネマコンプレックスで上映される映画，インターネットの情報が，この世に生きていることの「痛み」を麻痺させる，わかりやすい言葉，イメージ，音を，なおも拡散させています。「痛み」を麻痺させる装置が表向き強化され，その裏面で生活の困難が深刻化するという構造があると考えてみるなら，それは80年代という，多くの人には「虚構の時代」と感じられたといわれる時代においても維持されていたといえるだろうし，そうであるならやはり，「虚構の時代」なる時代区分に依拠する議論は，それ自体，「痛み」を麻痺させる装置の一部ではないかと，私は考えてしまうのですが。

　生活を問いなおすために「痛み」からの思考が大切だと言ってはみたものの，痛覚を麻痺させるこの体制のもとではきわめて困難な試みと言わざるを得ません。「痛み」を主題とする映画作品や，思想書や，小説，詩，音楽など，すばらしい作品はあるものの，本屋やCD屋に行っても目立たない。とはいえ，この麻痺に抵抗し，覚醒を促すことを可能にする知と言葉を発案し，作品として世に出して必要があることは言うまでもない。必要なのは，「痛み」を痛いこととして自覚して受容し，そこを原点にして，自分を知り，他者を知り，生活の在り方を知り，変えていく手掛かりとなるべき言葉であり，知識です。麻痺させる言葉や知識や声の喧噪から距離をとり，自分たちが生きている状況への感覚を研ぎすませ，感知しようとすること。そういった「痛み」への感覚からの思考が重要だということです。

……「痛み」を「痛み」と感じさせない仕組み。それはご著書の中で強調されていた「隠蔽」というシステムのことですか。

　「痛み」の原因がどこにあるのか，その「痛み」がどこからきているのか，それを問う以前にすでに「痛み」を「痛み」として押し付けられたものなのか，もはや問えないような構造ができ上がってしまっている。そんな隠蔽のシステムに対して，私たちは果たして立ち向かえるのか。相当に手強い仕組みです。
　田中美津さんは，「人は〈生命〉の持つ可能性を卑しめるその〈痛み〉を，その〈怒り〉を原点に，己を支配／非支配のない世界へと飛翔させていくのだ」と言っています。これを踏まえていうならば，「痛み」を忘れさせようとするのなら，その忘却に抗ってでも「痛み」をあえて引き受けることで，それを起点にして，私たちが生きているのにもかかわらずわかりにくくさせられている(意識化するのが難しくなっている)世の実相を捉えることができるようになるのではないか。それを私は痛みからの思考と言ってみたわけです。
　ただ，「痛み」そのものをどう捉えるかという点では，考察はまだ不十分です。生理学や医学では，「痛み」を客観的なものと主観的なものの二つに分けて考えますが，今まで言ってきた「痛み」は，主に主観的な「痛み」です。自分自身が現に感じている「痛み」です。ただし，それを個人のこころのなかで生じ，こころのなかだけで感じるものと言い切ってしまうと，ちょっと違うのではないかと思います。「痛み」は個人において生ずるものではあっても，個々人の内面と接してはいてもそれとは独立に存在している社会的領域や環境に生じる歪み，負荷，矛盾，失調といったもの(それは社会制度の不備，人間関係上のいざこざに限らず，グローバルな温暖化ゆえの猛暑，集中豪雨といったことでもあります)により，生じさせられるものだとも思うのです。「痛み」は個人的なものであり，その原因を自己責任で除去すべきものと言ってしまうと，そういった個人を超えた要因が隠蔽されてしまうのではないでしょうか。ですから，「痛み」はただ個人的な

ものではなく，私たちをとりまきながらも自立している領域の失調，歪みのせいで生じさせられる実在性をもつものと考えた方がいいのではないかと思います。

　そう考えるならば，目の前にいる他者が顔を歪ませてうずくまっている時や，諸々の事件報道(イジメや虐待)を目にした時，自分の「痛み」ではなくても，つまりはその当事者ではなくても，想像力によって，他者の「痛み」を感知し，それを生じさせている世の歪み，失調を考えることができるようになるかもしれません(たとえばダルデンヌ兄弟〈ジャン＝ピエール＆リュック・ダルデンヌ〉が制作する映画の数々は，そうした想像力を喚起させてくれます)。しかし，それとは逆に，他者の「痛み」への想像力を委縮させる装置もある。世の歪み，失調の中でとことん追い詰められ，蓄積させられた「痛み」が虐待を引き起こしたかもしれないような親を，「鬼」と一言で糾弾するマスメディアの事件報道は，その一例といっていいでしょう。これも田中美津さんがいう「痛みを痛いと感じさせない体制」の一環です。つまり，「痛み」といっても，さまざまなレベルがあり，多種多様な様相がある。ただ，これだけはっきりしている。「痛み」は妄想では解決できないということです。

……妄想では解決できない？それはどういうことですか。

　単純なことです。自分の「痛み」をいくら痛くないものと思い込もうとしても，治療しない限り，消し去ることはできないということです。治療とは，治療する人との関係に己を置くことであり，治療という現実の営みに己をさらすことであり，そこで「痛み」の要因をつきとめ，治療するという一連の行為のことです。「痛くない，痛くない」と自らに言い聞かせて，妄想のレベルでそれを否認しても，そうした治療行為に踏み切らない限り，知らない間に「痛み」は亢進してしまうでしょう。ないことにしようとしても，「痛み」を忘れさせてしまうようなシステムのなかでがんじがらめになっていても，ふとした時，

気が抜けた時などに，「痛み」は感覚されてしまう。腰痛や肩の痛みといった身体的なものだけでなく，鬱による気分の落ち込み，疲労もそうです。つまり，「痛み」は実在する。「痛み」は，個人的なものとみなすなら，個人の力で忘れていようとすることもできるかもしれないが，「痛み」を生じさせている状況のなかで生きている限り，それは実在する。そうした実在性をもつ「痛み」に対して，どのような働き掛けがあり得るか，それを考えてみたいと思っているわけです。

……たとえば，腰痛に悩んでいる人がいたとします。その人にとって腰痛とは，まさに「痛み」そのものです。ですから，その「痛み」が仮になくなるなら，その原因であるはずの病気は完治しなくてもいい，そういう考え方もあると思いますし，現にペインクリニックの考え方はそういうものだろうと思います。その一方で，従来どおり，とにかく病気の原因を突き止めて，その治療に全力をつくす。その結果，病気は治ったけれど，「痛み」はあいかわらず残り続ける。「痛み」に働きかけるというのは，そのどっちをいうのか。篠原先生は，著書でまさにその問題に触れておられました。たとえば，貧困という社会問題に対して，経済環境を改善させれば，少なくとも貧困層は減るかもしれない。しかし，そのことが，貧困の真の意味である社会の「痛み」を取り除いたことになるのか，おそらくならないだろうというのが篠原先生の考えだと理解しました。今おっしゃられた「痛み」の実在との関連でいうと，その辺りはどうなりますか。

　ひとまず個人の努力で我慢すればおのずと消えるという考えは改めた方がいいでしょう。たとえば，鬱気味だからカウンセリングを受けるという場合，鬱ゆえの「痛み」（疲労感，気分の落ち込み）を一時的に忘れさせてくれる方向で行うカウンセリングもあるかもしれないし，逆に「痛み」の根源に迫りつつ，鬱を生じさせている環境，対人関係，職場関係の改善方法を一緒に考えようとするカウンセリングもあるでしょう。前者の場合のカウンセリングは，まさに，「痛み」を

痛いと感じさせないカウンセリングです。もちろん，薬を処方しても
らい，鬱状態を緩和することもあり得ましょう。ただ，聞いた話では，
薬はあくまでも鬱から回復するための手助けであって，それだけで鬱
からの回復が可能になると考えるのはダメらしいのですが。それはと
もかく，私自身は，とりあえず「痛み」を「痛い」と感じることの重
要性まではいえるのですが，その先の，「痛み」を治療するとはどう
いうことをいうのか，あるいは「痛み」から解放されたというのは，
どういう事態をいうのか，まだよくわかっていません。「痛み」を取
り除くとか，「痛み」から解放されるという方向で考えを進めること
自体，適切であるのかどうかも，じつは疑問に思っているところもあ
ります。

……篠原先生は，刺激に対して無関心という言葉を立てておられます。
「痛み」の文脈にあてはめると，無関心は「痛み」を「痛み」として
感じさせないもの，アガンベンの言葉でいえば「装置」になりますが，
そういう「痛み」を感じさせない装置としての無関心も，主観的な次
元にとどまっていると言えなくもない。

　社会学者ジンメルは，『大都市と精神生活』というエッセイで，大
都市の刺激に晒され続けると，それに反応しようという意欲がなくな
って投げやりになると言っています。現代においても，大都市の雑踏
に長時間いると疲弊するということは多くの人の経験するところでし
ょうが，これに加えて，日々ネット環境にアクセスし続けていると，
情報そのものに対して感度が鈍くなってくるということがあります。
関心をもとうとすると意欲がなくなっていき，否応無しに無関心にな
っていく。精神病理学でいう解離性人格障害は，その延長上にあるこ
ととして捉えることができるような気がします。つらいことがありす
ぎると，いざまたつらいことに直面する時，別人格になったり，嘘を
ついたりというように，現実逃避的傾向が出てきてしまう病理現象の
ことらしいのですが，「痛み」を否認させる装置は，それを助長する

ものといえないでしょうか。

　「痛み」のことに話を戻しますが，誰であれ，健常者であっても，あまりにもつらい状況が続くと，だんだんどうでもよくなってくることがあると思います。私もそういうことがあって，自分の置かれた状況において何かをしようとする気力自体がなくなってしまう。どうでもよくなってしまうわけです。けれども，どうでもよくなってしまうからといって，つらさもなくなるかというとそうではない。つらさそのものはずっと残り続けるし，ただ，表面上なくなったかに見えるだけ。ただやり過ごしているというだけのことです。どうでもいいと思っているのは，言い換えれば，忘れようとしているだけのことで，つらさそのものが消滅したわけではありません。いやむしろ，そのつらさは，一見回避されているように見えるけれども，じつはストレスとして，意識されないままその人に負荷をかけているかもしれないのです。その負荷が嵩じると，寝込んだり，ひどい場合は過労死することもあるかもしれません。(中略)

　最近は，「脆さ」ということを考えていて，「痛み」ということを，少し違う角度から見直してみようかと思っていたところです。私たちが生きているこの世界は──日常生活と言い換えてもいいですが──いつ壊れてもおかしくない状態にあると思うのです。そういう非常に脆弱な土台の上で，かろうじていのちをつないでいるようなそんな感覚がある。非常に危うい状態，そのなかにいながら，しかもそのことを意識していない。それが可能なのは，私たちがうまくその感覚をやり過ごすことができるからです。でも，そうやってやり過ごせていければいいけれども，ひとたび事故が起こると──大震災や原発事故のような──，とたんにその「脆さ」が露呈する。「脆さ」が一気に表面化して，実際に人命を脅かす事態に発展してしまう。「痛み」をやり過ごすという表現をしましたが，もっと正確にいうと，その「脆さ」をやり過ごしてきた。そういう「脆さ」，「壊れやすさ」を，見ないようにしてきたわけです。しかし，私たちには，私たちが生活しているこの世界が，脆くて，壊れやすいことを知ることはできるはずです。

なぜか。「痛み」があったからです。「脆さ」,「壊れやすさ」の予兆を,「痛み」として感じとっていたのです。つまり,世界が壊れるかもしれないことを,という感覚をつうじて予見しているはずなのです。「痛み」が生じるのは,私たちが生きている状況が脆く,壊れやすくなっているからで,壊れやすそうなところに生じるのが「痛み」なのです。「痛み」は,主観的な経験ではあるけれども,やはり客観的な実在性をもっていて,「脆さ」,「壊れやすさ」を端的に表現するもの,それ自体だということです。

(篠原雅武「生活の哲学―『痛み』を生きる―」『談』No.96　水曜社)

(注1)冒頭,ご質問があったように：この対談の最初の質問。篠原氏の著作『全―生活論　転形期の公共空間』の「はじめに」で述べられている「生活」に関する記述。篠原氏は近代的に築きあげてきた生活の崩壊を予感した際の「痛み」こそが,重要であるとしている。

●方針と分析

(方針)

課題文のもと,「現代社会における教育の果たすべき役割」と「「痛み」を抱える生徒との向き合い方」について自分の考えを800字以内で述べる。

(分析)

篠原雅武氏は,人間を「個」という要素の集合とし,そこから全体と捉えるという考えではなく,連関,関連性を重視し包み込む全体性という考えでみることが大切であるとしている。その関連性の観点から問題を見出すときに着目しているのが「痛み」である。この「痛み」が本課題ではポイントとなる。篠原氏は「痛み」は自覚されにくいが確実に存在し,個人的なものだけとは限らないとしている。「痛み」を自覚することで,他者が苦しんでいる時,そのような場を目にした時,想像力によってその苦しみや悲しみを感知することができるようになる。またそれだけでなく,そのような「痛み」が生じる社会の歪

みを考えることができるようになるのだ。これは，いじめや家庭問題など児童生徒を取り巻く環境の問題に直面した時に，教員にとっても児童生徒にとっても非常に大切な力である。

　茨城県では，平成26年3月に「茨城県いじめ防止基本方針」を策定したり，平成26年度からいじめ未然防止教員研修事業を新たに始めたりするなど，近年いじめ防止対策に積極的に取り組んでいる。このような背景から，本問は，生徒の「痛み」を感知し，教育という視点から向き合う教師としての在り方を問うものだと理解できる。

　篠原氏の主張するこの「痛み」の考え方について理解し，教育に携わるものとしてどのような心構えで生徒と接するべきかを論じたい。

●作成のポイント

　まず，課題文が長文であり，インタビューでは教育に限らず社会や人間をどう捉えるのかという大きな枠組みでの観念を述べているため，教育活動において大切と考えられる意見を中心に簡潔にまとめよう。そうすることで，内容の理解と教育における応用を考える姿勢を示すことができる。特に「痛み」とはどのようなものか，それをどう捉える必要があるのかについては自分の言葉で説明しなければならない。

　その後，課題文を踏まえ，篠原氏が指摘するような性格を有する現代社会における教員が担うべき役割について論じるとよい。そして「痛み」を抱える生徒にとって，その「痛み」を自覚させる必要性について説明しよう。さらに自身も「痛み」を理解し，想像力を豊かに働かせることで，生徒の気持ちに寄り添うことができるようにすることなど，「痛み」への向き合い方にも言及するとよい。課題文後半部にもあるが，「痛み」への無関心が問題であるとしている点も踏まえ，生徒との1対1の向き合い方だけでなく，学級単位でどのように指導，教育をすべきなのかも考えよう。

　「明確に論じなさい」という指示もあるため，結論では，「教育の果たす役割」と「生徒との向き合い方」について再度端的に述べ，それ

に向けた決意や努力も交えるとよい。

【養護教諭・2次試験】　60分

●テーマ

　健康上の問題の解決のためには，養護教諭と学級担任や教科担任
などとの連携が重要です。
　あなたは，養護教諭としてこのことをどのように受け止め，どう
取り組んでいきますか。
　800字以内で，あなたの考えを具体的に述べなさい。

●方針と分析

(方針)
　学級担任や教科担任などとの連携について，養護教諭としてどのよ
うに受け止め，取り組んでいくかを具体的に述べる。
(分析)
　養護教諭が最も重視すべきなのは児童生徒の健康であるが，授業を
受け持つことも学級活動で定期的に接することもないため，学級担任
や教科担任との連携が不可欠であることは基本といえる。また，心身
の発達途中にある児童生徒は身体的，精神的に健康バランスを崩しや
すく，保健分野の専門知識を有する職種としての養護教諭のサポート
が必要である背景についても念頭におきたい。また，児童生徒の特性
より，不調を感じても周りに発信できない場合や，自分でも不調に気
づかないという場合も考えられる。そのような際に手腕を発揮するの
が養護教諭である。
　ここでは，「連携」をキーワードに，養護教諭として必要な能力や
注意すべき点などを考えよう。関係各所との連携が必要な理由や，児
童生徒の健康状態の把握のため，さらに健康の保障や指導のための連

携の方法や注意点について意見を持っておこう。学校保健の推進に中核的な役割を果たす職種として，どのような養護教諭を目指すのか，理想像を形作っておく必要がある。

●作成のポイント

　成長途中にある児童生徒にとって心身の健康がいかに重要なものであるかを踏まえて，児童生徒の健康を保障することの重要性や，養護教諭を志望している理由などを導入とし，養護教諭の役割の重要性について触れておこう。そして，養護教諭の特性上，単独での行動では限界があることを示し，連携の必要性の理由としたい。また，連携することでより児童生徒の状態の把握が進むことや，でき得る健康管理や保健指導の幅が増えることなどを利点として述べるのもよい。

　「連携」が必要であり，重要であるという意見とその理由を論じた後，行いたい取り組みを具体的に書こう。状態の把握と管理指導などといった異なる観点から複数の取り組みを柱として掲げると，内容が整理されてわかりやすい。それぞれについて具体例をあげて説明することも有効である。

　また，どう取り組むのかといった論を通して目指すべき養護教諭像を示し，そのための努力目標や日常の心構えなど，養護教諭としての自身の資質向上に向けた姿勢を述べておくことも大切である。

【特別支援学校・2次試験】

●テーマ

現行の学習指導要領には，共生社会の形成に向け，「交流及び共同学習」を積極的に行うよう示されています。

小・中学校と「交流及び共同学習」を行う際の目的や留意点を踏まえ，具体的な「交流及び共同学習」の活動内容とその期待される効果について述べなさい。

※制限時間は90分

※文字数は1200字以内

●方針と分析

(方針)

小・中学校との「交流及び共同学習」の具体的な活動内容や期待される効果について，実施の目的や留意点を踏まえて述べる。

(分析)

近年，茨城県では知的障害特別支援学校の児童生徒の急激な増加を背景に，特別支援学校の整備が進められている。また，平成26年度の教職員アイディアオリンピック(施策提案制度)では，特別支援教育に係る募集テーマとして「特別支援学校と地域の人々との交流」が取り上げられるなど，「交流及び共同学習」への取り組みが積極的になされている。これらのことを背景に，特別支援学校小学部・中学部学習指導要領(平成21年3月告示)や特別支援学校学習指導要領解説総則等編(幼稚部・小学部・中学部)(平成21年6月)の「交流及び共同学習」に関する記述を踏まえて，知的障害者である児童生徒に対する教育を前提に自分の意見をまとめていくとよいだろう。

わが国では，互いの人格や個性を尊重し，よりよい共生社会を目指している。そのためには，障害のある子どもと障害のない子どもが交

流し，共に学ぶことが双方にとって必要である。障害のある子どもの社会性を育み，社会の中の一員として積極的に活動するため，また障害のある子どもへの理解と共感，豊かな人間性を育む上で，「交流および共同学習」は重要な意味を持つ。このような基本的な意義を踏まえ，障害のある子どもと障害のない子どもが積極的に共に活動する内容を考えよう。

なお留意点としては，双方が受け身にならず積極的に参加し主体的に取り組めるものにすることや，子どもたちの様子や状態を見ながら教員が内容を調節することなどが考えられる。さらにお互い楽しく前向きに活動できるようにすることも念頭に置いて考えるとよいだろう。また，その活動を通して期待する効果をあげ，そのような効果が子どもたちにとってどのような意味を持つものなのか，なぜ重要なことなのかについても考えておくとよい。

●作成のポイント

はじめに，学習指導要領に掲げられている「交流及び共同学習」の概要について簡単に説明し，特別支援教育について学習していることを示しておくとよい。障害のある子どもにとってどのような環境が最適なのか，何を目指して教育を行えばよいか，まずは特別支援教育全体像をどのように捉えているかを論じておこう。

その後に，障害のある子どもと，障害のない子どもや地域との関わりが重要である理由を述べよう。子どもたちの何をはぐくむため，どのような社会をつくるために必要なのか，複数の違う切り口で考えてみよう。そして具体的な活動内容について自分なりに述べよう。たとえば，「同じものをみんなで作る」などのような直接的なものと，「手紙やビデオレターでやりとりする」といった間接的なものなど，異なる観点からあげると複数あげる効果が増す。先述したような留意点をそれぞれの活動ごとに考え，述べることを忘れないようにしよう。さらにそれぞれの効果についても関連付けて説明しておく必要がある。

【栄養教諭・2次試験】　60分

●テーマ

　児童生徒の食への関心を高め，自らの食生活を改善していく態度を育てることは重要です。

　あなたは，このことについて栄養教諭としてどのように取り組んでいきますか。

　800字以内で，あなたの考えを具体的に述べなさい。

●方針と分析

(方針)

　児童生徒の食への関心を高め，自らの食生活を改善していく態度を育てるために栄養教諭としてどのように取り組むかを具体的に述べる。

(分析)

　早期から食に対する正しい知識を身につけ，食生活を適切なものにする姿勢を育てることが必要となっている。また，食物アレルギーは保護者や周りの大人のみならず，子ども本人や周りの子どもにとって深い理解と注意が必要なものである。このような昨今の子どもたちを取り巻く食の環境の問題に対し，栄養教諭の役割の重要性が増していることを理解しておきたい。この課題について，栄養教諭として行動や指導をどのように行うかが論点となる。肥満やアレルギーなど個人が抱える問題から，学級や学校単位での食育の推進，更には地域などの関係各所との連携など多角的な視点で，栄養教諭としてあるべき姿や取り組みについて考えよう。

　なお，茨城県では平成18年度より栄養教諭を配置し，未配置市町村については栄養教諭派遣事業により対応し，児童生徒および保護者に対する食に関する指導体制の整備に努めている。「いばらき教育プラン2011-2015」では食育の推進のため，栄養教諭をリーダーとした食育

ネットワークを構築し，栄養教諭および学校栄養職員の資質向上と食に関する指導の充実を図っていることから，食育ネットワークの構築を軸に取り組みを述べることが望ましいだろう。

●作成のポイント

　食の多様化が進む中，特に子どもの食の乱れが問題となっている。食生活を改善するためには周りが環境を整えるだけでなく，子ども本人の食に対する関心を高めることが不可欠である。そうした昨今の環境や食育の必要性について理解をはじめに示しておこう。

　食への関心を高めるためには，食のよい面と悪い面の両方を伝える必要があると考えられる。それぞれについてどのようなことを指導すればよいのか，また，その指導方法にはどのようなものが効果的なのか，具体的に考えてみよう。そして，それらを整理して本論にまとめたい。自らの経験などを交えると説得力があり，個性のある内容となる。正しい食生活をすることは，子どもの将来にわたって大切なものとなり，身体面のみならず精神面での影響も大きい。そうした食に対して指導するという，栄養教諭の役割の重要性についても言及しておきたい。

　結論では，栄養教諭となった際の決意や展望なども交えてまとめとするとよい。教諭として大切な能力や知識などを伸ばす努力など，今できる行動について述べておくのもよいだろう。

2014年度 | 論作文実施問題

【小・中学校教諭・2次試験】

●テーマ

> いじめや不登校などを未然に防ぐためには，子どもたち全員が仲良くし，協力し合う学級をつくっていくことが大切です。
>
> あなたは，そのような学級をつくるために，学級担任としてどのように取り組んでいきますか。
>
> 800字以内で，あなたの考えを述べなさい。
>
> ※試験時間は60分

●方針と分析

(方針)

いじめや不登校などを未然に防ぐために，子どもたち全員が仲良くし，協力し合う学級をつくっていくことが大切だが，そのような学級をつくるため，学級担任としてどのように取り組んでいくか述べる。

(分析)

いじめや不登校が社会問題化している中，本問では未然防止のため「子どもたち全員が仲良くし，協力し合う学級をつくっていくこと」，つまり生徒指導の充実が求められていると考えられる。茨城県の学校教育指導方針(平成25年)では，生徒指導の充実の努力事項として「日常生活上の諸問題を児童生徒が自ら解決する取り組みの充実」を掲げており，具現化のための取り組みとして「いじめ，不登校，暴力行為等を児童生徒が自ら解決しようとする活動の重視」を示している。さらに，「いじめ問題の克服のために」(茨城県教育委員会)では教師の役割として，「お互いのよさを認め合い，失敗が許される学級の雰囲気

づくり」「一人一人の子どもたちとの触れ合いや悩み相談の時間を十分にとる」等が示されている。

　さらに，「生徒指導提要」(文部科学省，平成22年)では，生徒指導における教職員の役割の1つとして，自主的な研修，地域社会の理解と活動への参加など，自己研鑽と研修の必要性があげられている。

●作成のポイント

　本問では具体性が求められているので，茨城県や文部科学省の資料などを，そのまま書き写すのではなく，自身の経験を踏まえ教育現場の，どの場面で生かすかを述べる必要がある。ただし，字数と試験時間を考慮しながらになるので，構成を作る段階で，どの程度まで述べるのかを検討するとよい。当然，志望する学校種の特徴などを踏まえて構成すること。

　序論では，取り組みの概要について述べる。ここでは本論との関連を意識しながら，まとめるとよい。字数は200字を目安にする。

　本論では，取り組みの具体的内容を述べる。先述の通り，具体策が求められていることを意識する。いわゆる5W1Hを明確にしながら，まとめるとよいだろう。字数としては400字を目安にする。

　結論では，序論・本論の内容を踏まえ，茨城県の教員として全力で取り組むと行った決意を述べる。ここで新たな話題を提起すると，論文全体がまとまらないので，あくまでも締めの文章であることを意識すること。

【高等学校・2次試験】

●テーマ

> 多文化共生時代に生きる生徒に身につけさせたい「コミュニケー
> ション能力」について，筆者の意見を踏まえながら，自らの考えを
> 明らかにした上で，教員としていかに実践していくかについて論じ
> なさい。但し，字数は800字以内とし，原稿用紙の使い方にしたがっ
> て記述すること。

協調性から社交性へ

　人びとはバラバラなままで生きていく。価値観は多様化する。ライ
フスタイルは様々になる。それは悪いことではないだろう。日本人は
これからどんどんと，バラバラになっていく。

　しかし，人間は社会的な生き物なので，バラバラなだけでは生きて
いけない。私たちはどうしても，社会生活を営んでいくうえで，地域
社会で決めていかなくてはならないことがある。

　いままでは，少なくとも1980年代までは，遠くで(霞が関で)，誰か
が(官僚が)決めてくれていたことに，何となく従っていれば，いろい
ろ小さな不都合はあったとしても，だいたい，みんなが幸せになれる
社会だった。しかし，いまは，自分たちで自分たちの地域のことにつ
いて判断をし，責任を持たなければならない。その判断を誤ると，夕
張市のように自治体でさえも潰れる時代が来てしまったのだ。

　ただ，この一点が変わったために，日本人に要求されているコミュ
ニケーション能力の質が，いま，大きく変わりつつあるのだと思う。
いままでは，遠くで誰かが決めていることを何となく理解する能力，
空気を読むといった能力，あるいは集団論でいえば「心を一つに」
「一致団結」といった「価値観を一つにする方向のコミュニケーショ
ン能力」が求められてきた。

　しかし，もう日本人はバラバラなのだ。

　さらに，日本のこの狭い国土に住むのは，決して日本文化を前提と

した人びとだけではない。

　だから、この新しい時代には、「バラバラな人間が、価値観はバラバラなままで、どうにかしてうまくやっていく能力」が求められている。

　私はこれを、「協調性から社交性へ」と呼んできた。

　「平田君は、自分の好きなことは一生懸命、集中して頑張るけれども、どうも協調性に欠けるようです」と小学校一年生から通信簿に書かれてきたような人間が、作家や芸術家になる。私自身、自分の好きなことしかやってこなかったし、協調性はないものと自覚している。

　しかし、演劇は集団で行う芸術なので、演劇人には「社交性」はあるのだ。私たちは、幕が下りるまではどんな嫌な奴とでも、どうにかして仲良くする。プロの世界などはひどいもので、舞台上では、「あなたがいなければ死んでしまうわ」と言っていても、楽屋に帰ればそっぽを向いている連中もたくさんいる。それでいい舞台ができるのなら、私としてはまったくかまわない。これもまた「社交性」だ。

　しかしこの社交性という概念は、これまでの日本社会では「上辺だけのつきあい」「表面上の交際」といったマイナスのイメージがつきまとった。私たちは、「心からわかりあう関係を作りなさい」「心からわかりあえなければコミュニケーションではない」と教え育てられてきた。

　しかしもう日本人は心からわかりあえないのだ……と言ってしまうと身もふたもないので、たとえば高校生たちには、私は次のように伝えることにしている。

　「心からわかりあえないんだよ、すぐには」

　「心からわかりあえないんだよ、初めからは」

　この点が、いま日本人が直面しているコミュニケーション観の大きな転換の本質だろうと私は考えている。

　心からわかりあえることを前提とし、最終目標としてコミュニケーションというものを考えるのか、「いやいや人間はわかりあえない。でもわかりあえない人間同士が、どうにかして共有できる部分を見つ

けて，それを広げていくことならできるかもしれない」と考えるのか。

「心からわかりあえなければコミュニケーションではない」という言葉は，耳に心地よいけれど，そこには，心からわかりあう可能性のない人びとをあらかじめ排除するシマ国・ムラ社会の論理が働いてはいないだろうか。

実際に，私たちは，パレスチナの子どもたちの気持ちはわからない。アフガニスタンの人びとの気持ちもわからない。

しかし，わからないから放っておいていいというわけではないだろう。価値観や文化的な背景の違う人びととも，どうにかして共有できる部分を見つけて，最悪の事態である戦争やテロを回避するのが外交であり国際関係だ。

好むと好まざるとにかかわらず，国際化する社会を生きていかなければならない日本の子どもたちに，より必要な能力はどちらだろう。もちろん協調性がなくていいとは言わないが，日本の子どもたちは世界標準かち見れば，まだまだ集団性は強い方だ。ならばプラスαの能力として，これからの教育が子どもたちに授けていかなければならないのは，この「社交性」の方なのではないか。

落書き問題

読者諸氏は，PISA調査(Programme for International Student Assessment)という名前を聞いたことがあるだろう。OECD(経済協力開発機構)が，参加各国の15歳を対象に3年ごとに行っている世界共通の学力調査だ。

調査項目は「読解力」「科学的リテラシー」「数学的リテラシー」，そして2009年からは一部の国で「デジタル読解力」が実施されている。このうちの，特に「読解力」の項目で，日本の子どもたちの成績が，2000年の8位から，14位，15位と徐々に後退して，これが学力低下問題の議論の発端となった。

実際には，参加国数が，32，41，57，65カ国と増えてきたこと，上位国の差は僅差であって日本の成績が有意に下がっているわけでは

なかったことなどを見れば，これはいかにも結論ありきの「ためにする議論」であった。また，2009年には，日本は8位と少し盛り返している。(中略)

　もちろん，日本の子どもたちの学力に，まったく問題がなかったわけではない。たとえば日本の子どもたちは一般に，白紙解答率が高いと言われている。学びのモチベーションが低下しているので，少しわからない問題があると，解答欄に何も書かずに試験を終えてしまうのだ。

　あるいは，複数以上の解答がある問題に対しての白紙解答率が高かったとも言われている。日本の学校では，教員が正解を抱え持っていて，生徒がそれを当てるような授業を続けてきたために，複数の解答がある設問に対して，子どもたちは何を聞かれているのかさえわからずに戸惑ってしまうのだ。

　この手の設問で，日本の教育界にショックを与えたのが「落書き問題」と称される設問だった。以下，その内容を少し端折って書く。

　ネット上に，「学校の壁に落書きが多くて困っている」という投書があった。一方で，「いや落書きも，一つの表現ではないか。世の中にはもっと醜悪な看板が資本の力で乱立しているではないか」という投書があった。

　「さて，どうでしょう?」
という設問である。「さて，どうでしょう?」と聞かれても，日本の多くの子どもたちは，何を聞かれているのかさえわからなかった。落書きは悪いに決まっているから。

　私は設問を少し変えて，学生たちに問うてみる。

　「では，落書きが許される場合は，どんな場合でしょう。自分のことでもいいし，社会的にでもいいです」

　学生たちは少し考えてから，以下のような発言をする。

　「その落書きを気に入ったら」……正解。

　「その落書きに芸術的な価値があったら」……正解。

　「すぐに落とせるものなら」……なるほど，寛容だね。正解。

　中学生から得た答えで私が気に入ったのは，「明日，取り壊し予定だったら」……この視点の転換はとても素敵だ。正解。

　そして，数百人に一人だが，一定の割合で次のような答えをする学生がいる。

「独裁国家だったら」

　もしもあなたが，独裁国家の日本大使館に勤務していて，壁に「打倒○○体制」と落書きされたとしたら，「まったく落書きをするなんてけしからん。道徳がなっとらん」と嘆くだろうか。その，命がけで書かれたはずの落書きを，公衆道徳の問題だけで片づけられるだろうか。

フィンランド・メソッド

　落書き問題が問いかけているのは，文化や国家体制が違えば，落書きさえも許される局面があるという点だ。そして，落書きでしか表現の手段がない人びとにも思いを馳せるという能力こそが，PISA調査が求める異文化理解能力の本質だ。

　さて，このPISA調査で，毎回上位に名を連ねるのがフィンランドである。

　以来，フィンランドの教育方法が注目を集め，「フィンランド・メソッド」なる言葉まで生まれ，いまも教育関係者の視察が相次いでいる。フィンランドの国語教科書は翻訳・出版もされているので，関心のある方はご覧になっていただきたい。

　特にそこで注目して欲しいのは，各単元の最後が演劇的な手法を使ったまとめになっている箇所が，数多くある点だ。

「今日読んだ物語の先を考えて人形劇にしてみましょう」

「今日読んだ小説の，一番面白かったところを劇にしてみましょう」

「今日のディスカッションを参考にして，ラジオドラマを作ってみましょう」

といった具合だ。

　ここにはどんな意味があるのだろう。

　フィンランド・メソッドに象徴されるヨーロッパの国語教育の主流は、インプット＝感じ方は、人それぞれでいいというものだ。文化や宗教が違えば、感じ方は様々になる。前章までで説明してきた(注1)ように、車内で他人に声をかけるという行為一つとっても、それを失礼だと感じる人もいれば、声をかけなければ失礼だと感じる人もいる。これは内面の自由、良心の自由に関わることなので、強制することはできないし、教育の場でそれを一律にしてはいけない。特に宗教などが違うと、これを強制することは人権問題にまでなる。

　しかし、多文化共生社会では、そういったバラバラな個性を持った人間が、全員で社会を構成していかなければならない。だからアウトプットは、一定時間内に何らかのものを出しなさいというのが、フィンランド・メソッドの根底にある思想だ。

　これは現行の日本の国語教育と正反対の構図になっていることがわかるだろう。私たちは、「この作者の言いたいことは何ですか？　50字以内で答えなさい」といった形でインプットを狭く強制され、一方でアウトプットは個人の自由だということで作文やスピーチでお茶を濁してきた。しかし、現実社会は、どちらに近いだろうか。アウトプットがバラバラでいいなどという会社があったら、即刻潰れてしまうだろう。しかし、どの企業も多様な意見や提案を必要としている。問題は、その多様な意見を、どのようにまとめていくかだ。

　フィンランドの教育においては、いい意見を言った子どもよりも、様々な意見をうまくまとめた子が誉められると聞く。

　日本では、A、B、C、D、Eと様々な意見が出て、最終的な結論がBとなったら、B君が先生に誉められる。あるいはユニークな意見を言ったCさんが誉められるかもしれない。しかしフィンランドでは、何も意見を言わなかったとしても、F君が全体のとりまとめをしたとしたら、彼が一番誉められる。日本でそんなやり方をしたら、「F君は、何も意見を言っていなくて、ただまとめただけなのに誉められるなんてずるい」と言われるかもしれない。

　OECDがPISA調査を通じて求めている能力は、こういった文化を越

えた調整能力なのだ。これを一般に「グローバル・コミュニケーション・スキル(異文化理解能力)」と呼び，その中でも重視されるのが，集団における「合意形成能力」あるいはそれ以前の「人間関係形成能力」である。

「みんなちがって，たいへんだ」
　このような話を教育関係の講演会ですると決まって，「あ，金子みすゞですね。『みんなちがって，みんないい』ですね」と言う先生方がいる。私はそうは思わない。そうではないのだ。
　「みんなちがって，たいへんだ」
という話をしているのだ。
　OECDの基本理念は，多文化共生にある。
　多文化共生とは何か。それは，企業，学校，自治体，国家など，およそどんな組織も，異なる文化，異なる価値観，異なる宗教を持った人びとが混在していた方が，最初はちょっと面倒くさくて大変だけれども，最終的には高いパフォーマンスを示すという考え方だろう。
　先に見たように，成長型の社会では，ほぼ単一の文化，ほぼ単一の言語を有する日本民族は強い力を発揮した。しかし，成熟型の社会では，多様性こそが力となる。少なくとも，最新の生物学の研究成果が示すように，多様性こそが持続可能な社会を約束する。
　だとすれば，これから国際社会を生きていかなければならない子どもたちには，「最初はちょっと大変だけれど」の，その「大変さ」を克服する力をつけていこうというのがPISA調査の最大の眼目だろう。(中略)

　みんなちがって，たいへんだ。

　しかし，この「たいへんさ」から，目を背けてはならない。(中略)

わかりあえないことから

　これまで見てきたように，日本社会には，水平方向(会社などの組織)にも，垂直方向(教育システム全体)にも，コミュニケーションのダブルバインド(注2)が広がっている。

　だが，実は私は，この「ダブルバインド」を，決して単純に悪いことだとは思っていない。それは苦しいことだけれど，その苦役は日本人が宿命的に背負わなければならない重荷だろう。

　ただ，いまの日本社会では，漱石や鴎外が背負った十字架(注3)を，日本人全員が等しく背負わなければならない。かつては知識階級だけが味わった苦悩を，いまは多くの人びとが，苦悩だと意識さえしないままに背負わされる。漱石ほどの天才でも，ロンドンでノイローゼになったのだ。鴎外ほどの秀才が，「かのように生きる」と覚悟を決めなければ，このダブルバインドを乗り越えることはできなかったのだ。

　ならばまず，このダブルバインドの状況をはっきりと認識し，そこと向きあうことから始めるしかないだろう。

　わかりあう，察しあう古き良き日本社会が，中途半端に崩れていきつつある。私たち日本人も，国際化された社会の中で生きざるをえない。

　しかし，言語やコミュニケーションの変化は，強い保守性を伴うから，敗戦や植民地支配のようなよほどの外圧でもない限り，一朝一夕に大きく変わるというものでもない。

　私たちは，この中途半端さ，この宙づりにされた気持ち，ダブルバインドから来る「自分が自分でない感覚」と向きあわなければならない。

　わかりあえないというところから歩きだそう。

　湿潤で美しい島国で育った私たちには，それを受け入れることは，つらく寂しいことかもしれない。「柿くへば」を説明することは，とても虚しいことかもしれない。しかし，おそらく，そこから出発する以外に，私たちの進む道はない。

　石黒先生(注4)と作ったアンドロイド演劇『さようなら』では，死に行く少女に「もっと励ます詩を読んで」と言われたアンドロイドが，

若山牧水の歌を詠む一節がある。

　いざ行かむ　行きてまだ見ぬ　山を見む　このさびしさに　君は耐
ふるや

　　　　　　　(平田オリザ『わかりあえないことから―コミュニケー
　　　　　　　　ション能力とは何か―』講談社現代新書)

注1　前章までで説明してきた：それぞれの国や民族には，それぞれ
のコミュニケーションの文化があることを議論の前提とすべきである
ということ。
注2　ダブルバインド：二重拘束。2つの矛盾した命令が強制されてい
る状態のこと。
注3　漱石や鷗外が背負った十字架：国を代表する留学生として「グ
ローバル・コミュニケーション・スキル」の習得を要求されながら，
その一方で従来型のコミュニケーション能力も期待されていること。
注4　石黒先生：大阪大学工学部石黒浩教授。ロボット工学，人工知
能等を基盤に知的システムを応用した近未来の人間社会について研究
をしている。
※試験時間は90分

●方針と分析

(方針)
　多文化共生時代に生きる生徒に身につけさせたい「コミュニケーシ
ョン能力」について，上記文章の筆者である平田オリザの意見を踏ま
えながら，自らの考えを明らかにした上で，教員としていかに実践し
ていくかについて述べる。
(分析)
　上記の文をまとめると，次のようになるだろう。
　価値観やライフスタイルの多様化などによって，日本人は「バラバ

ラ」となる。したがって，今までのような「協調性」から「社交性」が重視されるようになる。さらに，バラバラの個性を持った人間の意見をまとめ，調整する能力が重視され，OECDのPISA調査でも重視されている。PISA調査で毎回上位を占めるフィンランドでは，いろいろな意見をまとめる力，文化を越えた調整能力が重視されている。現代の日本人は従来型のコミュニケーション能力を持ちながら，グローバル・コミュニケーション・スキルを習得しなければならない(これを「ダブルバインド」と呼んでいる)。それは，漱石や鴎外が向き合った道でもあり，乗り越えられなかった道でもある。私たちはこのダブルバインドをはっきり認識し，向き合うことから始めるしかない。それは，日本人にとっては，つらく寂しい道でもあるかもしれない。

　「茨城県教育振興基本計画(平成25年度)」において，学校教育推進の柱の1つとして「社会の変化に適切に対応できる教育の推進」があげられ，その中で「国際理解教育の充実」があり，具現化のための取り組みとして「自国文化や異文化の理解を深める指導の充実」が示されている。つまり「茨城県教育振興基本計画」について，どれだけ理解を深めているかについても問われる内容となっている。

●作成のポイント

　作業としては，まず，自身の多文化共生時代におけるコミュニケーション能力に関する意見と，平田オリザの意見を比較検討するところから始まるだろう。問題文では「具体的に」とは述べられていないが，字数から考慮すると，ある程度，具体例を示さないとわかりにくい文章になることも考えられる。その点を踏まえて作成するとよい。

　序論では，平田オリザの意見を踏まえつつ，自身の多文化共生時代におけるコミュニケーション能力に関する意見をまとめる。本論では実践例を述べることから，概略が把握できるような文章を考えたい。文字数は200字を目安とする。

　本論では，実践方法について述べる。内容は詳細まで書く必要はないと思われるが，採点者がイメージできるような内容を心がける。文

字数は400字を目安とする。

　結論では，序論・本論の内容を踏まえ，茨城県の教員として全力で取り組むと行った決意を述べる。ここで新たな考えを提起すると，論文全体がまとまらないので，あくまでも締めの文章であることを意識すること。

【養護教諭・2次試験】

●テーマ

いじめの早期発見・早期解決のために，あなたは，養護教諭としてどのように取り組んでいきますか。

　800字以内で，あなたの考えを具体的に述べなさい。

※試験時間は60分

●方針と分析

(方針)

　いじめの早期発見・早期解決のために，養護教諭として取り組むことを述べる。

(分析)

　「いじめの問題の解決のために当面取るべき方策等について」(平成7年)では「養護教諭は，保健室での児童生徒の様子からいじめの兆候に気付くことも多く，また，児童生徒の心身の健康に関する指導に当たる立場にあること等から，各学校の実情に応じ，養護教諭を生徒指導に関する校内組織に加えるなど校務分掌上より適切に位置付けるとともに，養護教諭が得た情報が学校全体で共有され，いじめの問題の解決に有効に活用されるような工夫と配慮が必要」とあり，中教審答申「子どもの心身の健康を守り，安全・安心を確保するために学校全体としての取組を進めるための方策について」(平成20年)でも，「…養護

教諭はその職務の特質からいじめや児童虐待などの早期発見・早期対応を図ることが期待されており…」としている。したがって，いじめにおいて，養護教諭は「いじめの早期発見，早期対応」の点で特に大きな役割を担っていると思われ，その役割に大きな変化はないと考えられる。

●作成のポイント

序論は200字程度で，養護教諭にいじめの早期発見・早期対応が求められている背景について述べる。

本論は400字程度で，序論の内容を踏まえて，いじめについて早期発見を中心に日頃から行う取り組みと，いじめが起こった場合の早期対応を具体的に述べる。例として，早期発見に関しては，日頃から児童・生徒のサインを見逃さないきめの細かい取り組み，教育相談の工夫・充実，担任や他の教員との情報共有が考えられる。早期対応について，事実の把握と学級担任など教職員などに報告，いじめられた生徒への心のケア，校内体制に基づいた関係する生徒への教育・指導や保護者への対応についてが考えられる。

結論は，児童・生徒のいじめについて早期発見・早期対応をするために，養護教諭として一層その職種から役割が求められていることを踏まえ，茨城県の養護教諭として，いじめの早期発見・早期対応のために専門性を生かすとともに，いじめに対して全力で取り組む決意を述べる。

【特別支援学校・2次試験】

●テーマ

文部科学省は，「生きる力」を育むという理念の実現のため，新学習指導要領の趣旨を踏まえた確かな学力の向上を推進しています。

そこで，特別支援学校に学ぶ知的障害のある児童生徒の教育における「学力」をどうとらえ，さらにその学力を高めるためにどのような指導を行うのか，あなたの考えを具体的に述べなさい。

※1200字以内で，試験時間は90分。

●方針と分析

(方針)

特別支援学校に学ぶ知的障害のある児童生徒の教育における「学力」をどうとらえ，さらにその学力を高めるためにどのような指導を行うのかを具体的に述べる。

(分析)

知的障害者の「学力」の特徴として，学習指導要領解説総則等編(幼稚部，小学部，中学部)第3編第2部第3章によると「同一学年であっても，知的障害の状態や経験等が様々であり，個人差が大きい」「学習によって得た知識や技能が断片的になりやすく，実際の生活の場で応用されにくい」「成功経験が少ないことなどにより，主体的に活動に取り組む意欲が十分に育っていない」等があり，そのため，指導方法として「実際的な生活経験が不足しがちであることから，実際的・具体的な内容の指導が必要」等があげられている。さらに児童生徒へのかかわり方の一貫性や継続性の確保を踏まえ，具体的な教育的対応が例示されている。

●作成のポイント

序論では知的障害者の「学力」について述べる。分析で述べた特徴

以外にも，さまざまな特徴が考えられるので，自身が学習した内容を
まとめるとよい。文量は300字が目安となるだろう。

　本論では，具体的な指導法について述べる。先述の通り，学習指導
要領解説に教育的対応の基本が示されているので，それをベースにし
てまとめればよいだろう。具体策を述べるにあたり，児童生徒の障害
程度を設定するのであれば，論文を作成する必要な範囲で設定しても
よいと思われる。さらに，合科的指導を取り入れる工夫も考えられる
だろう。

　結論は特別支援教育では，児童生徒の個々の状態を踏まえて学力を
向上させる等，序論・本論の内容を踏まえ，茨城県の特別支援学校教
諭として，全力で取り組む決意を述べる。

【栄養教諭・2次試験】

●テーマ

　食に関する指導の内容には，食品を選択する能力の育成が示され
ています。
　あなたは，食品を選択する能力の育成のために，栄養教諭として
どのように取り組んでいきますか。
　800字以内で，あなたの考えを具体的に述べなさい。

●方針と分析

（方針）
　食品を選択する能力の育成のために，栄養教諭としてどのように取
り組んでいくか，具体的に述べる。

（分析）
　学校教育における食育の考え方について，小学校学習指導要領解説
総則編では「偏った栄養摂取などによる肥満傾向の増加など食に起因

する健康課題に適切に対応するため，児童が食に関する正しい知識と望ましい食習慣を身に付けること」「栄養のバランスや規則正しい食生活，食品の安全性などの指導が一層重視」されることが示されている。さらに，食に関する指導の手引(文部科学省，平成22年)の第1章では，「食に関する指導の内容」を示しており，食品を選択する能力については，学校給食にはいろいろな食品が使われていること，日常食べている食品や料理の名前や形を知ること，食事の準備や後片付けは，安全や衛生に気を付けて行うこと，食品表示など食品の品質や安全性等の情報について関心をもつこと，食品の品質の良否を見分け，食品に含まれる栄養素やその働きを考え，適切な選択をすること，食品の衛生に気を付けて，簡単な調理をすること，をあげている。

●作成のポイント

　序論では「食品を選択する能力の育成」の意義について述べる。学習指導要領解説にあるように，食品については栄養面と安全面から検討する必要がある，等を踏まえてまとめるとよいだろう。文量は200字を目安にするとよい。

　本論では具体的な取り組みについて述べる。実際には，学校給食や健康的な食習慣，肥満と行ったテーマと関連して，取り組むことが多いだろう。自身の経験を踏まえながら，述べることも考えられる。文量としては450字を目安とする。具体性を求めるあまり，書きすぎになることも考えられるので，下書きの段階で文字量を意識して書くとよい。

　結論では，茨城県の栄養教員として，食育を通して児童生徒の健康に貢献する決意を述べ，論文を締めるとよいだろう。

2013年度　論作文実施問題

【小学校・中学教諭・2次試験】

●テーマ

> 児童生徒が自分の存在感を実感できるようにするためには，教師が1人1人としっかり向き合うことが大切です。あなたは，学級担任として，1人1人と向き合うためにどのように取り組んでいきますか。800字以内であなたの考えを具体的に述べなさい。

●方針と分析

(方針)

児童生徒が自分の存在感を実感できるようにするために，学級担任として1人1人としっかり向き合うための取り組みについて具体的に述べる。

(分析)

今日，教師とりわけ学級担任が児童生徒1人1人と真摯に向き合い，信頼関係の中で教育や指導を行うことがきわめて重要である。したがって，現職の教師は日々児童生徒と向き合い教育や指導を行っているが，このテーマはさらに教師が1人1人の児童生徒とより一層しっかり向き合う必要があるとの視点から設定されているものといえる。

また児童生徒が自らの存在感を実感できることは，自らを肯定することであり，そうした心の安定が学ぶ意欲にもつながっていく。教師は日頃から，学級指導や学習指導においても，1人1人が自己存在感を実感できるように取り組む必要がある。

●作成のポイント

　論を述べるにあたって，自分の志望する校種を踏まえる必要がある。それにより児童生徒が自己存在感を実感することや学級担任として1人1人と向き合う内容や方法が異なってくるからである。

　序論は200字以内で，児童生徒が自己存在感を実感できることの重要性と，そのために学級担任が1人1人としっかり向き合うことの重要性について述べる。

　本論は600字以内で，小学校の場合は学級担任と学習指導の面から，中学校・高校学校の場合は学級担任として，1人1人としっかり向き合う内容や方法について述べる。その際，児童生徒が学級で「自己存在感が実感できる」のはどのような場合か，学級担任として「1人1人としっかり向き合う」とはどのようなことか，どのような内容や方法で向き合うのかという視点から述べるとよい。

　結論では，児童生徒が自己存在感を実感できるように，学級担任として1人1人としっかり向き合って学級づくりに全力で取り組むという旨の決意を述べる。

【養護教諭・2次試験】

●テーマ

　児童生徒が健やかに育つためには，児童生徒の健康と安全を守る取り組みが大切です。あなたは，養護教諭として，このことにどのように取り組みますか。800字以内であなたの考えを具体的に述べなさい。

●方針と分析

（方針）

　児童生徒が健やかに育つためには健康と安全を守る教育や指導が大

切であり，養護教諭としてどのように取り組むかを具体的に述べる。
(分析)
　　このテーマは児童生徒の「健康と安全を守る取り組み」である。「健康」については規則正しい生活や望ましい食生活などに関する教育や指導を進めることが養護教諭としての今日的な大きな役割である。「安全」については登下校時の事故防止や事故災害防止などがあるが，養護教諭にとっては学校事故防止のための教育や指導が取り組むべき中心課題である。従来，養護教諭は学校内でのけがや病気などの応急措置を主としており，「安全を守る」という視点に立った取り組みはこれからの教育課題であるといえる。

　　2008年7月，中央教育審議会は「子どもの健康を守り，安全・安心を確保するための方策について」の答申の中で，子どもが自他の危険予測・危険回避の能力を学校教育全体で身につけさせることの重要性を提起している。この内容も，養護教諭の役割を考えるうえでの重要なテーマであるといえる。

●作成のポイント

　　養護教諭の職務に関する論作文の全国的なテーマは，今日の児童生徒の実態から教育相談的な取り組みや健康教育の取り組みなどを問うものが多い。このテーマも養護教諭が児童生徒の「健康と安全を守る」という視点から教育や指導面のことを問うものである。

　　序論は100字程度で，今日の児童生徒の健康と安全を守る取り組みの重要性とその理由について述べる。

　　本論は600字程度で，序論で述べた重要性とその理由に即した，具体的な取り組みを述べる。その際，志望校種の児童あるいは生徒への教育や指導を前提にして，「健康を守る」ための取り組みについては規則正しい生活習慣の育成や食育を，「安全を守る」ための取り組みについては学校における事故防止に関する自他の危険予測・危険回避の能力を育成する教育や指導を，それぞれ述べる。また，該当する児童生徒に対する教育相談的な指導に加えて，全校集会や学年集会など

を設け，児童生徒に対する健康教育・安全教育の集団指導を充実したり，児童生徒向けや保護者向けの保健だより等で周知させるなどの工夫も述べる。

結論は，序論・本論で述べた内容のまとめ，全力で取り組む決意を述べる。その際，本論で述べてもよいが，学校として保護者との連携・協力を深める取り組みを進めることもあわせて述べる。

【栄養教諭・2次試験】

●テーマ

食に関する指導を通して，感謝の心を育てることが求められています。あなたは，栄養教諭としてこのことにどのように取り組みますか。800字以内であなたの考えを具体的に述べなさい。

●方針と分析

(方針)

食に関する指導を通して，感謝の心を育てるために，栄養教諭としてどのように取り組むか，自分の考えを具体的に述べる。

(分析)

中央教育審議会は2004年の「食に関する指導体制の整備について」の答申の中で栄養教諭制度の創設を提起し，同年，学校教育法の一部改正も行われて栄養教諭が配置されるに至った。答申では「食に関する指導は学級活動，教科指導等，学校教育全体の中で広く行われるものであり，栄養教諭は積極的に指導に参画することが期待される」と提起された。具体的な内容として，文部科学省刊行の「食に関する指導参考資料」に，小・中学校の学年ごとに食に関する指導の目標が6項目も設定されている。そのうちの1項目には「感謝の心」が示されており，例えば，小学校1年生の場合「食事をつくってくれた人に感

謝する」など，また中学校1～3年生では「生産者や自然の恵みに感謝し，食品を無駄なく使って調理することができる」となっている。「調理することができる」という目標は家庭科との連携の必要性を意味する。

　このような目標の内容は，今回のテーマに対応する大きなヒントになる。食に関する指導の他の目標も大変参考になるため，ぜひ入手して知っておくことを勧める。

●作成のポイント

　テーマは「感謝の心を育てるためにどのよう取り組むか」であることから，栄養教諭として，①前述した「感謝の心」の目標をもとにした取り組みの方策，②関連教科や特別活動との関連を図った取り組み，③保護者との理解・連携をもとにした取り組み，の3つの視点から述べる必要がある。

　序論は100字程度で，食に関する指導を学校教育活動全体に位置付けて，感謝の心を育てることの必要性を述べる。その際，児童生徒に対する全校や学年単位などの全体的な指導についても述べる。

　本論は600字程度で，序論で述べた内容や「感謝の心」の目標に示されていた内容に関する指導方法や留意点などについて述べる。具体的には，例えば，小学校2年生の目標の「心を込めていただきますとごちそうさまの挨拶ができる」の場合，直接の指導は学級担任であるが，その前提として栄養教諭として日頃から児童たちに対して食育に関する指導を進めている内容を述べる。6年生の「食事にかかわる多くの人々や自然の恵みに感謝し，残さず食べることができる」も，先に紹介した2年生の目標の深化として，全校や学年集会で話をすることや理科，道徳などの関連した学習内容面から教員との連携して取り組む旨を述べる。また給食における「地産地消」の視点からの取り組みも述べる。

　結論は，残り100字で，本論で述べた内容を踏まえて保護者との連携・協力を密にして取り組む決意を述べる。

【高等学校・2次試験】

●テーマ

次の文章を読み，「新しい知・新しい世界観」の創造という筆者の論点をふまえ，そのために教員として何をなし得るかについて，自分の考えを論じなさい。但し，字数は800字以内とし，原稿用紙の使い方に従って記述すること。

あれから10ヵ月。何を考える時もこの日を思わずにはいられない。とくに原子力発電所の事故という現実に向き合うことは不可欠だ。ここで，脱原発の声を上げ，自然・再生エネルギーへの転換や科学リテラシーの重要性を唱えることも必要だが，それでこの課題の解決とはしたくない。もちろんこの動きは，自然・生命・人間を基本に置いた社会をつくるための知のありようを考え続けてきた者としては望むところであり，これが中央集権型社会から分散型自律社会へと移行するきっかけになることを願っている。しかし個人としては，今こそ科学の本質を考えたい，自然・生命・人間について考える知の中で重要な役割を果す科学に眼を向けたいという気持が強い。

巨大地震と津波，それによって起きた原発事故による被害の大きさに衝撃を受けながら思ったのは，「想像力に欠ける社会であった」ということだった。終夜，昼間よりも明るい街は，その明るさを支える電気がどこでどのようにつくられているかなどということは考えず，ましてや，原子力発電所のある地域の人々の生活など頭に浮かべることもなく動いてきた。想像力の欠如である。大災害に出会わなければ，自分の暮らし方のおかしさが見えないとは情けない。予兆はいくつもあったのにと思う。今つきつけられている課題を災害と事故としてだけ捉えるなら，時が経てば風化してしまう。それではいけない。本質を考えたいと思う所以である。

チンパンジー研究を通して人間とは何かを問うてきた松沢哲郎京都大学教授は，人間に特有の能力は「想像する力」であると言い，『日

本沈没』を著した小松左京氏は「科学も物語も想像力あってのもの」と語った。広大な宇宙，素粒子，体内ではたらくさまざまな分子などをイメージすることで科学は進んできたのである。見えないものを見ることの大切さを再認識し，科学の今後を考えたい。

　このように，科学の本質を問うと，実は，ガリレイに始まりデカルトによって思想的裏づけをされた機械論的世界観をもつ科学は，今や終わりを告げていることに気づく。20世紀後半から21世紀にかけて生命論的世界観をもつ新しい科学が生まれているのである。自然界を固定した機械として見るのでなく，生成(generate)するもの，動的なものと捉える世界観の下，科学は今飛躍しようとしているのだ。ところがここに，20世紀を支えてきた科学技術文明が未だに機械論的世界観の中で動いているという大きな問題がある。

　しかも日本では，近年科学を科学技術に組み込むという過ちを犯したために，折角生まれつつある生命論的世界観にもとづく新しい科学の姿が見えず，科学の成果が古い世界観の科学技術としてしか評価されていない。さらに悪いことに，金融資本主義が社会を支配するようになり，「眼の前の利益の追求」さらには「単なる大きなお金の動き」が高く評価され，科学は瀕死の状態である。これでは本当に役立つ科学技術も生まれにくい。

　科学は今変わりつつある。3月11日を機械論から生命論へと価値観を変える契機にしたい。豊かな知を育て，それが豊かで幸せな社会づくりに活用されるようにすることが，知に携わっている者の復興への寄与である。もしこのまま，既存の科学技術文明と金融経済の中で復興が進めば，自然を生かし，生命を大切にし，人間が人間らしく暮らす社会は生まれない。

　生命論的世界観を基盤に置く科学は，自然と正面から向き合う。私が携わる生きものの科学の場合，この流れは19世紀のダーウィンに始まると言えよう。多様な生き物が共通の根から進化してきたと考えたダーウィンは，その中に人間も入っていることに気づいた。自然は生成するものであり，人間がその中に存在するという視点は，機械論(時

間を欠き，人間は自然の外にあって自然を操作する存在となる)を脱している。20世紀に入り，シュレーディンガー，ボーア，ハイゼンベルクなどの物理学者が生命現象に関心を抱いたところから始まった分子生物学は，初期にはDNAの構造やタンパク質合成のメカニズムの解明など分子機械としての生命体の解析に努めた。それは生命体を知る重要な過程であったが，その先には時間を組み込んだ生命理解があるのは当然である。今では，DNAも遺伝子としてではなくゲノムとして読まれ，発生・進化・生態系など生きものの中にある時間と関係を解き明かす研究が進められている。私は25年ほど前に，機械論から生命論への移行の一歩として「生命誌(Biohistory)」を始めた。しかし，これではまだ真の生命理解には不充分である。

　分子生物学のパイオニアの一人F.ジャコブは，生物の特徴として「予測不可能性，※1ブリコラージュ，偶有性」をあげている。複雑，あいまい，矛盾などの言葉も浮かぶ。これらを解く科学はどんものになるか。システムとして考えなければならないという方向は示されているが，これぞという切り口は見えていない。しかし明らかにそれを探し，新しい科学を生み出す試みはなされており，若く新しい才能への期待が膨らむ。

　これからの科学は，生きものを丸ごと見ようとしており，その先には人間，自然がある。科学は特殊な見方をするものではなく日常とつながっているのである。そして，生命論的世界観には，科学や哲学の歴史の他，日本の自然の中で生まれた日本文化から学ぶことがたくさんある。つまり，今求められているのは，思想と日常とを含む知である。科学は本来このようなものだったのであり，基本に戻ることになる。もっともこれまでの科学を支えてきたのは主としてヨーロッパの思想と日常であったが，今求められている新しい科学では，日本の自然・文化が重要になると私は考えている。そこには，一度自然を客体化しながらそれを主体と合一化していく知があることが示されているからである。

　原発事故の後，科学の限界，透明性の不足，コミュニケーションの

必要性などが指摘されているが，そこでは科学技術に取り込まれ，金融経済に振り回される機械論の中での科学を科学としている。研究者にとって大事なことは，今変化しつつある知に向き合い，新しい知を生み出す挑戦である。これは非常に難しい作業であり，すぐに答の見えるものではないが，これを乗り越えてこそ，豊かな自然観・生命観・人間観が生まれ，本当に豊かな社会をつくる科学技術を生み出すことができるはずである。想像力を豊かにして新しい文明を創造すること。これまでも考えてきたことだが，3月11日を境にそれへの挑戦の気持を新たにした。より正確に言うなら若い人たちの挑戦への期待が大きくなった。もちろん，このような科学でも世界を語り尽くすことなどできないだろう。それを限界と呼ぶなら科学に限界があるのはもちろんである。科学にとって重要なのは，語り尽くすことではなく，世界に向き合うことであり。今大切なのは新しい世界観の探索である。
(中村桂子　「真の科学を呼び戻すきっかけに」岩波書店『科学』2012年3月号より)

※1「ブリコラージュ」：レヴィ・ストロースの用語。ありあわせの道具と材料を用いて何かを作ること。

●方針と分析

(方針)

　中村桂子著「真の科学を呼び戻すきっかけに」の文章の一部を読み，「新しい知・新しい世界観」の創造という筆者の論点を踏まえ，自分が教員としてなし得ることについて考えを論じる。

(分析)

　2011年3月11日に東北地方一体を襲った大地震は未曾有の大災害をもたらした。原子力発電や科学技術，自然エネルギー，地震・津波，原子力行政や災害復興，経済活動・消費生活など，地震に関する書物は多く出版されている。しかし著者は，巨大地震と津波及び原発事故を教訓にして，科学技術文明と金融経済の面からの復興や機械論的世界観や金融資本主義社会から脱皮し，生命論的世界観に立つ「新しい

知・新しい世界観」の創造が必要であると主張している。

　具体的には，「生命論的世界観には，科学や哲学の歴史の他，日本の自然の中で生まれた日本文化から学ぶことが多い。今求められているのは思想と日常を含む知であり，新しい科学では日本の自然・文化が重要になる。また豊かな自然観・生命観・人間観に基づく想像力を豊かにして新しい文明を創造することに対して若い人達の挑戦への期待が大きくなった」と述べ，青年に対して新しい「知」をもとにした「創造」を期待している。

●作成のポイント

　テーマは「筆者の論点を踏まえ，教員として何をなし得るか，自分の考えを論じよ」である。したがって，この文章が提起している内容を読み取り，自分の考えを論じることになるが，留意することは次の3点である。①抽象論ではなく，「私は教員として」の立場から具体的に述べる。②設定された文章やテーマに影響されて，評論家のような文章や文末を「…であろう」などと結ばないこと。必ず教員としての視点から具体的な指導内容・指導方法を述べる。③文章の内容から理科の教員志望者は論じやすいが，他の教科志望者も自分の教科における具体的な指導について述べること，がポイントである。

　序論は200字程度で，「新しい知・新しい世界観」の創造という筆者の主張について教員としてどのように受け止めたか，高校生に何を教育しなければならないと考えたか，について要点を述べる。

　本論は500字程度で，教員として「新しい知・新しい世界観」の創造について，高校生に教育する内容の具体的な指導方法やその留意点などについて自分の担当教科や総合的な学習の時間などをもとにして述べる。また筆者が具体的に述べている「日本の自然・日本の文化」をどう学ばせるのか，「想像力を豊かにする」ことや「新しい世界観の探索」などについてどのように教科指導などや教材の工夫をするのか，などについても述べる。

　結論は，教員として「新しい知・新しい世界観」の創造について，

その必要性の認識のもとに教科指導などの工夫を全力で進めていく決意を述べる。

【特別支援学校・2次試験】

●テーマ

平成21年3月に告示された特別支援学校学習指導要領の改訂のポイントを4つあげ，さらに，その中から1つを選び，どのような指導が必要か，あなたの考えを述べてください。(1200字)

●方針と分析

(方針)

特別支援学校学習指導要領の改訂のポイントを4つあげ，その中から1つあげて必要な指導の方策について述べる。

(分析)

今回の特別支援学校の学習指導要領は，2008年1月に中央教育審議会が学習指導要領等の改善について答申した中で，特別支援学校の教育についても改善策が示された。

特別支援学校の学習指導要領の改訂の内容などについては，学習指導要領解説にも述べられているが，文部科学省のホームページには「特別支援学校学習指導要領等の改訂のポイント」の「基本的な考え方」に基づき「主な改善事項」が4項目示されている。これがテーマにある「改訂のポイント」の4つに該当する。重要な内容であり，学習指導要領解説を読みこなしておくことを勧める。

●作成のポイント

「主な改善事項」は，①障害の重度・重複化・多様化への対応，②1人1人に応じた指導の充実，③自立と社会参加に向けた職業教育の充実，④交流及び共同学習の推進，の4項目である。

この中から，テーマに従い1項目を選ぶ。選ぶ視点は自分が勤務したい学部の児童生徒の生活年齢や実態を留意すること，さらに，選んだ理由を考えて，「どのような指導が必要と考えるか」につないでいくこと，がポイントとなる。文字数が1200字以内と多いため，かなりの特別支援教育に関する内容的・方法的な論述力が求められる。

論を述べるにあたって，文部科学省が示した項目と説明を知っていることは論述の際の大きなヒントになる。例えば，②の項目では「個別の指導計画」の作成を示し，③では専門教科として高等部に「福祉」の新設を指示している。

序論は200字程度で，4項目の改善事項をあげ，その中から1つを選び，選んだ理由の概要を述べる。

本論は800字程度で，序論で選んだ理由を述べた1項目について，自分が必要だと考えて指導する内容や指導方法及び留意点も含めて述べる。例えば②の場合であれば，「個別の指導計画」の作成と効果的な活用の方法などについて述べる。

結論は，本論で述べた内容をまとめて全力で取り組む決意を述べる。その際，本論の最後に述べてもよいが，上記の4項目は相互に関連し合う教育内容であることから，学校教育全体に位置付けて，計画的・組織的・継続的に取り組むことについても述べる。

【高等学校実習助手】

●テーマ

　本県では，平成23年4月に新しい「いばらき教育プラン」を策定し，基本テーマを「一人一人が輝く教育立県を目指して」とし，日本や世界をリードする人材や，地域を担う人材を育成しているところです。

　生徒が過ごす学校生活の中で「一人一人が輝く」ことができる取り組みについて，実習助手としてどのように関わるかという視点であなたの考えを具体的に述べなさい。

　なお，字数は句読点を含めて700字以上800字以内とし，横書きで書きなさい。

●方針と分析

(方針)

　2012年4月に策定した「いばらき教育プラン」の基本テーマ「一人一人が輝く教育立県を目指して」に基づいて，生徒が学校生活において「一人一人が輝く」ことができる取り組みについて，実習助手としての視点からの関わりについて具体的に述べる。

(分析)

　実習助手は，一般に高校の農業や工業，商業，水産，情報，看護などの専門学科に配置されている。2013年度の募集要項によれば，農業系と工業系に各1名の採用予定であった。それに対して工業系の志願者は45名で合格者は3名，農業系は34名の志願者に対して3名の合格者であり，どちらも高倍率であった。しかも640点満点のうち論作文が200点を占めるなど，一般教員より難関であり，この傾向は今後も続くと予想されることから，テーマに正対する文章力や内容の深さ，説得力などが重要なカギとなろう。

　一般に実習助手は担当教諭の指揮の下に生徒の学習を指導・監督す

る立場であるが，テーマはその立場を踏まえた実習助手としての「一人一人が輝く」教育の具体的な取り組みについて問うものである。

●作成のポイント

　農業系や工業系の学科では実習を伴う専門教科・科目が多く，実習には実習助手がかかわることに留意してキャリア教育・職業教育の視点からの取り組みも考える。

　序論は200字以内で，実習助手も教育に直接かかわる職種であるという認識のもとに，茨城県の策定した「一人一人が輝く教育」を推進する一員として取り組む重要性と，生徒一人一人を「輝かせる」ことの具体的な指導・監督の方策について述べる。

　本論は500字程度で，専門教科・科目の実習において一人一人の生徒の実態を把握して，実習中に実習の成果や課題について的確なタイミングで声かけをしてアドバイスや評価を行ったり，「学ぶ意欲」や「ものづくりの意欲」につながるようなアドバイスを工夫するなどのきめ細かい取り組みを進め，生徒が自分の将来や夢の実現，地域への貢献などの思いなどに向けて努力する意識や力を育てて「輝かせる」ことを述べる。その際，実習を伴う具体的な専門教科・科目を例にあげて述べる。

　結論は，実習助手として「一人一人が輝く」ための教育的なかかわりの重要性と教員と密接な連携を図りながら取り組む決意を述べる。

2012年度　論作文実施問題

【小中学校・2次試験】

●テーマ

　　自己のよさに気づき，生き生きと学校生活を送ることができる児童生徒の育成が大切です。あなたは，学級担任として，その実現のためにどのように取り組みますか。
　　あなたの考えを800字以内で具体的に述べなさい。

●方針と分析

（方針）
　　本題にある児童育成について，自分の考えを示し，実現のため取り組むことをを示す。

（分析）
　　学習指導要領第1章総則第1の1では，「児童(生徒)の人間として調和のとれた育成を目指し，地域や学校の実態及び児童(生徒)の心身の発達の段階や特性を十分考慮して，適切な教育課程を編成する」と，学校教育の根本的な目的を述べているが，本題にある「自己のよさに気づき，…」も学校教育の根本ともいえる。
　　「自己のよさに気がつく」は自信を持つことであり，そのため教師はさまざまな取り組みをする必要があるが，教員が児童生徒一人ひとりを把握することが前提となる。一方，「生き生きと学校生活を送る」には学力だけでなく，教師と生徒の信頼関係の構築，子どもたち同士がお互いに思いやる気持ちを持つこと等，学校の環境整備が重要となる。そのためには校内だけでなく，地域や保護者との連携なども重要になるだろう。

●作成のポイント

　全体を通して考えるべきことは，「生徒の実態」「学校の実態」であろう。それぞれの地域，学校，生徒の実態に合わせた対応が前提になることを頭に入れておきたい。

　序論では，課題に対して自分の考えを明確に述べる。本論では，序論で示した自分の考えに基づいた具体的な取り組みについて書く。自己のよさを気づかせる方法は学力やテストだけではなく，日常生活からも見つけることができる。そのためにも，教師は日々児童生徒の様子を把握しなければならない。結論では，内容のまとめと自分の決意を書く。こういった課題の論文では決意がポイントになることもあるので，一行でもよいからしっかりと述べるようにする。

●論文執筆のプロセス例

序論
・本題に対する自分の考えを述べる ・児童生徒を取り巻く背景を述べるのも1つの方法である

本論
・実際に取り組んでいきたいことを述べる ・生徒の評価は学問だけでなく，学校生活全体を通して考える

結論
・自分の決意を含めてまとめる ・新たに別の内容を入れないこと

【高等学校・2次試験】

●テーマ

> 　高等学校学習指導要領(平成21年3月告示)　第1章　総則　第5款の5には以下のようにある。
>
> (4)　生徒が自己の在り方生き方を考え，主体的に進路を選択することができるよう，学校の教育活動全体を通じ，計画的，組織的な進路指導を行い，キャリア教育を推進すること。
>
> 　これをふまえた上で，次の文章を読み，筆者の論点を考えながら，現代社会において教育が果たすべき役割と，教員として何をなし得るかについて，自分の考えを明確に論じなさい。但し，字数は句読点を含めて800字以内とし，原稿用紙の使い方にしたがって記述すること。

　首都圏のある普通科高校で，何人かの3年生から話を聞いた。その中で，卒業後にフリーターになるという女子生徒が，自分の進路についてこういった。

　「ちゃんと働く人は働けば別にいいとは思うけど，毎日朝から晩まで，同じ毎日をくりかえすのは，私は嫌だなあって……(思う)」

　さらに，フリーターになることについては，こんなふうに話してくれた。

　「自分はこれでいいのかなあって。毎日。夢とか……。何をしてんのかなあって思うときもありますけどね。うん。したいこともあり過ぎるんですよ。あれしたい，これしたいって。でも，一つのことに決められないっていうところがあるんで……」

　将来に向けて，はっきりした目標が見つからない。その一方で，毎日毎日同じような仕事をくりかえすのは嫌だと思う。それが進路を決めきれないまま，フリーターになる経緯だという。

　この生徒との会話の中で、「自分なりの仕事」を探すことをめぐって、行ったり来たりする場面があった。「自分なり？何もないですね。本当、何もないんですよ。本当に困ったことなんですよ」といったかと思うと、すぐそのあとに、「でも、やってみたいことが、本当、いっぱいあるんですよ。秘書もやりたいし、保母さん、調教師、獣医……。つまんないのは嫌ですね。やっぱり自分だけができる仕事がいいですね」との発言が飛び出す。

　「自分なりにできる仕事がいい」と思いながらも、それが何であるのか、絞りきれないほどたくさんの「やってみたいこと」がある。ただ、それがどれだけ、「自分なり」の選択だと思えるかについては自信があるわけではないようだ。だから、「自分なり？何もないですね。本当、何もないんですよ。本当に困ったことなんですよ」となるのだろう。

　実際に、彼女は、今のところ秘書や保母や動物の調教師や獣医になるための具体的な準備を何もしてない。それでいて、海外に行って働いてみたいといった希望も出てくる。なるほど、この生徒にとって、フリーターという選択は、一時的なものなのかもしれない。アルバイトをしながら、海外生活のための資金の準備をすることになる可能性は否定できない。あるいは「やりたいこと」を一つに絞り込んで、専門学校に行き始めるのかもしれない。その後、実際に彼女がどうなったのかはわからない。わかっているのは、卒業までの時点では、「やってみたいこと」の具体的な準備をまったく行っていないことだ。

　こうした高校生から浮かび上がってくるのは、あれもこれもと思いながら、選びきれない、消去法の果てに、当面、高校時代からのアルバイト暮らしを続ける、宙ぶらりんとした「自分探し」の途上にある若者の姿といえるだろう。「あれもしたい、これもしたい」と気持ちの上では想像がかけめぐる。だが、それが具体的な行動には結びついていかない。そのための準備をするわけでもない。それでも、当面の生活には困らない程度に、高校時代より働く時間を多くしたアルバイトを続けていこうとする。

　かつてアメリカの精神分析学者，エリク・エリクソンは，青年期を，アイデンティティの確立に向かうまでの葛藤を処理する猶予期間として見なし，「モラトリアム」と名付けた。小此木啓吾氏によれば，モラトリアムとは，「真剣かつ深刻な自己探求」の期間だという。この言葉と重ね合わせてみると，日本社会は，モラトリアムの原義に当てはまらない，「真剣かつ深刻な自己探求」とはほど遠い，空想じみた「自分探し」を奨励し，宙づり状態の若者たちを増やしているようだ。しかも，若者たちの職業意識が希薄だからフリーターが増えるのだと見なし，さらなる「自分探し」や「適職探し」を奨励しようとする時代の流れによって，この動きがさらに加速されているように見えるのである。

　「自分らしさ」を探そうとしながら，迷路に迷い込んでしまう高校生を作り出している一つの原因は，この10年ほどの日本の教育界の個性重視の教育にある，といえそうだ。もちろん，その背後には，日本社会全体の，「自立なき自己」を生み続ける時代背景があるのだが，その説明は，後に譲ろう。

　高校の進路指導では，さかんに「自己理解」に基づく，「自分のやりたいこと」「自分に向いた職業＝適職」探しが奨励されている。文部科学省の学習指導要領には，「生徒が自らの在り方生き方を考え，主体的に進路を選択することができるよう，学校の教育活動全体を通じ，計画的，組織的な進路指導を行うこと」との規定がある。要するに，「自分らしさ」を見つけ，それをもとに自分からすすんで，自分らしさの発揮できる進路を選ぶように育てよう，ということだろう。教育界での別のはやり言葉に置き換えれば，「自己実現」のための進路選択，ということだ。

　しかも，生徒の「自分らしさ」を尊重する進路指導は，個性重視の教育の隆盛に後押しされて，疑われることのない望ましい指導方針となっている。高校の進路指導担当教師を対象とした聞き取り調査でも，「自己理解」や「自分探し」を中心とした指導を行っているという話がたびたび聞かれた。「昔は，自分とは一体何なのか，っていうとこ

ろまで踏み込まずに，やってましたけども，今はそこから，そういうふうに，生徒一人一人に，まあ，自己形成なり，自分とは何か，アイデンティティを見つめてもらうようなところから始まんないと，進路決定できないと，進路指導になっていかない，っていうようなものがあります」というのである。進路指導の雑誌や手引きなどを見ても，「自己探求」や「自己実現」といった表現が目につく。「自己～」は今や教育界の流行語である。

　このような学校側の姿勢は，生徒にも伝わっているようだ。大都市圏の普通科高校11校(中学校の成績がクラスで比較的下位の生徒が多数を占める学校を選んだ)の3年生，1453人を対象に2002年1～2月に行った調査によれば，「今の時代は自分らしさが重視されている」と思うかどうかという質問に，「そう思う」ないし「まあそう思う」と答えた生徒は，全体の65％に及んだ。また，「学校でも自分らしさや個性が大事だと言われる」と思う生徒も64％となる。3分の2の生徒たちは，今を「自分らしさ」の時代だと見ているのだ。

　その一方で，「自分らしさについて考えてもきりがない」と思う生徒も67％いる。自分らしさが大事だといわれても，自分らしさをつかむことは容易ではない。それがすぐにわかるものではないから，考えてもきりがないと思えるのだろう。「自分らしさ」探しが求められる一方で，そもそもその要求自体が曖昧で，具体性を欠いている。それゆえ，自分探しの宙づり状態が生じるのだろう。

　こうした自分探しの宙づり状態の中で，フリーターや進路未決定などの「無業者」となるのは，進路を選び取るための活動にかかわろうとしない高校生である。進路別に，3年生の4～5月，7～8月，9～11月のそれぞれの時期に，就職や進学のための活動(就職や進学のための情報を集めたり，推薦を受けたり，実際に試験を受けたりする活動)を行わなかったものの比率を算出すると，無業者となるものは，進路選択のための活動をしていないものたちが多数を占めていることがわかる。高校の就職活動が最も盛んになる9～11月の時期においても，活動せずの割合が72％にも及ぶ。つまり，進路指導にそもそも乗ってこ

ない生徒たち，自ら進路を選び取ろうとする活動から降りてしまった生徒が，無業者となるのである。

〈中略〉

「自分らしさ」の発揮できる仕事として，これらのきつい仕事は入ら^(注)ないのだろう。きつい仕事に就くくらいなら，アルバイトを続けて，自分らしさを追求し続けたほうがよい。おそらくは，そうした判断から，きつい仕事を避けるものほど，無業となるのであろう。つらい仕事でもやっていくうちに，その中から「自分らしさ」が見えてくる場合だってあるのかもしれないが，「自分らしさ」の追求を優先する進路指導の発想に立てば，一見ふさわしくない仕事に就くのは，押しつけとなる。生徒自らの「在り方生き方」や「主体的な選択」を尊重する今の学校では，仕事に入ってから「自分らしさ」探しをするという逆ルートはたどれないのである。一人ひとりの「自分探し」を支援することが学校の役割であり，その結果については，指導に乗ってこようとこまいと，学校は「主体的な選択」を受け入れるしかないのだ。その結果として，自分らしさがわからない生徒が無業者となっても，それもまた「主体的な選択」となってしまうのである。

なるほど，「豊かな社会」では，高卒後にすぐに定職に就かなくても当分の間は食べていける。親がかりであれば，「パラサイト」として10年くらいは，何とかアルバイトでも暮らしていけるかもしれない。200万人ともいえるフリーターを養える豊かさが，今のところ，日本にはまだ残っている。

しかし，このような意味で社会が豊かになったからといって，「自分らしさ」を発揮できる，「自己実現」可能な職業の選択肢が誰の手にも届くようになったわけではない。社会の豊かさは，一方で，「自己実現」への幻想を大衆的な規模で広めたが，その価値を実感できる職業の機会までをも同じペースで増大させたわけではないのである。もちろん，実現されるべき「自己」のとらえ方次第なので，客観的に見た機会がどれだけあるのかを測定することは難しいのだが。

他方で，社会の豊かさは，当面の間，つらくてきつい仕事を避け，

親世代にパラサイトできる余裕を生み出した。それがどれだけ続くのかはわからない。それでも，当分の間は，「自分らしさ」探しをやっているつもりになって生きていく余裕はある。この当分の間が，「自分探しの旅」なのだ。

宙づりの「自分らしさ」探しを続ける若者たちを生み出したのは，こうした「自己実現」の価値をあまねく広げようとする社会と，実際の職業機会とのアンバランスだといってよいだろう。そして，このアンバランスは，明らかに「自己実現」欲求の大盤振る舞いによっているのだ。

そもそも，「自己実現への欲求」という考え方を示したA. H. マズローは，いわば人生の達人たちの観察から，自己実現について考えるに至った，といわれる。マズロー自身の言葉を引けば，「自己実現は，ごくわずかの人にとって，比較的達成された『事態』である」。したがって，そう簡単に到達できるものでも，誰にでも手の届くところにあるものでもないのだ。もともとは，至高の価値といえる段階に設定されていた概念である。「大多数の人にとっては，むしろ希望，あこがれ，衝動，求めてはいるがまだ達成されない『もの』」なのである。だから，自己実現を求める欲求をマズローは問題にしたのだった(以上はマズロー『完全なる人間』〈上田吉一訳〉による)。

しかも，忘れてならないのは，「自己実現」した人びとの生活歴を研究する例として，マズローは，「ことに芸術家，知識人その他のとくに創造的な人びと」を挙げている点である。これらの例から推測できるように，自己実現とは，ある意味では，高度な自律性や創造性を備えた職業人に特徴的な特性だといってよい。エリクソンのアイデンティティやモラトリアムについても同じような見方ができるだろう。その意味で，けっして階級フリーな考え方ではないのである。

もともとは人生の達人や偉人たちの経験から抽出された，人生のステージをとらえる考え方が，教育の世界で使われるようになるや，希釈され，一般化され，俗流化していった。教育機会の拡大とともに，個性尊重＝自己重視の考え方が強まっていくと，差別や選別を嫌う日

本の学校ではなおさらのこと，自己実現を目指す機会をすべての子ども
もに与えるべきだとなる。こうして，「大衆教育社会」の実現ととも
に，自己実現欲求の俗流化と大衆化が進んだのだ。

　ところが，自己実現欲求を満たせるような職業機会のほうは増えて
いかない。それどころか，近年の不況は，そうした機会を若者からさ
らに奪っている。

　「自分らしさの追求」や自己実現という欲求は強化されるのに，それ
を達成する手段が社会に十分提供されていない状態，欲求は高まって
いるのに，それを実現する手段が与えられない状態を社会学者は「ア
ノミー」と呼んでいるが，自己実現をめぐっても，まさに「自己実現
アノミー」と呼べる状態が生じている。宙ぶらりんな「自分探し」を
しているつもりの若者を生み出し続ける私たちの社会は，この自己実
現アノミー状態にあるといってよいだろう。たんなる，若者たちの意
識の問題ではないのだ。

　一方に若者たちから望ましい仕事を奪う経済社会の変化があり，他
方に，分け隔てなく自己実現の欲求を若者たちに与えようとする教育
社会の価値観の変化がある。この両者が交差したところに，自己実現
アノミーは生じる。だから，この状態を簡単には避けて通ることがで
きないのだ。

　しかも，それは，社会的な偏りをもって生じている。私たちの調査
によれば，高卒無業者になりやすいのは，親の職業自体が不安定な雇
用であったり，子どもを大学や専門学校に進学させることの難しい経
済状態の家庭の生徒だったりする。中学時代の成績が中位以下の生徒
が進学する普通科高校の生徒を対象とした調査でも，こうした家庭環
境の生徒たちが無業者となる率は他の生徒たちに比べ，ほぼ2倍とな
るのである。まさに，階層的な偏りをもって無業者は発生している。

　〈中略〉

　宙ぶらりんな「自分探し」を，親がかりで大学に場を移して続ける
若者と，高卒後にアルバイトをしながら「自分探し」を続ける若者。
彼ら・彼女たちの間の隔たりを，私たちは，いつまで置き去りにし続

けるのだろうか。自己実現アノミーの下にあっても，両者の抱える問題は異なる。手をさしのべるべき若者たちに必要なのは，アルバイトのように不安定で職業スキルの獲得につながりにくい職業経験ではないはずだ。かといって，これ以上「自分探し」の欲求を高めても解決策は遠のくばかりだろう。

(苅谷剛彦『学力と階層』朝日新聞出版より)

　注：筆者は前段において55％の生徒がブルーカラー的な仕事を嫌うという調査結果を示している。

●方針と分析

(方針)

　文章の論点を踏まえつつ，現代社会において教育が果たすべき役割と教員として自分ができることについて述べる。

(分析)

　本論題文にある第1章総則第5款の5の(4)について，学習指導要領解説では前提の1つとして「高等学校段階の生徒は，知的能力や身体的能力の発達が著しく，また，人間としての在り方生き方を模索し，自我を確立し，価値観を形成するという特色をもつ」ことをあげているが，筆者は自我の確立や価値観を形成するまでに到っていない高校生が非常に多いと考えている。言い換えれば，学習指導要領解説にある前提が崩れている現代では，キャリア教育そのものが成立しづらくなっており，結果として現代社会においては無業者や「アノミー」を引き起こしているといえるだろう。筆者は最後でこれ以上「自分探し」の欲求を高めても解決策は遠のくばかりと言って文章を締めているが，その理由の1つとして「『自分らしさ』探しが求められる一方で，そもそもその要求自体が曖昧で具体性を欠いている」があげられる。

　そこで考え方の一例として，国の学習指針と現代社会の実態，そして生徒の実態のすべてを知るのは学校であり，三者の乖離をどれだけ補えるかが現代社会における教育，そして教員の役割ということができる。

●作成のポイント

　分析の解釈にそって考えると，教育，または教員の役割として，「自分らしさ」または将来の方針が発見できるような方策を示すのも1つの方法であると思われる。例えば，生徒自身の特性について第三者の目として評価すること。希望する進路があるならば，何が必要かを教える。獣医であるならば獣医師になることが必要であり，獣医師になるためには，獣医学部に入学する方法が一般的であること。獣医学部に入学するには，英語や数学，生物の試験があるといった道筋を示すことが考えられる。進路指導の際も，夢や希望だけでなく，現実をしっかりと伝えることも必要である。

　執筆のプロセス例は下記の通りだが，筆者の論点は何か，それに対して自分はどう考えているかをはっきりさせること。具体的事例は必要としていないので無理に述べる必要はないが，本論文では持論が読み手に伝わるかどうかが最大のポイントなので，必要に応じて検討するとよい。最後に持論に一貫性があるかを再確認すること。一般的に論文には正答は存在しないが，一貫性がなければ不適切となってしまうため，確認の時間は少しでも確保しておきたい。

●論文執筆のプロセス例

> **序論**
> ・筆者の論点を明確にする
> ・論点は客観的，かつ簡潔に述べること

> **本論**
> ・論点に対しての自分の考えを述べる
> ・必要があれば具体的取り組みを述べる

結論
・序論と本論を簡潔にまとめる ・最後に一貫性があるか必ず確認すること

【養護教諭・2次試験】

●テーマ

児童生徒一人一人が，将来にわたって心身の健康の保持増進に努めるような態度を育てることが重要です。あなたは，養護教諭として，その実現のためにどのように取り組みますか。

あなたの考えを800字以内で具体的に述べなさい。

●方針と分析

(方針)

児童生徒の心身の健康の保持増進に関して自分の考えを示し，自分が取り組んでいくことを述べる。

(分析)

まず，健康の保持増進は，今回の学習指導要領改訂点の1つとしてあげられていることに注意したい。学習指導要領によると「心身の健康の保持増進に関する指導を，保健体育科の時間はもとより，技術・家庭科，特別活動などにおいてもそれぞれの特質に応じて適切に行うよう努める」としており，例えば，中学校学習指導要領解説(特別活動編)では「生活習慣の乱れやストレス及び不安感が高まっている現状を踏まえ，心の健康を含め自らの健康を維持し，改善することができるように指導・助言することが重要」「健康を保持増進するためには，

食事，運動，休養及び睡眠の調和のとれた生活をすることが重要であ
ることを自覚し，生徒が自己の発育，発達や健康の状態などを知り，
それらの結果に基づいて，実際の生活の中で自主的，自律的に健康で
安全な生活を送る意欲や態度を育成する」等が指摘されている。以上
から，心身の健康保持増進の取り組みは，過去と比較して自由度が増
してきているといってよい。

●作成のポイント

　心身の健康は，学力面等にも大きく影響をすることから，まず児童
生徒の健康状況など，さまざまな情報を把握することも必要である。
児童生徒の健康状態を把握することだけでなく，その情報を基に児童
生徒に注意を促すといったことも大切である。そのため，担任教師等
や保護者との連携が必要となるが，養護教諭が中心的役割となって，
積極的にはたらきかける姿勢を常に持ち続けることが必要であろう。

　序論では心身の健康の保持増進について，自分なりの意見を述べる。
学習指導要領の改訂と絡めて述べるとなおよいだろう。

　本論では，自分が実際に取り組んでいくことを述べる。分析で述べ
たように心身の健康保持増進の取り組みについて，活動の幅は広がっ
ているが，字数を考えると項目は1点に絞り，深く掘り下げていくほ
うがよいと思われる。

　結論では，まとめと決意を述べるのがよいだろう。序論・本論で取
りあげていない論点を新たに述べると，読み手が混乱する恐れがある
ため，できる限り避けること。今までの内容を簡潔にまとめて，論文
をまとめるとよい。

●論文執筆のプロセス例

序論
・課題に対しての自分の考えを述べる
・学習指導要領の改訂についても触れるとよい

本論
・実際に取り組んでいくことを述べる
・内容はできるだけ絞るようにすること

結論
・強調したいことをまとめとして述べる
・新しい論点は提示しないこと

【特別支援学校・2次試験】

●テーマ

下記の文は「障害者の権利に関する条約 第24条」(外務省仮訳文)の抜粋です。この中に示されている合理的配慮について，具体的に述べてください。(90分，1200字以内)

障害者の権利に関する条約　第24条
———略———
2　締約国は，1の権利の実現に当たり，次のことを確保する。
(a)　障害者が障害を理由として教育制度一般から排除されないこと及び障害のある児童が障害を理由として無償のかつ義務的な初等教育から又は中等教育から排除されないこと。
(b)　障害者が，他の者と平等に，自己の生活する地域社会において，包容され，質が高く，かつ，無償の初等教育の機会及び中等教育の機会を与えられること。
(c)　個人に必要とされる合理的配慮が提供されること。
(d)　障害者が，その効果的な教育を容易にするために必要な支援を教育制度一般の下で受けること。
(e)　学問的及び社会的な発達を最大にする環境において，完全な包容という目標に合致する効果的で個別化された支援措置がとられることを確保すること。
———略———

●方針と分析

(方針)

合理的配慮とは何かについて，自分の考えを示した後に具体的事例を述べる。

(分析)

　合理的配慮とは同条約「第2条 定義」において，「障害者が他の者と平等にすべての人権及び基本的自由を享有し，または行使することを確保するための必要かつ適当な変更及び調整であって，特定の場合において必要とされるものであり，かつ，均衡を失した又は過度の負担を課さないものをいう」と定義されている。さらに，障害者の権利に関する条約における一般原則として，固有の尊厳・個人の自律(自ら選択する自由を含む)，および個人の自立を尊重すること，差別されないこと，社会に完全かつ効果的に参加し，および社会に受け入れられること等があげられている。本題文の(c)以外の文は，いわゆる合理的配慮を理解するための，ヒントみたいなものであろう。

●作成のポイント

　序論では，合理的配慮の定義を述べる。本条約に記されている内容をすべて述べることができればよいが，学習していない場合は一般原則や(c)以外の条文から推測して述べるとよい。

　本論では，具体論について述べる。具体論では教育現場で起きていることを論じることが最もよいが，具体論が述べられない場合は想定するしかない。例としては，障害の状態に応じた適切な施設整備，専門性を有する教員等の配置，コミュニケーション手段の確保，障害の程度に応じた教材等の確保等が考えられる。とにかく，本論題文で「具体的に」となっているので，抽象的にならないように気をつけるべきである。

　結論では，合理的配慮に関して自分が最も伝えたいことをまとめとして述べる。結論では新しい内容に入らないようにすること。論文執筆のプロセスは以下のようになるだろう。

●論文執筆のプロセス例

序論

・合理的配慮について定義や自分の考えを述べる
・定義を知らない場合は一般原則や(c)以外の条文から推測すること

本論

・実際の取り組みについて述べる
・抽象的にならないように注意すること

結論

・最も伝えたいことをまとめとして述べる
・新しい話題は入れないようにすること

2011年度　論作文実施問題

【小学校・中学校】

●テーマ

> 学級経営や学習指導の充実には，確かな児童生徒理解が不可欠です。あなたは，学級担任として，児童生徒をよりよく理解するためにどのように取り組みますか。800字以内で，あなたの考えを具体的に述べなさい。

●テーマの分析

　児童生徒の指導は，児童や生徒一人一人の個性を見極め，なおかつ具体的に進めなければならない。そのためには，一人一人の特徴や傾向を十分に知り，把握する必要がある。子どもをよく理解することによって，個々の子どものどの長所を生かし，どこを伸長させたらよいか，どこに問題があるのかを明確にする。またどのような機会に，どのような方法で指導することが最も効果的かも明らかになるだろう。さらに個々の子どもの家庭環境もその子の人となりに大きな影響を及ぼしていることは当然なのだ。

　理解の仕方は，科学的であり，正確でなければならない。様々な面について，できるだけ客観的な資料を得ることが必要とされる。

　もっとも重要なことは，子どもときちんと向き合いその言葉に耳を傾け，子どもの気持ちを敏感に感じ取ることである。受容的，共感的な教師の態度によってこそ，児童は心を開き本心を話すようになるのだ。

●論点

　まず，児童生徒理解がなぜ不可欠なのかを考察し，それについて述べる。さらにこの児童生徒理解のために自分ならばどうするか，まずここで基本的な考えを明らかにする。結論をまず表明することで，筆者の意図を明確にするとともに，文章に芯を通すのだ。まず，これが前文となる。

　本文では，前文で述べた基本的な考えを，2つの観点で具体的に述べる。子どもへの直接の対応について，あるいは，子どもへの観察の仕方などである。児童生徒の発達段階を踏まえながら，文章の端々にあなたの人柄をにじませる。「具体的に」とテーマにあるので，「私だったらこうする」と述べるのが望ましい。

　最終段落は，このテーマに対するあなた自身が研修すべき課題を取り上げ，課題解明にどのように取り組むかを簡潔に述べるとよい。たとえば「観察力を磨く」などである。文字量の配分は，本文に500字以上，前文と最終段落に残り200〜300字をあてるのが適当だろう。

【高等学校】

●テーマ

> 　以下に掲げる文章は，現代社会を覆っている「閉塞感」の根源は「希望」の喪失にあることを論じているものです。筆者の論点をふまえ，現代社会において教育が果たすべき役割と，教員として何をなし得るかについて，自分の考えを明確に論じなさい。ただし，字数は800字以内とし，原稿用紙の使い方にしたがって記述すること。

　1990年代末，ある外資系のIT関連会社は，一つの深刻な問題に頭を悩ませていた。以前から女性の活躍が目ざましいとして評判を得ていたその会社ではあったが，実際のところ，優秀な女性が次々と辞めていくことに強い危機感を抱いていたのだ。

そこで対策を講じるべく、いろいろと思案した挙句、率直に離職した女性にナゼ辞めたのか、改めてその理由を聞いてみようということになった。聞いてみると、様々な個別の理由があったのだが、あるとき会社の調査担当者は、辞めた理由が、結局のところ、大きく二つにたどり着くことがわかったという。

その一つ目の理由とは、「このまま会社で働いたとしても、先がまったく見えな恥から辞めた」というものだった。激動するIT業界、それに対応すべく世界レベルでの迅速な対応が求められる厳しい職場環境。なんとかそれに対応しようと必死に努力してきた。しかし、どれだけ懸命に仕事をしても、安心できる将来が見えてこない。そのうち疲労もピークに達し、あるとき退職を決断する。そんな女性たちの姿があった。

もう一つの理由とは何か。それは「このまま会社で働いても、先が見えてしまったから辞めた」だった。様々な仕事を経験し、知識もスキルも獲得した。先も見通せるようになり、戦略的に業務に取り組めるようになった。最初はそれに満足感や充実感を得ていたのだが、将来が見えたと思えてしまったことで、次第に仕事自体に魅力を失って辞めた女性も少なからずいたのだ。

これら二つの理由は実に対照的だ。しかし共通するのは、彼女たちが他人も羨むその会社を辞めた根本的な原因が、収入や人間関係に不満を感じたからではなく、働く希望そのものを失ったということである。

将来がまったく見えないとき、人は希望を失う。同時に、将来が見えてしまったと感じるときにも、やはり希望は失われていく。

希望は、一体、どこからやって来るのだろうか。(中略)

「〈希望がない〉とは、どういうことなのか」。

2007年7月、希望学構築セミナーのなか、仁田道夫(注1)は問いかけた。収入や仕事、健康などに恵まれず、選択可能性が狭められた人たちは希望がないと感じやすい。そのような豊かとはいえない境遇におかれた人々は増えている。また家族からの期待や信頼、そして友人か

らの支えを得るのが困難な状況にあり，社会的な孤立にある人々も希望を持ちにくい。しかし，希望がないと感じる社会的背景は，本当にそれだけなのだろうか。

　前節の三つの事実(注2)は，豊かさや人間関係の他にも，希望を大きく左右する要因が存在することを示唆する。仁田は，労使関係が変容した歴史的背景などを探りつつ，未来に対する「想像力」が失われた状況にあるとき，人は希望がないと感じるのではないかと提起した。

　本章の冒頭で，外資系企業を辞めていった女性たちの離職事例について記した。転職は，賃金などより良い就業条件を他企業に求めたり，職場の人間関係に苦痛を感じて，決意することもままある。だが，ここで挙げた理由は，収入の低さや人間関係のトラブルのいずれとも違う。先が「みえない」もしくは「みえてしまった」と感じてしまった。将来への豊かな想像力をその職場で喚起できなかったため，辞めたのである。端的にいってしまえば，「ワクワクしない」「おもしろくない」から辞めたのである。

　人は不確実な将来のなかであっても，そこに一筋の光明を見出せれば，挑戦すべき対象としての希望を持つことができる。反対に，先行きがある程度わかってしまったとしても，依然としてまだ見えていない何かを期待できれば希望を見出せる。「みえそうでみえない」。「みえているようでみえていない」。想像力を喚起する，そんなどっちつかずの状況こそ，豊かさや人間関係と異なる，もう一つの希望の源泉である。

　だとすれば，冒頭の事例にある転職を抑止したい企業にとって，どうすれば，優秀な女性社員の離職を防げたのだろうか。成果主義的な賃金制度の導入やご年功的な人事制度の見直しなど，人事戦略を再検討することで，社員の未来への想像力を喚起し，ワクワクさせることができたのだろうか。それとも，先が見えてしまったと感じるかどうかは，働く個人の資質や価値観に強く依存する以上，どんな仕組みも抑止効果を持たなかったのか。

　この点を考えるヒントとして，希望学のなかで，いみじくも二人の

異なる研究者から，提示された同一のコンセプトがある。「フィクション」という概念である。(中略)

　フィクションとしての希望が，過去を清算し，未来に向かうための重要な役割を担うという指摘は，フィジーの祭祀儀礼をフィールドワークしてきた宮崎広和(注3)の指摘とも軌を一にする。個人の多くが常に希望を求めざるを得ないのは，未来に進むためのエネルギーとして，事実でもない，かといっても嘘でない，望ましい方向を示すフィクションを必要としているからなのだと，宮崎は述べる。その意味で希望とは，まさにフィクションそのものなのである。

　ただ，日常の日本語のなかでも見聞きする「フィクション」という言葉は，「絵空事」「作り話」などと訳されるように，事実と虚偽の両義性を持つ概念というよりも，むしろ後者の虚偽的性格を色濃く含みがちである。そこで，以下ではそれを「物語」と呼ぶことにしたい。

　希望は，不安な未来に対峙するために必要とされる物語である。希望があるところには，何がしかの物語が存在する。希望が社会科学の対象となるのは，希望のあり方が，過去から現在，現在から未来への変化のなかで共有される社会の物語構造と強く反響し合うからである。

　前節で確認した三つの事実がもたらす示唆は，希望が一つの物語であるという解釈と，親和的である。物語に登場する主たる人物は，つねに紆余曲折を経験する。挫折や失敗の一切ない物語はなく，あったとしても面白味を欠く。登場人物が挫折を乗り越えるという体験があって，はじめて未来について語られる言葉にも彩りが増す。また物語とは，敢えて無駄や脱線が加味されることで，内容に豊かな魅力を帯びてくるものである。

　さらに古典作品の多くがそうであるように，語り継がれてきた物語は，どこかつねに相反する両義的要素が含まれ，そこに多様な解釈の余地が残されている。文学にせよ，音楽にせよ，芸能にせよ，古典となる物語はすべて，多様な解釈を示し続ける力を持つからこそ，時代を超えて共有され続ける。希望という物語はしばしば両義的であり，

その内容は画一的な解釈を許さず，ときには矛盾に見えるほどの多様性を含みさえする。

　同時に，物語の結末は，常に未来の幸福をもたらすものではないことも，希望と共通している。物語には悲劇的な結末も少なからず待っているように，希望はつねに未来の幸福を保証するわけではない。三節のデータ(注4)が示したように，実現見通しのある希望は，現在の強い幸福感につながる。しかし希望が将来の幸福をもたらすという必然はどこにもない。その意味で，希望という物語がすべて社会的に是認されるものといえないこともまた事実であり，希望を安易に語ることの怖さや難しさもそこにある。

　加えて物語の価値は実用性でなく，むしろ知的興奮や感動によって評価されるものである。物語の真価は「役に立つ」「わかりやすい」ことだけで，はかられるものではない。むしろ「おもしろい」「もっと知りたい」といった想像力を掻き立てる内容が求められることは，ここでも希望と共通した構造を持っている。一方，希望に比べて「安心」は，裏付けや保証を求めがちであるように，より実利的な観点から評価されるものである。

　過去の挫折経験を豊かな言葉で省みることができ，無駄を無駄と思わない柔軟性を持った思考特性や行動特性を持った物語的個人ほど，希望を形成する力を持つことを，前節の三つの事実は示す。それらの特性を有した個人がつながり，同時に相互の物語的状況も絡みあいつつ，社会全体が一つの物語を織り成すとき，物語的社会は生じることになる。

　ここでいう物語的社会とは，希望の修正を余儀なくされた挫折体験や，過去の超克体験を背景に無駄な努力をも敢えて厭わないといった物語的特性を担う人々から主として構成される社会状況を意味する。物語的社会では，必然的に人々が希望を有する傾向は強くなる。

　個々人の体験と想像力に支えられた社会の物語構造は，時間をかけて社会的事象を積み重ねることによって，深みや奥行きを増していく。古典には，過去につくられたものがそのまま残されることもあるが，

多くは続く時代に新たな中身が加味されたり，新たな解釈が施されたりすることで進化する。同じように社会の物語構造も，その主要な根幹を維持しながら，同時に再構築による変化を続けることで存在し続ける。

このような希望の持つ物語的特性は，経済的に衰退する地域に希望の灯をともすための，一つのヒントかもしれない。地域の希望は，「守りながら変わり続ける」根幹となる何かを見つけ，対話し，共有し，行動することから，その第一歩が始まるからである。

再び冒頭の離職女性の例に戻れば，そこに欠如していたのは，職場で共有される，嘘でも事実でもない，望ましい方向性としてのフィクションであり，物語だったのかもしれない。(中略)

希望とは，未来について望ましいものとして意欲された主観的表象である。そんな希望は，実存的な豊かさに基づく選択可能範囲，様々な人間関係が形成する人的ネットワーク，効率性を超越した物語構造の形成状況によって，社会的な影響を受けることになる。

経済成長の停滞や，出生率低下による人口減少など，希望を社会全体に広げてゆくための経済状況の前途は厳しい。その場合，社会における人間関係の再構築が希望を広げる一つの打開策として期待される。だが一方で，ひきこもり，ニート，孤独死が象徴するように，対人関係の形成そのものが困難化しつつあるのもまた，一つの社会的事実である。

加えて希望の喪失感が広がった背景ににト，効率重視や自己責任といった社会的価値観の強まりへの違和感もある。新たな規範の機軸にある市場原理の徹底は，一部の人々にとっては明らかに一つの希望であり，停滞する経済の打開や国際競争の激化に対抗する具体的展望だった。だが希望としての市場原理は，少なくとも1990年代から2000年代初めの日本では，社会全体として共有される希望となりえなかった。さらに2008年9月以降の米国発の世界不況は，市場原理の完遂という希望を完膚なきまでに打ち砕いてしまった。

失敗回避のための戦略的判断や問題解決型の思考が求められる一方

で，迅速化や効率化だけではない社会の方向性についての展望も求められている。しかし，そのような展望を与える新たな社会的価値観が共有されない状況もまた，希望喪失感拡大の背景をなしている。

　長期的な経済衰退と対人関係の困難化のなか，社会における残された希望の活路は，不安な未来に対峙するための，物語の再構築である。希望は，未来の幸福を保証するものではない。しかし希望は，未来に突き進むために必要な原動力であり，物語である。希望という物語のある社会は，過去の挫折を受けとめながら軌道を修正する力を磨き，ときに無駄や無謀にすらみえる状況に敢えて取り組む人々によって，かたちづけられていく。そんな社会全体における物語構造の喪失は，人々が希望を有する傾向を弱めることへとつながる。

　社会から希望が失われつつあるという認識は，日本社会全体のみならず，いち早く危機的な状況を迎えつつある地方でこそ広がっている。だが，シャッター通りや雇用機会の減少など，深刻な経済問題に直面する多くの地域においてすら，希望を育む土壌は失われたわけではない。長く守り続けられてきた文化，言語，祭祀，伝統等が人々をつなぎとめる物語となる可能性や，過去から現在の波乱に満ちた経済的盛衰の歴史すら地域特有の物語を醸成する基盤となり得ることを，希望学の釜石調査(注5)は示唆している。

　希望という観点から社会を眺めたとき，懸念される材料は少なくない。今後論議を深める必要があるのは，社会の方向主を論じる際の価値基準の再検討である。社会的価値として実用性という基準が最優先され，単一的でわかりやすい筋道こそがすぐれており，両義的な要素を持つものはわかりにくいとして排除される。その傾向は，学問分野においてすら強まりつつある。解決を前提とした問題解決型の思考が凌駕する状況では，社会や個人が豊穣な物語を持つのは容易ではない。

　無論，物語などなかったとしても，社会は日常的に成立する。その意味で，希望という物語は社会活動の実質や根幹をなすものではなく，いわば「遊び」や「余白」の領域に属するものでしかないのかもしれない。だが，そんな遊びや余韻に対する寛容性が失われた状況こそ，

社会から希望が失われつつあるという感覚の根底をなしている。

　遊びとは，思考や行動のなかで，事前的な単一の価値や意味を敢えて与えずに残された部分である。遊び自体は無用に思えたとしても，それがあってはじめて偶発的な出会いや発見が生じる。遊びのない社会から，創造性は生まれない。希望も生まれない。

　あるとき，希望学に関するインタビューを受けたことがあった。「結局，希望には遊びが大事なんだと思うんです」。記者からは「遊びって何ですか?」と真顔で問われた。

　質問の真意はわからない。だが，希望や遊びに一定の定義を求めないではいられない状況こそ，希望なき社会を最も象徴する瞬間だったのかもしれない。

(東京大学社会科学研究所『希望学[1]希望を語る一社会科学の新たな地平へ一』より)

注1：東京大学社会科学研究所教授。労使関係・労務管理論を専門とする。

注2：2005年5月，インターネットで実施した「希望」に関する調査結果の分析から導き出した「希望に関する3つの事実」のこと。

　　・「希望の多くは失望に変わる。だが希望の修正を重ねることでやりがいに出会えるようになる」

　　・「挫折は乗り越えられないこともある。だが乗り越えた先にこそ希望が待っている」

　　・「ときに無駄な努力も厭わないという姿勢が，実現見通しのある希望につながってゆく」

注3：コーネル大学人類学科准教授。文化人類学・経済人類学を専門とする。

注4：「仕事と生活に関するアンケート調査」東京大学社会科学研究所・希望学プロジェクト.2006年1月実施.を指す。

注5：東京大学社会科学研究所・希望学プロジェクトチームが2006年から岩手県釜石市で実施してきた地域調査

●テーマの分析

　非常に長い文章読解である。なぜこのような文章が出題されたのか
を考えよう。改訂された学習指導要領に「言語活動の充実」があるが，
これとの関係を考えることが求められているのである。そして問われ
ているのは何かというと，次の2点だ。
　①　教育が果たすべき役割
　②　教師としてできること
　このテーマでは“現代社会を覆っている「閉塞感」の根源は「希望」
の喪失にある”との結論を示している。この結論に沿って読み取って
いき，キーワードを探していこう。よく読めば，「三つの事実」は注2
で整理されている。この「希望」を「物語」と表現している。「体験
と想像力に支えられた社会の物語構造」と言いながら，「解決を前提
とした問題解決型の思考」を否定し，「遊びのない社会からは希望は
生まれない」とある。くれぐれも長文に惑わされないようにしたい。
　注意しておきたいのは，教員採用試験の論作文では，著者(あなた)の
主張の解説でも感想でも，また賛否を問うているのでもない。この長
文と関係があることについて，担当教科科目の授業に関係を持たせる
などして，高校教師としての①と②を述べるのである。間違っても評
論文になってはならない。

●論点

　この文章は，「希望」を中心に展開している。まず，あなたはこの文
章のどこに関心を持ったかを考え，まとめる。「遊びのない社会からは
希望は生まれない」というもその一つであろう。高校教育で生徒に
「希望」を持たせるのであれば，何をどうすればよいのか，その結論と
なるあなたの考えをここで簡略にまとめる。「希望」とは何かを述べる
のもよい。
　800字の全体のうち，3分の2相当をあてる本文には，担当教科科目の
授業で筆者の考える「希望」にどう向き合わせるかを，できるだけ具
体的に述べる。これは討議と実践(実習や実験，体験など)など2つの観

点で示す。何度も繰り返すが，他人事の評論にならないようにしたい。

最終段落は，「高校生の授業に必要な『遊び』とは何かに対してまだ多くの疑問がある」など，あなた自身が思う研修すべき課題を取り上げるといいだろう。

【養護教諭】

●テーマ

保健室には，家庭生活や友人関係など，様々な悩みを抱えた子どもたちが来室します。　このような状況を踏まえ，あなたは保健室の経営にどのように取り組みますか。800字以内で，あなたの考えを具体的に述べなさい。

●テーマの分析

新たな学校保健安全法が施行され，養護教諭については以下の2点が求められている。

① 学校内の教職員の協力を求め，連携した組織的保健指導の充実を図る。

② 常に地域の医療関係機関等との連携して，保健管理の充実を図る。

つまり，保健室に健康教育のセンター的役割を持たせるのである。このセンター的役割とは，いかなる課題や問題にも対応する。養護教諭では対応できない問題でも，窓口となって適切な相談相手を紹介するなども行うということである。

今日的な教育課題の「生きる力」を育むのは，もちろん保健室経営でも求められている。これは「自分の身は自分で守る」ということ。誰かが守ってくれるではなく，子どもに自助努力を求めるのだ。今回のテーマは，悩みを抱えた子どもの対応という枝葉の話ではない。養護教諭であるあなた自身が，保健室のセンター的役割をどのように果

241

たすかを問うているのである。

●論点

　　まず，今日の学校での保健教育とは，どのようなものかを述べる。そして，保健室を「健康安全教育センター」として，あなたなりの経営の仕方の基本的な考えを明らかにしておく。文章の導入に結論を述べた方が読み手を引きこみやすい。しかし，冗長になってはいけないので，最初と最後の段落についてはそれぞれ150字前後が適当だろう。

　　本文では，前文で述べた基本的な考えを，より具体的に述べる必要がある。それは2観点からが客観性もあっていいだろう。たとえば，「子どもへの指導」と「教師集団のカウンセリング・マインド習得への支援」などである。志望校種の子どもの発達段階については当然踏まえておきたい。またコーディネーター的な役割を果たすのである。具体的に「私はこのようにする」と述べる。

　　最終段落は，このテーマに対するあなた自身がやるべき課題を挙げ，課題解明にどのように取り組んでいくか，簡潔にまとめるといいだろう。

【特別支援教育】

●テーマ

> 　国立教育政策研究所編「キャリア教育のススメ」によると，「キャリア教育は，一人一人の社会的・職業的自立に向けて必要な能力を育てる教育です」とあります。
> 　社会的・職業的自立に向けて必要な能力を挙げ，知的障害特別支援学校小学部において，その能力を育むための活動を，「活動の目的」「活動の場」「活動内容」を入れて述べてください。学年等は自由に設定してください。

●テーマの分析

　「特殊教育」を「特別支援教育」として，特別支援学校と組織替え
を行った理由には「障害の重度・重複化，多様化に対応し，一人一人
に応じた指導を一層充実する」というものがある。障害を持つ子に対
する教育課題は，個によって異なるものだ。

　特別支援学校の学習指導要領では，「自立活動」の内容は，

① 　人間としての基本的な行動を遂行するために必要な要素

② 　障害による学習上または生活上の困難を改善・克服するために
　　必要な要素

で構成されている。この要素である26項目を「1　健康の保持」「2
心理的な安定」「3　人間関係の形成」「4　環境の把握」「5　身体の動
き」及び「6　コミュニケーション」の六つに区分に分類・整理して
いる。

　テーマの知的障害者であると，言語，運動，情緒，行動等の特定分
野に顕著な発達の遅れや特に配慮を必要とする状態が随伴してみられ
ることがある。例えば言語や運動の面では「理解言語の程度に比較し
て，表出言語が極めて少ない」などがある。

　これについて，「6　コミュニケーション」には，「(2)　言語の受容
と表出に関すること」と「(3)　言語の形成と活用に関すること」の項
目がある。ここにおける具体的な方策を述べるのである。

●論点

　まず全体の文章量の割合を，前文：本文：結び文で1：4：1の構成
としたい。まず冒頭で，知的障害を抱えた児童にも，社会的・職業的
自立に向けての教育が必要である理由を示す。それから，早々に結論
として，この児童にどのような実践教育を行うか，基本的な考えを明
らかにする。

　もっとも文字量を割きたい本文では，前文で述べた基本的な考えを，
具体的にどのように実践するかを2つの観点で述べる。「学年等は自由
に設定して下さい」とのことだが，子どもの発達段階を踏まえること

に注意したい。筆者であるあなたの人柄をにじませながら「私だったらこうして実践する」とできるだけ具体的に述べる。

　最終段落は，このテーマに対するあなた自身の課題を取り上げておこう。そして，課題の解明に対して謙虚なスタンスを保ちながら，どのように取り組むかを簡潔に述べるとよい。

| 2010年度 | 論作文実施問題 |

【小学校・中学校】

●テーマ

現在，「人間性豊かで，指導力のある教師」が求められています。
あなたは，そのような教師を目指していく上で，今後，どのような実践をしていこうと考えますか。
800字以内で，あなたの考えを具体的に述べなさい。

●テーマの分析

人間性が豊かで，しかも指導力のある教師が求められているという。なぜであろうか。今日の小学生も高校生も多様化している。教師はそのどの児童生徒からも，信頼が得られなければならない。誰からも信頼されるというのは，人間性が豊かであるということである。

今日の学校教育では「生きる力」の育成が求められている。新学習指導要領の小・中・高校のすべてに，この「生きる力」の育成が踏襲されている。教師は，この目的が達成できる資質能力を備えていなければならない。指導力のある教師とは，この「生きる力」を育むことができるということである。

●論点

なぜ「人間性豊かで，指導力のある教師」が求められているのか。その理由を述べる。筆者は，この「人間性豊かで，指導力のある教師」となるためにどのような努力をするのか。ここに基本的な考えを述べる。これが前文である。

次の本文では，この求める教師像に近づくため，何をするのか，先

の基本的な考えを2点にわたって具体的に述べる。その2点を「豊かな人間性を備える」と「『生きる力』を育む指導力を備える」にするとよい。この本文の字数は，全体の3分の2を当てる。

　最終段落は，このテーマに関する筆者の研修課題を挙げ，課題解明にどのように努力するかを簡潔に述べるとよい。すべての児童生徒から信頼されるなどである。

【高等学校】

●テーマ

> 　本県では，「平成21年度学校教育指導方針」の中で「学校教育推進の柱」として「確かな学力を身に付けさせる教育の推進」を掲げています。
> 　以下のA，Bの文章を読んだ上で，Bで述べられている「教科学力」と「生成学力」のどちらを重視すべきかを述べ，それを元にしてどうすれば生徒に確かな学力を身につけさせることができるかを論じなさい。但し，字数は800字以内とし，記述してください。

A　学歴社会の時代は終わったといわれる。知識を詰め込むだけの勉強では，二十一世紀の「知識社会」，「知識経済」では生き残れない。グローバル化や情報化を背景にした変化の激しい時代には，詰め込んだ知識もすぐに古くさくなってしまう。だから，学ぶ力が重要なんだ——「自ら学び，考える力」の教育が求められ，受け入れられる理由は，このような時代や社会の変化を多くの人たちが感じているからだろう。生涯にわたって学び続けることが求められ，学び方を知っている人，学ぶ喜びを感じられる人が，これからの「知識社会」を生き抜くことができる。教育の世界はいうにおよばず，企業経営や人材能力開発，生涯学習の世界でも，「学ぶ力」の重要性を力説する言葉は，とどまるところがない。学び礼賛の大合唱が起き

ているかのようである。

1990年代以後のニッポンの教育を見ても，「自ら学び，自ら考える力」をどのように育てるかが，「新しい学力」や「生きる力」の育成をめざす「ゆとり」教育の目玉とされてきた。小学校の低学年に生活科が導入され，その十年後には，小学校三年生から高校生まで，すべての子どもが「総合的な学習の時間」を通じて，自ら学ぶ力をつけ，学ぶ喜びを感じられる教育をめざそうと，改革が行われてきた。
(中略)

学ぶ力(学習能力，学習スキル)の重要性が高まっているといわれるのは，日本だけではない。1990年代以後の先進国の教育改革の動向を見ると，どの国でも，学習スキルを高める教育をめざした改革が行われている。先にも述べたが，知識社会の担い手は，優れた学習能力をもち，学ぶ力を生涯にわたり高め，発揮できる人びとであるという見方が共有されているからだ。
(中略)

生涯にわたる「継続学習」を通じて，つねに新しい知恵と知識を習得し，問題解決能力を磨き続ける人材——教育改革がめざす人間像と重なる，自ら学び続ける優れた学習者が，知識経済の担い手と見なされている。

このような人材像が求められるようになった背景には，日本社会の変化がある。かつて，学歴社会と呼ばれていた時代が大きく変化してきたということである。
(中略)

これとほぼ同時に，教育界でも学歴社会の廃絶を求める動きが始まった。試験の点数だけで決まる入試を改革し，多様な能力をもとに入学者を決めようとする入試改革(入試の多様化)であり，テストの得点だけに現れない，自ら学ぶ意欲や学ぶ力を育てようとする「新しい学力観」や「生きる力」の教育である。学歴社会から，生涯学習社会への転換が求められたりもした。

こうして，「教える」ことより，子ども自身が自ら「学ぶ」ことを

より上位におく考えが教育界に広まった。しかし，学習の重要性を強調することは，学習者の主体性や自立性を強調するだけに，学び手自身の自己責任を求める議論に与しやすい。まさに，自律的・自立的で，主体性を発揮できる個人を前提に，学習論が組み立てられていった。

　しかも，学ぶ機会を多様化し，学習者自身がそれを選べるようにすることも，奨励された。都市部で広がる学校選択や，中学校での「選択」教科の導入，高校教育の多様化(「特色ある高校づくり」)などである。これらの改革をみれば，一時代前に比べ，教育の選択肢が大幅に広がり，学習者自身にその選択がゆだねられるようになったことがわかる。大人になってからも，自分を磨くための自己啓発の機会をどのように選ぶかが重視される。それは，自分で選んだわけでもなく，企業内で見えない形で仕事を通じた職業訓練が行われていた，OJT(オン・ザ・ジョブ・トレーニング)の時代とは大きく異なる。まさに，学習者自身の自己責任に基づき，学ぶ機会を自分で選んでいくことが求められる社会が出現したのである。

(苅谷剛彦・増田ユリヤ「欲ばり過ぎるニッポンの教育」)

Ｂ　※以下の文章は，1995年〜2003年に実施されたIEA(国際教育到達度評価学会)の「TIMSS調査(国際数学・理科教育調査)」の結果と，2000年と2003年にOECD(経済協力開発機構)が実施した「PISA調査」を元にして書かれたものでる。

　特に筆者は，『2003年実施されたにPISA2003とTIMSS2003の結果が04年末に相次いで公表され…日本では，前者が12月7日，後者は12月15日に公表されたが，公表日の夕方以降，新聞各紙やテレビは，その結果を一斉に報道し』と，それらの調査結果が当時の社会に大きな影響を与えたことを述べた上で，次のように論じている。(問題の都合上，図表は省略した。)

日本の子どもの学力は低下したのか　(1)

　それにしても，日本の子どもの学力は低下したのであろうか。

(中略)

　PISA2003では，新たに参加した香港，前回は実施基準を満たさなかったために集計からはずされたオランダ，順位を大幅に上げたリヒテンシュタインが，数学と科学で上位に入り，韓国，日本，カナダ，オーストラリア，ニュージーランドは，若干順位を下げることになった(イギリスは，参加はしたが，国際的な実施基準を満たさなかったので集計からはずされた)。それに対して，読解力では，韓国が順位を上げて二位となり，リヒテンシュタインがここでも五位に入ったが，フィンランドをはじめとする他の最上位国に大きな変動はなかった。

　とはいえ，国際的に注目され，日本でも大きな関心を呼んだのは，フィンランドが，読解力一位を維持しただけでなく，科学でも一位，数学でも二位となり，さらに，新たに実施された問題解決能力でも韓国，香港に次いで三位となったことである。他方，韓国は，科学と数学でやや順位を下げたものの，読解力は順位を上げて二位，新たに実施された問題解決能力では一位となった。それに対して，日本は，科学で二位，問題解決能力では四位になったものの，数学は前回の一位から六位へと下がり，読解力では前回の八位から一四位へと下がり，平均得点も参加国平均の500点をわずかだが下回る結果となった。

(中略)

日本の子どもの学力は低下したのか　(2)

(略)　TIMSS調査の結果は，PISA調査の結果とかなり趣を異にしている。(中略)

　数学で上位を占めた国は95年調査以降ほとんど変わっていない。2003年調査では，シンガポール，韓国，香港・台湾，日本，ベルギー(フラマン語圏)，オランダが上位七カ国であったが，99年調査でも，香港と台湾の順位が逆であったものの，上位七カ国はまったく同じであり，95年調査でも，大きな違いはない。それに対して，PISA調査で上位に入ったフィンランド，カナダ，オーストラリア，

ニュージーランド，イギリスなどは，参加国全体のなかでは中位レベル，先進諸国のなかでは下位レベルでしかない。

　理科についても，数学ほど顕著ではないが，ほぼ同様の傾向が見られる。上位層には，シンガポール，韓国，日本，99年調査から参加した台湾，オランダ，ハンガリーなどが常連国として入り，PISA調査で上位に入ったフィンランド，イギリス，オーストラリア，ニュージーランド，カナダなどは，全参加国中の第二・四分位層，先進諸国の中位以下となっている。

　以上のようなIEAの最近三回の調査結果は，特に次の二点で注目と検討に値する。第一に，日本の子どもの学力は相対的にどう変化したかである。(中略)90年代後半以降，シンガポールと日本の相対的な卓越性がかなり低下し，欧米先進諸国との学力差が縮まってきたということである。これは，欧米諸国の学力が向上してきたことによるのか，逆に日本やシンガポールの学力が低下してきたことによるのか，あるいは，その両方によるのか。これだけのデータから断定することはできないが，その両方であるか，日本やシンガポールの学力が低下したからだと考えるのが順当である。そうであるなら，その原因を検討することは重要な課題である。

　第二はPISA調査とIEA調査では，なぜ上位国が大きく異なっているのかという問題である。(中略)

　端的にいえば，これは，両テストの性質・目的の違い，及び，それぞれのテストと学校での教授・学習指導の在り方との整合性の違いに起因すると考えられる。すなわち，TIMSS調査は，「学校カリキュラムの内容を生徒がどの程度習得しているかを調査，分析する」'ものである。それに対して，PISA調査は，「学校の教科で扱われているようなある一定範囲の知識の習得を超えた部分まで評価しようとするものであり，生徒がそれぞれ持っている知識や経験をもとに，自らの将来の生活に関係する課題を積極的に考え，知識や技能を活用する能力があるかをみるものである」(国立教育政策研究所2002・二頁・PISA2000の調査結果報告書)。つまり，前者は，基本

的に，アチーブメント・テストであるのに対して，後者は，教科の知識を超えた総合的・実践的・機能的な能力・リテラシーが身に付いているかどうかを調査するものである。言い換えれば，後者は，日本でしばしば言われる「生きた学力」や「新しい学力」「生きる力」に近いものであるのに対して，前者は，そうした学力観がどちらかというと否定してきたものである。以下では，後者の学力を〈生成学力(generative scholastic ability)〉，前者のそれを〈教科学力(subject-based scholatic ability)〉と呼ぶことにする。

〈教科学力〉か〈生成学力〉か

こうしたPISA調査とTIMSS調査の測定しようとしている学力の違いと，両調査の結果に見られる落差・違いは，学力というものをどう考えるべきか，その形成の方法はどうあるべきかという点で，重要で興味深い示唆を提供している。すでに確認したように，TIMSS調査では，シンガポール，韓国，日本，台湾，香港などが最上位を独占した。つまり，これらの国々の子どもは，教科学力，教科内容の習得度という点で非常に高い水準にあるということである。それに対して，フィンランドやイギリスなどは，その習得度がけっして高いとはいえない。他方，PISA調査では，フィンランドを筆頭に一部の西欧諸国が上位に入っているが，韓国，日本・香港も，科学，問題解決能力，数学ではトップ・クラスに入っており，読解力も日本は低いものの，韓国は二位となっている。つまり，読解力を除いて，韓国，日本，香港などは，どちらの調査でもトップ・クラスにあるということである。

この結果は重要である。日本では，PISA2003が04年12月に公表されて以来，文科省は，読解力を中心に日本の子どもの学力はいくらか低下したと認めざるをえないと注釈するようになり，マスコミの多くも，政治家や評論家のコメントとともに，「日本の子どもの学力が低下した」とする論調の報道をしてきた。そして，そうした見方が強まるなかで，「学力重視」政策が勢いを増し，さらには，

文科省の全国学力調査や全国各地の教育委員会の共通学力テストが必要かつ適切なものとして自明視される傾向も強まっている。しかし，もう一方で，教育研究者・評論家の間には，「ゆとり教育」や「総合的な学習の時間」のねらいとされ，同時に，その根拠とされてきた「新しい学力観・学習観」や，「生きる力」「自ら学び自ら考える力」「問題解決能力」「探求力」「創造力」「批判的思考力」「コミュニケーション能力」「自己表現力」などの育成と，総合学習・教科横断的学習・探求学習・問題解決学習，体験学習などの重要性を主張する声も根強く，文科省も，学習指導要領に示されているその方針を，少なくとも公式的には変えていない。こうした状況のなかで，そこに孕まれている矛盾のゆえに，学校現場は混乱の度を深めているようにも見受けられる。そうした矛盾と混乱を解決・回避するためにも，二つの調査の結果・違いが何を意味するかを検討することは重要なことである。(以下略)

(藤田英典「義務教育を問いなおす」)

●テーマの分析

　日本の子どもの学力を，PISA調査とTIMSS調査の結果から，国際的に比較したのである。この2回の調査内容から，PISA調査は「生きる力」などの応用力を中心的に評価し，生成学力であるとしている。TIMSS調査では基本的事項を調べており，教科学力としている。

　両調査を分析したら，日本の子どもはTIMSS調査では上位に位置しているが，PISA調査は参加国の平均点より下回っているという。だが，内容を調べてみると，一概にはそのように言い切れないことが分かる。PISA調査によると，日本は問題解決能力では高得点だが読解力は低いというなどである。最終的には，生成学力と教科学力を比較するのではなく，両者とも必要なのだということである。

　テーマが問うているのは，「確かな学力」の育成である。「どうすればできるか」という文言であるが，筆者の努力する姿を示すことである。

●論点

　テーマははじめに,「『教科学力』と『生成学力』のどちらを重視すべきか」と問うている。これにまず答えることである。そして次に,「確かな学力」をどのように身に付けさせるかと問うている。その結論をこの前文で示す。

　本文では,結論に到る過程を2つの具体的な方策をもって述べる。教科学力と生成学力の2点でもよいし,担当教科科目の授業で「確かな学力」を2方面から取り組ませるなどである。この本文の字数は,全体の3分の2をあてるのがよい。

　最終段落では,このテーマに関する筆者の研修課題を取り上げ,どのように課題を解明するかを簡潔に述べるとよい。高校生に学習意欲をどのように持たせるかなどである。

【養護教諭】

●テーマ

> 　児童生徒の健康課題の解決に向けて養護教諭の行う健康相談活動がますます重要となっています。
> 　あなたは,養護教諭として,健康相談活動にどのように取り組みますか。
> 　800字以内で,あなたの考えを具体的に述べなさい。

●テーマの分析

　健康相談活動は養護教諭の大きな職務である。小学生にしても高校生にしても,心や体の問題をさまざま抱えている。親や学級担任と相談する子もいる。だが養護教諭は第3者という立場にいるので,相談しやすいのである。親や学級担任だと,すぐ過ちを指摘されるのではないかと恐れて,気軽には相談できないのである。

　養護教諭は健康相談活動に限らず，健全育成に関する問題，すなわちいじめなどの早期発見にも関わることができる。まさに教育相談の一端を養護教諭に期待しているのである。健康に関する今日的教育課題の中に，「健康安全に関する自己管理能力の育成」がある。これは「自分の身は自分で守る」という意識を高揚させるのである。少子化傾向にある今日，家庭で甘やかされて育てられた彼らである。誰かがやってくれるという他人任せが身に付いている。健康相談をとおして「自分の身は自分で守る」の意識を高めさせることである。

　保護者からの相談もあろう。だが，保護者は社会人としての生活も長く，子育て経験もあるという先輩格である。その人とどのように向き合うかである。

●論点

　養護教諭が行う健康相談活動の意義を述べる。またその利点をもである。筆者はどのように相談活動を行うか，この論文で述べる対象の児童生徒の校種をはっきりさせる。その子らとどのように向き合うのか，その基本的な考えをここで示す。

　本文は，基本的な考えの具体化である。視点を変えた2点を述べるとよい。高校生から「眠れない」とか，「勉強に意欲がわかない」などの相談もあろう。また生徒と保護者の2点もある。この本文の字数に，全体の3分の2を当てるとよい。

　最終段落は，このテーマに関する筆者の研修課題を挙げる。その課題解明にどう努力するかを簡潔に述べる。カウンセリング・マインドの習得ができているかなどである。

【栄養教諭】

●テーマ

　現在，学校給食を食育の推進のための生きた教材として活用するための工夫が求められています。

　あなたは，栄養教諭として，どのように取り組んでいきますか。

　800字以内で，あなたの考えを具体的に述べなさい。

●テーマの分析

　食育とは食に関する教育のことであるが，食料の生産方法やバランスのよい摂取方法，食品の選び方，食卓や食器などの食環境を整える方法，さらに食に関する文化など，広い視野から食について教育することである。

　平成17年(2005)7月，家庭や学校における食育の推進，伝統的な食文化の継承，生産者と消費者の交流促進などを目的として，食育基本法が施行された。

　学校給食を生きた教材として，次のような活用方法がある。

　①　献立を分析して，健康と食べ物の関係を学ぶ。

　②　ある日の盛りつけを見て，食べ物と感覚との関係を学ぶ。

　③　食事の取り方として，食べ方や時間のかけ方，さらには習慣を実際に学ぶ。

　④　子どもの好き嫌いを調査し，健康との関係を学ぶ。

　そのほかある。

　テーマが求めているのは，筆者の工夫である。どのような工夫をするかが，教員採用試験論文の評価に大きく関わるのである。ここに人柄をにじませるのである。

●論点

　今日，なぜ食育が重要視されるかを述べる。さらにその指導にあた

る栄養教諭としての基本的な考えを示す。これが前文である。

本文では，基本的な考えの具現化を2点について述べる。①から④などを2点でもよいし，個人指導と学級などの集団指導でもよい。異なる視点から発達段階を考慮した，具体的な取り組み方である。この本文の字数は，全体の3分の2を当てる。

最終段落は，テーマに関する筆者の研修課題を挙げ，課題解明にどのように努力するかを簡潔に述べる。食べ物アレルギーへの対応などもあろう。

【特別支援学校】

●テーマ

「食育」については，特別支援学校学習指導要領において別紙のように示されている。

あなたは，特別支援学校における食育の意義についてどのように考えるか。また，食育を推進するためにどのような点に留意すべきか，考えを述べなさい。 (90分　1,200字以内)

〈別紙〉

特別支援学校小学部・中学部学習指導要領

第1章　総則

第2節　教育課程の編成

第1　一般方針

3　学校における体育・健康に関する指導は，児童又は生徒の発達の段階を考慮して，学校の教育活動全体を通じて適切に行うものとする。特に，学校における食育の推進並びに体力の向上に関する指導，安全に関する指導及び心身の健康の保持増進に関する指導については，小学部の体育科及び中学部の保健体育科の時間はもとより，小学部の家庭科(知的障害

者である児童に対する教育を行う特別支援学校においては生活科),中学部の技術・家庭科(知的障害者である生徒に対する教育を行う特別支援学校においては職業・家庭科),特別活動,自立活動などにおいてもそれぞれの特質に応じて適切に行うよう努めることとする。また,それらの指導を通して,家庭や地域社会との連携を図りながら,日常生活において適切な体育・健康に関する活動の実践を促し,生涯を通じて健康・安全で活力ある生活を送るための基礎が培われるよう配慮しなければならない。

特別支援学校高等部学習指導要領
　第1章　総則
　第2節　教育課程の編成
　　第1　一般方針
　　　3　学校における体育・健康に関する指導は,生徒の発達の段階を考慮して,学校の教育活動全体を通じて適切に行うものとする。特に,学校における食育の推進並びに体力の向上に関する指導,安全に関する指導及び心身の健康の保持増進に関する指導については,保健体育科の時間はもとより,家庭科,特別活動,自立活動などにおいてもそれぞれの特質に応じて適切に行うよう努めることとする。また,それらの指導を通して,家庭や地域社会との連携を図りながら,日常生活において適切な体育・健康に関する活動の実践を促し,生涯を通じて健康・安全で活力ある生活を送るための基礎が培われるよう配慮しなければならない。

●テーマの分析

　特別支援学校では「自立と社会参加」を大きな目標に掲げている。ここに通う子どもは，何らかの障害を抱えている。そのために保護者はどうしても過保護扱いをしてしまう。そのため，「がまんをする」とか「好き嫌いを言わない」ということを知らずに過ごしてしまう。食べ物も同様である。親が好きなもののみを与えてしまうので，偏食しがちである。家庭で習慣化したものを，学校という集団教育を受ける場で是正しても，容易には変えることはできない。このことを受けて学習指導要領でも自立活動で，「食育の推進」が記載されている。

　近未来には社会人として独り立ちをする身であれば，学校教育で「自立と社会参加」を目標に掲げるのは当然である。

●論点

　前文では，特別支援学校で行う「食育」の意義を，どのように考えるかを述べる。さらに，この指導を行う筆者の基本的な考えも明らかにする。

　本文では，基本的な考えを具体的にどうするかを2点について述べる。この論文で対象にしている児童生徒の発達段階を踏まえて述べることである。1点目は「食べ物の効果」についての話し合いをし，2点目は調理実習を家庭科の教師と協力して行うなどである。この本文の字数は，全体の3分の2ほどがよい。

　最終段落では，「食育」に関する筆者の研修課題を挙げ，その課題解明にどのように努力するかを簡潔に述べるとよい。子らはさまざまな障害を持ち，またその程度もさまざまである。そのすべてを知るのである。

2009年度　論作文実施問題

【小学校・中学校】

●テーマ

> 近年の全国的・国際的な調査結果などから，勉強を好きだと思う子どもが少ないなど，学習意欲が必ずしも高くないことが指摘されています。
>
> あなたは，児童生徒の学習意欲を高めるために，どのように取り組みますか。
>
> 800字以内で，あなたの考えを具体的に述べなさい。

●テーマの分析

平成15年10月の中央教育審議会答申で，「生きる力」の知の側面として「確かな学力」を「知識・技能に加え自分で課題を見つけ，自ら学ぶ，主体的に判断し，行動し，よりよく問題を解決する資質能力」とか，「知識・技能に加え，思考力・判断力・表現力などを含む学ぶ意欲を重視した，これからの子ども達に求められる学力」としている。そこには「自ら学ぶ」とか，「学ぶ意欲を重視」がある。

学習意欲を高めるということは，不易の教育課題でもあり，また新しい時代を生き抜く子どもらには，生涯学習からみても重要視されることである。

●論点

まず前文で，なぜ学習意欲が必要かを述べる。そしてあなたの意欲を高める方策をここでは結論として述べる。

次の本文では，前文で述べた結論の具体的な取り組み方を2例挙げ

る。その一つが個に応じた指導で，他が全体指導でもよい。教科指導
と特別活動もあろう。同一教科のなかでの2点も考えられる。その具
体的な方策は，志望校種の子どもの発達段階を踏まえて述べることで
ある。小学生と中学生が同じということはないはずである。

　最終段落はこの設問に関するあなたの研修課題を挙げるとよい。中
学生の心の動きが十分に読み取れないのであれば，その課題解明にい
かに努力するかを簡潔に述べる。中身のない決意表明などは必要とし
ない。

【高等学校】

●テーマ

次の資料を読んで，後の問いに答えなさい。

(1)　《第一段落》

　我が国の教育は，明治期以来，国民の高い熱意と関係者の努力に支
えられながら，国民の知的水準を高め，我が国社会の発展の基盤とし
て大きな役割を果たしてきた。特に，初等中等教育については，教育
の機会均等を実現しながら高い教育水準を確保する稀有(けう)な成功
例として，国際的にも高い評価を得てきている。地域の強い絆(きず
な)の下で，地域ぐるみの教育が行われている例も多い。

　一方，都市化，少子化の進展や経済的な豊かさの実現など社会が成
熟化する中で，家庭や地域の教育力の問題や，個人が明確な目的意識
を持ったり，何かに意欲的に取り組んだりすることが以前よりも難し
くなりつつある
ことが指摘されるようになっている。こうした状況の中で，近年，教
育をめぐって，子どもの学ぶ意欲や学力・体力の低下，問題行動など
多くの面で課題が指摘されている。

　また，官民の分野を問わず発生し社会問題化した多くの事件の背景

には，社会において責任ある立場の者の規範意識や倫理観の低下があるとの指摘がある。さらには，社会を構成する個人一人一人に，自ら果たすべき責任の自覚や正義感，志などが欠けるようになってきているのではないかと懸念する意見もある。

このような状況は，経済性や利便性といった単一の価値観を過剰に追求する風潮や，人間関係の希薄化，自分さえ良ければ良いという履き違えた「個人主義」の広がりなどがあいまって生じてきたものと見ることもできる。しかしながら，経済などの一面的な豊かさの追求のみによっては真に豊かな社会を実現することはできない。

我が国社会を公正で活力あるものとして持続的に発展させるためには，我々の意識や社会の様々なシステムにおいて，社会・経済的な持続可能性とともに，人として他と調和して共に生きることの喜びや，そのために求められる倫理なども含めた価値を重視していくことが求められている。

同時に，近年，少子高齢化，高度情報化，国際化などが急速に進む中で，我が国では，社会保障，環境問題，経済の活力の維持，地域間の格差の広がり，世代をまたがる社会的・経済的格差の固定化への懸念，社会における安全・安心の確保などの様々な課題が生じている。

また，国際社会においても，グローバル化に伴う国際競争が激化する一方で，地球環境問題や食糧・エネルギー問題など人類全体で取り組まなければならない問題が深刻化している。民族・宗教紛争や国際テロなども人類の安全を脅かしている。

さらに，今後，我が国にとってはこれまで以上に変化の激しい時代が到来することが予想される。その全体像を捉(とら)えることは難しいものの，例えば今後の10年間程度を展望すれば，以下のような面での変化を予想することができる。

・　少子化の進行により，人口が減少し，若年者の割合が低下する一方で，人口の4入に1人が65歳以上という超高齢社会に突入する。こうした状況に対応するため，教育を含む社会システムの再構築が重要な課題となる。

- 　グローバル化が一層進むとともに，中国などの諸国が経済発展を遂げ，国際競争が更に激しさを増す。同時に，国内外の外国人との交流の機会が増え，異文化との共生がより強く求められるようになる。知識が社会・経済の発展を駆動する「知識基盤社会」が本格的に到来し，知的・文化的価値に基づく「ソフトパワー」が国際的に一層重要な役割を果たす。また，科学技術が一層発展する中で，新たな社会的価値や経済的価値を生み出すイノベーション創出の重要性が一層高まる。

- 　地球温暖化問題をはじめ，様々な環境問題が複雑化，深刻化し，環境面からの持続可能性への配慮が大きな課題となる。教育分野においても，持続可能な社会の構築に向けた教育の理念がますます重要となる。

- 　サービス産業化など産業構造の変化が更に進展する。非正規雇用の増大や成果主義・能力給賃金の導入など雇用の在り方の変化が更に進む中で，個人の職業能力の開発や雇用の確保，再挑戦の可能な社会システムの整備，さらには一人一人の仕事と生活の調和(ワーク・ライフ・バランス)の確保が一層重要な課題となる。

- 　個々の価値観やライフスタイルの多様化が一層進む。インターネットや携帯電話等を通じたコミュニケーションが更に進む一方で，その影の部分への対応も課題となる。また，ボランティア活動などを通じた社会貢献やコミュニティづくりへの意識が高まり，新たな社会参画が進展する。

　我々を取り巻くこうした国内外の様々な状況の変化を踏まえつつ，課題に立ち向かい，乗り越えるための知恵と実行力をいかに生み出していくかが，今まさに問われている。

(2)　《第二段落》□□□□□□□□□□□□□□□□□□□□

　教育は，人格の完成を目指し，個性を尊重しつつ個人の能力を伸長し，自立した人間を育て，幸福な生涯を実現する上で不可欠のものである。同時に，教育は，国家や社会の形成者たる国民を育成するとい

う使命を担うものであり，民主主義社会の存立基盤でもある。さらに，人類の歴史の中で継承されてきた文化・文明は，教育の営みを通じて次代に伝えられ，より豊かなものへと発展していく。こうした教育の使命は，今後いかに時代が変わろうとも普遍的なものである。

　同時に，今後の社会を展望するとき，特に以下のような観点から，教育への期待が高まっている。

　社会が急速な変化を遂げる中にあって，個人には，自立して，また，自らを律し，他と協調しながら，その生涯を切り拓いていく力が一層求められるようになる。すべての人に一定水準以上の教育を保障するとともに，自らの内面を磨くために，また，社会に参画する意欲を高め，生活や職業に必要な知識・技術等を継続的に習得するために，生涯にわたって学習することのできる環境の整備が課題となっている。

　国際競争は今後更に激化することが予想される。このような中にあって，我が国社会の活力の維持・向上と国際社会への貢献のためには，先見性や創造性に富む人材や卓越した指導力を持つ人材を幅広い分野で得ることが不可欠であり，その育成に当たり，教育に重要な役割が期待されている。

　今後の人口減少や高齢化の中で，中長期的な趨勢(すうせい)として，国や地方公共団体などの「官」が直接提供する公共サービスは必要最小限のものへと一層重点化が進むとともに，「民」のセクターによる公益的な活動等への期待が高まることが予想される。

　こうした状況の中で，個人の幸福で充実した人生と我が国社会の持続的な発展を実現するためには，社会を構成する個人が，社会を維持し，より良いものにしていく責任は自分たち一人一人にあるという公共の精神を自覚し，今後の社会の在り方について考え，主体的に行動することがこれまで以上に重要になる。

　社会における人と人とのつながりを回復し，コミュニティを再構築していくことは，今後の我が国社会の大きな課題であり，教育の使命として，個人が自立的に社会に参画し，相互に支え合いながら，その一員としての役割を果たすために必要な力を養うことを，今後一層重

視する必要がある。

(3)　「教育立国」の実現に向けて

　平成18年12月，教育を取り巻く状況の変化等を踏まえ，教育基本法が改正され，新しい時代の教育の基本理念が明示された。特に，第2条において，以下に示す教育の目標が新たに明記された。

　　一　幅広い知識と教養を身に付け，真理を求める態度を養い，豊かな情操と道徳心を培うとともに，健やかな身体を養うこと。

　　二　個人の価値を尊重して，その能力を伸ばし，創造性を培い，自主及び自律の精神を養うとともに，職業及び生活との関連を重視し，勤労を重んずる態度を養うこと。

　　三　正義と責任，男女の平等，自他の敬愛と協力を重んずるとともに，公共の精神に基づき，主体的に社会の形成に参画し，その発展に寄与する態度を養うこと。

　　四　生命を尊び，自然を大切にし，環境の保全に寄与する態度を養うこと。

　　五　伝統と文化を尊重し，それらをはぐくんできた我が国と郷土を愛するとともに，他国を尊重し，国際社会の平和と発展に寄与する態度を養うこと。

　こうした改正教育基本法の理念を人間像の観点から言い換えれば，おおむね以下の三つに集約することもできる。

　　・　知・徳・体の調和がとれ，生涯にわたって自己実現を目指す自立した人間の育成

　　・　公共の精神を尊び，国家・社会の形成に主体的に参画する国民の育成

　　・　我が国の伝統と文化を基盤として国際社会を生きる日本人の育成

　先に述べた現下の教育をめぐる課題と社会の変化の動向を踏まえるとき，人づくりこそが個人の幸福の実現と国家・社会の発展の礎であり，我が国の将来の発展の原動力たり得るものは人づくり，すなわち教育をおいてほかにない。(以下略)

（「教育振興基本計画」(平成20年7月1日文部科学省)より。)

問1　《第一段落》と《第二段落》の［　　　　　　　　　　　　　］にそれぞれ20字以内、8字以内で見出しを付けなさい。

問2　本資料には，「教育立国」の実現に向けた取組の一つとして，キャリア教育の推進が挙げられているが，あなたの教える教科においてどのような授業を設定し指導するか，560字以上600字以内で述べなさい。ただし，句読点も1字と数えます。

　　ただし，あなたが指導する教科における学習指導要領上の目標を踏まえて，「キャリア教育の手引き」(平成18年　文部科学省)にある，キャリア教育の四つの能力(人間関係形成能力・将来設計能力・情報活用能力・意思決定能力)のうち，どの能力の育成を焦点化するのか述べてから書くこと。なお，二つ以上の能力の育成に焦点を当ててもよい。

●テーマの分析

(1)　〈第1段落〉読み出す前に，この文章の出典を探す。文章の最後に文部科学省発行の「教育振興基本計画」からの引用であることが分かる。そして目に付くのが(3)「教育立国」である。

　　まず一読することである。読みながらキーワードに○を付けるなど，主旨探しをする。

　　前半には，学習意欲や学力・体力の低下，問題行動から責任や正義感の欠落と日本の教育の現状分析になっている。後半では「これまで以上に変化の激しい時代が到来」「今後10年間の展望」など，近未来の課題が挙げられている。

　　そして最後の2行は，今後の課題に軽く触れている。

(2)　〈第2段落〉ここでは教育論である。教育の目標から今後の教育への期待など，新しい社会の創造を述べている。

(3)　「教育立国」

　　これは教育基本法の主旨説明である。そして，我が国の将来の展望は人づくりにあるとしている。

●論点

問1　第1及び第2段落の「見出し」を指定の字数内で述べる。

問2　第1段落の前文で，キャリア教育とはどのようなもので，なぜ必要かを述べる。そのキャリア教育を，担当する教科の目標とどのように関連づけて推進するかの結論を，ここで述べる。

　第2段落の本文では，キャリアの四つの能力のどれを取り上げ，教科の授業の中でどのように学習させるかを具体的に述べる。この具体的な方策を2例挙げる。個の能力開発と能力伸長などである。相手は高校生である。その発達段階をふまえた授業であることは当然のことである。この本文の字数は全体の3分の2を当てるとよい。

　最終段落は書き手(受験者のこと)のこのテーマに関する研修課題を挙げるのもよい。国語の授業での能力開発などである。課題解明にどのように努力するかを簡潔に述べる等である。

【養護教諭】

●テーマ

> 　不登校の解消については，学級担任だけでなく学校全体で取り組むことが大切です。
> 　あなたは，養護教諭としてどのように取り組みますか。
> 　800字以内で，あなたの考えを具体的に述べなさい。

●テーマの分析

　不登校は何らかの悩みを持ち，その問題の逃避から起こることが多い。その逃避の一つとして不登校がある。学校に行きたくないという感情は何らかの行動に現れる。何か理由をつけて，頻繁に保健室に顔を出すようにもなる。前兆として何らかの異常行動となるのである。

　小学校であるなら，学級担任は児童の変容に気付きやすい。だが中・高校では接する時間が少ないがためにその発見が難しい。保健室

周辺の児童生徒の動きは，養護教諭であるなら把握できる。また子どもにとっても相談しやすいのが「保健室の先生」である。このこともあって，養護教諭はカウンセラー的な役割が求められているのである。

●論点

　前文ではまず，不登校の問題をあなたはどのように捉えているかを述べる。この問題の解消にあなたは養護教諭としてどのように取り組むか，その結論をここに述べる。

　本文では，結論を具体的に2例を挙げて示す。開かれた保健室にするためどうするのかと，カウンセラー的な対応の仕方などである。それらは小学生と高校生では異なる対応になるので，校種を特定して述べるのは当然である。この本文の字数は，全体の3分の2を当てる。

　最終段落はこの設問に関するあなたの研修課題を挙げるとよい。カウンセラー的な対応の仕方ができるかなどである。その課題解明にいかに努力するかを簡潔に述べるのである。

【栄養教諭】

●テーマ

> 　栄養教諭は，給食の時間や学級活動，教科指導等，学校教育活動全体の中で，専門性を生かし，積極的に食に関する指導に参画することになっています。
> 　あなたは，栄養教諭としてどのように取り組みますか。
> 　800字以内で，あなたの考えを具体的に述べなさい。

●テーマの分析

　栄養教諭が学校教育にどのような役割をもっているのであろうか。「生きる力」についての中央教育審議会答申(平成8年7月発表)に「たくましい体と体力」がある。この「生きる力」と栄養教諭の役割をどの

ように結び付けるかである。

　平成14年9月の中央教育審議会答申にも「健康の3原則」が挙げられ，そこにも「食に関する指導の充実」として「望ましい食習慣の形成」がある。ここには偏食や欠食もあるが，またアレルギー体質の子どもの指導もある。食育は学校の中だけで解決できる問題ではなく，家庭教育と大きく関わるので，栄養教諭の人間性も問われてくる。

●論点

　前文では栄養教諭の役割を述べ，その役割をあなたはどのように果たすか，ここで結論を述べる。

　次の第2段落の本文では，結論の具現化を2点について述べる。「望ましい食習慣」を結論として述べるか，それともこの2点のうちの1点とするかもある。どちらにしても，「私ならこのようにする」と述べるのである。この本文の字数は，全体の3分の2を当てるのがよい。

　最終段落はこの設問に関するあなたの研修課題を挙げるとよい。食育に関することは，保護者との連携が重要である。保護者との対応の仕方もその一つだとするなどして，課題解明にいかに努力するかを簡潔に述べるのである。

【特別支援教育】

●テーマ

　「交流及び共同学習」(茨城県教育委員会　平成20年3月発行)に示されている交流及び共同学習の形態の中から一つないし二つを選び，交流及び共同学習を実施する際の留意点及び期待される具体的な成果などについて，あなたの考えを述べなさい。

●テーマの分析

　特別支援学校では，児童生徒に自立や社会参加のための基本的な力

を培うというねらいがある。そのためには，地域社会の中での積極的な活動が極めて重要である。その一つとして，小・中学校等の子どもたちや地域の人たちとの交流及び共同学習は有意義である。

　一時的な交流会を開くのは初期の段階である。それが共同学習となると事前の協議や長期間ということもある。そのようなことから設問は，特別支援学校教師としての留意事項を問うている。いくつか挙げる。

① 特別支援学校の児童生徒の障害の程度や，交流及び共同学習の経験などの実態の適切な把握ができているか。これを誤ると逆効果にもなる。

② 特別支援学校の児童生徒が支援を受けるのではなく，共に笑い，共に学ぶのが望ましい。自立や社会参加をするための学習の場になるような計画を立てる。

③ 許されるなら，学習計画段階から児童生徒同士に協議させたいところだが，無理があってはならない。教師側の綿密な打ち合わせと慎重さが必要である。

●論点

　前文で，特別支援学校の児童生徒が健常学級の児童生徒との交流や共同学習をする意義について述べる。さらに，この交流や共同学習による期待される成果を述べる。

　本文は，留意事項を具体的に2点述べる。「私はこのようにする」という具体的な取り組み方である。例えば，①障害に個人差があるが，健常者と同等に学習できるようにする。②成就感が得られて，一緒に学んだことがよかったとなるようにする。これらを具体的にどのように組み立てるかを述べるのである。この本文の字数に，全体の3分の2を当てる。

　最終段落は，あなた自身の研修課題を挙げる。障害を持つ子と健常者の共同学習をさせる経験が少ないなどである。この課題解明にどのように努力するかを簡潔に述べるのもよい。

面接試験　実施問題

2024年度

◆実技試験(2次試験)

　※下記教科・科目の受験者は，それぞれ次のものを持参すること。

〈美術〉定規，鉛筆，消しゴム，カッター，色鉛筆(12色以上，色は自由)

〈保健体育〉運動着，運動靴(屋外用及び屋内用)。また，柔道又は剣道のうち1種目を選択することになるので，柔道衣又は竹刀

〈技術〉定規，鉛筆，消しゴム，作業のできる服装及び靴

〈家庭〉調理実習用エプロン又は白衣，三角巾，マスク，ふきん，台ふきん，裁縫用具一式

〈書道〉大筆，小筆，下敷き，硯，墨，水差し，文鎮，鉛筆，赤のサインペン

　※いずれも半紙書きに対応できるもの

　※練習用の半紙を持参可

▼中学英語　面接員2人(日本人1人，ネイティブ・スピーカー1人)　10分

【課題1】

□外国の中学1年生を対象とした学校紹介

【課題2】

□与えられたパッセージの音読と質疑応答

・テーマは当日発表される。

・試験の流れは，「課題把握(30秒)，考える時間(1分)，実践(2分)→パッセージ黙読(30秒)，音読(1分)，質疑応答(1分)」であった。

▼高校英語　面接員2人(日本人1人，ネイティブ・スピーカー1人)　受

験者2人　20分

【課題1】

□授業の導入を自由に行う。

・もう一人の受験者を生徒役として行う。

【課題2】

□紙で配られたテーマについてディスカッション

・テーマ(クラスの中で英語を話すのをためらっている生徒にどう接するか)は，当日発表される。

・構想は1分，議論は3分であった。

・入退出から全て英語でやり取り。

・試験前の控室で，どんな流れで面接を行うか要項が配られるので，頭の中で準備する時間はある。

▼中学音楽

【課題1】

□リズム打ち

【課題2】

□新曲視唱

【課題3】

□ピアノによる弾き歌い(歌唱共通教材)

※令和5年度(4年度実施)の内容

▼高校音楽

【課題1】

□新曲視唱

【課題2】

□リズム視奏(リズム打ち)

【課題3】

□ピアノによる弾き歌い(高等学校教科書掲載の楽曲程度)

※令和5年度(4年度実施)の内容

▼中学美術
【課題】
□デッサン
※令和5年度(4年度実施)の内容

▼高校美術
【課題】
□鉛筆デッサン
※令和5年度(4年度実施)の内容

▼中学技術
【課題1】
□制作(テーブルタップ)と目視・導通検査
【課題2】
□「土」と「肥料」の名称とその特徴についての説明
※令和5年度(4年度実施)の内容

▼中学家庭
【課題1】
□製作(ペットボトルが入る袋)
【課題2】
□調理(かきたま汁)
※令和5年度(4年度実施)の内容

▼高校家庭
【課題1】
□被服(ボタン付け及びギャザースカートの標本作成)
【課題2】
□調理(にんじんのグラッセ, だし巻き卵)
※令和5年度(4年度実施)の内容

▼中高保体

【課題1】

□陸上(ハードル)

【課題2】

□球技(バレーボール又はバスケットボール)

バレーボール：直上，アンダーハンドパス

【課題3】

□武道(柔道又は剣道)

　柔道：前回り受け身，大腰

【課題4】

□ダンス

▼高校書道

【課題】

□臨書と創作(半切を含む)

※令和5年度(4年度実施)の内容

◆集団討論(2次試験)　面接員3人　受験者5〜10人

　※評価の観点は，意欲，熱意，積極性，リーダーシップ等

　〈集団討論の流れ〉

①　試験室に入ったらまず教室の端のスペースに荷物を置き，受験番号順にAから着席していく。

②　次に試験官から，Aから順番に受験番号と名前を言うように指示される。

③　討論内容が発表され，2分で考えをまとめ，1分程度で自分の意見を発表(順番指定なし)。

④　全員発言したら，試験官から「○分まで討論してください，司会は立てても立てなくても構いませんし，話し合いの途中で必要になったら司会を立てても構いません。最後に意見をまとめてもらいま

すが，代表者が発表する必要はありません」といった内容の指示が
入り，討論を開始する。

〈試験会場図〉

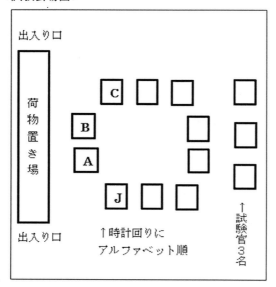

▼小学校

【テーマ】

□この学校では「全ての子供達の可能性を引き出し，活力のある学校
　づくりを行う」ことが目標です。「学習意欲の向上」という課題解
　決のために，学年主任や他の教職員と協働しながらどのように取り
　組んでいくかまとめなさい。

・個人の意見発表(1分)×10人→討論(20分)

・受験者は円形になり討論

・面接官は円の周りを歩いて観察

▼小学校

【テーマ】

□本校では，活力ある学校づくりを目指しています。このことを踏ま
　えて，いじめを未然に防止するには，どのような取り組みをすれば
　よいですか。話し合いをしてください。

・3分考え，1分で発表→自由討論(30分間くらい)

・司会は，立てても立てなくてもいいが，話し合いを進めていく中で
　司会が必要だと思った時には，司会を立てても構わない。

▼中学社会

【テーマ】

□学校では「子供一人一人の可能性を見出すこと」を目標に掲げてい
　る。課題が「体力・運動能力向上」であった。このことを，話し合
　い，グループでまとめなさい。

・グループで司会を立てることなく意見を言い，それに対して，共感
　するなどして進んでいった。そのため，特に形式的な討論ではなく，
　テーマに関して，ひたすら，自分の考えを述べる時間だった。

▼中学社会

【テーマ】

□あなたが勤めている学校では，自立した人間の育成を目標としてい
　る。一方で，SNSの利用が問題になっている。生徒の自立を目指し，
　SNSの正しい利用法を広めるために教師としてどのような取り組み
　が考えられるか，具体的に話し合いなさい。

・最初に番号と名前を面接官に言う。

・司会は必要に応じて立てるか決める。

▼中学数学

【テーマ】

□学校で教育目標「全ての子供の可能性を引き出す指導」をもとに発

表することになった。「体力・運動能力向上」について，どのような取り組みをするか。
・司会は立てない。
・同じ科目の人で討論をする。

▼中学英語
【テーマ】
□自己肯定感の向上の必要性について学校で話が挙がった。学年主任や他教員と協力してどのように取り組んでいくべきか。
・グループとしての考えを出すだけで，まとめる必要はなかった。
・リーダーやタイムキーパー等の設定もなかった。

▼高校社会
【テーマ】
□アジアの姉妹校と交換留学をするという設定で，茨城県の学校のよさをアピールするにはどうすればよいか話し合いなさい。
・9人で討論。結論を出す必要はなかった。
・面接官は基本的に周りで採点していた。

▼高校国語
【テーマ】
□茨城県に著名人を呼んで教壇に立ってもらいたい(期間は3年間，任期付)。その著名人は誰にするか話し合いなさい。
・構想時間3分→1分以内で発表(挙手制)→討論開始という流れで進んだ。
・司会，結論は決めず自由な形式で話し合った。
・受験者同士は番号で呼び合う。
・最初に，緊張しているだろうが自分の今の気持ちを色で表すと何色か訊かれた。

▼高校理科

【テーマ】

□コロナ等で修学旅行に行けない場合，バーチャル修学旅行に行くとしたらどこに行くか。

・30分間自由討論(司会なし，書記なし，まとめなし)

▼高校英語

【テーマ】

□東南アジアのある学校との姉妹校提携実現に向け，5枚のスライドを用いて学校のよさについてプレゼンテーションを行うことになった。どのような内容にするかグループで話し合いなさい。

・司会やタイムキーパーの役割は立てない。面接官がタイムキーパーを担う。また，結論を出す必要がなく，まとめることは求められなかった。メモは可。

◆個人面接(2次試験)　面接員3人　25分〜30分

※個人面接において，与えられた課題に対して模擬授業，場面指導を行う。

※個人面接の評価の観点は，使命感，堅実性，判断力等

※模擬授業・場面指導の評価の観点は，表現力，態度，内容等

〈個人面接の流れ〉

①　自己PR(2分間)→自己PRに関する質問

②　場面指導→場面指導に関する質問

③　出願書類・自己申告書からの質問

〈試験会場図〉

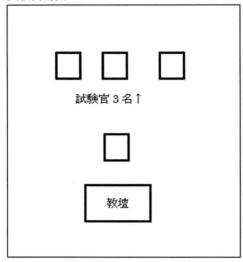

▼小学校
【質問内容】
□今までで一番悩んだことは。
□どのようにして解決したのか。
□どのくらい悩んだのか。
□ストレス解消方法は何か。
□教員は忙しい職業だが，やり遂げられるのか。
□やり遂げられる自信は何を根拠に言っているのか。
□人として合わない保護者がいた場合の対応。
□人権を否定する教師とはどのような姿か。
□子供を評価する際に気をつけること。
□人生計画は。
□出歩いて授業に集中できない子への対応。
【場面指導課題】

□6年生の担任。学級活動の時間に清掃活動について話し合いをし，清掃の時間によく取り組むことができていた。朝の会で話をしてください。

・場面指導を始めて1分で，面接官(児童役)から「なんで毎日掃除するの！」と発言があり，追加で対応を行った。

・考える時間(2分)→場面指導(2分)

▼小学校
【質問内容】
□茨城県のよいところは。
□自己申告書にサッカー観戦が好きとあるが，好きなチームなど詳しく。
　→リアルタイムで見るということは夜遅くになるのか。
□自己申告書に自己研鑽とあるが，大変になることはないか。
□「動き回る子」に対してどう対応する。
【場面指導課題】
□あなたは小学校4年の担任です。学級会で1年生を迎える集会の話し合いがうまくまとまりました。このことを学級会の後に話しなさい。
【場面指導についての質問】
□1分経つと児童役の面接官から「先生，実は(まとまった内容)に反対でした」といった質問が入った。
□場面指導でどんなことを意識したか。
　→(話す前に姿勢を直すように言ったため)なぜ姿勢を直す必要があるのか。
　→(児童役の人たちに顔を伏せさせて実は反対の意見を持っていた子がいないか聞いたため)顔を伏せさせた意図は。
□途中で終わってしまったが，続きに何を言いたかったのか。

▼小学校
【質問内容】

□恩師の先生に憧れたことが志望理由に書かれているが，どのような
先生だったのか。

□英語部と写真部を経験していて苦労したことは何か。

□「私が悩んでいるのは人と話すときの言葉の選び方」と書かれてい
るが，具体的にどのようなことか。

□教材研究は家と学校どちらでやることが多いか。

□ICT活用に関して自信あるか。

□同僚の先生からWordやExcelの使い方について聞かれたら答えられ
るか。

【場面指導課題】

□あなたは6年生の担任です。6年生が入学式の準備をよくやっていま
した。このことを帰りの会で話してください。

【場面指導についての質問】

□面接官が1分後に「先生，準備をさぼっている人がいました。ずる
いと思います。」と言ってきた。それに適切に対応する。

□もっと伝えたかったことは何か(2分で終わらなかったため)。

□何を意識して取り組んだか。

▼中学社会

【質問内容】

□ボランティアを始めたきっかけ。

□ボランティアから学んだこと，活動後の変化について。

□周りの人からどのような人と言われるか。

→「明るい人と言われる」と答えると，「毎日明るく振舞うのは疲
れると思いますが，ストレス発散方法はありますか」と追質問。

□子供たちにどのような大人になってほしいか

□「私が悩んでいることは，1つの物事について考えすぎてしまうこと」
と書いてあるが，対応方法はあるか。

□養護教諭から体に怪我がある生徒があなたの学級にいると報告があ
った。その後，どのように対応するか。

【場面指導課題】

□あなたは剣道部の顧問をしています。校長先生から「剣道部のあい
　さつは素晴らしい」と言われました。このことについて，部活動指
　導を始める前に指導してください。

【場面指導についての質問】

□実演してみて，自己評価はどうか。

□修正したい点はあるか。

・硬い雰囲気はなく，終始面接官の方が話を引き出そうと笑顔で質問
　をしてくれた。

▼中学数学

【質問内容】

□自己PR，自己申告書(その場で提出)からの質問。

□なぜ子供たちの苦手意識の強い数学を選んだのか。

□授業中に歩き回る生徒に対して，どのような対応をするか。

□免許をたくさんもっているが，中学校にした理由は何か。

【場面指導課題】

□体育祭において，地域の方から「演技，態度，服装」において素晴
　らしいとお褒めの言葉をいただいた。朝の会で話をしなさい。

【場面指導についての質問】

□「先生は負けても頑張ったことが大事って言ったけど，僕は負けた
　の嫌だったよ。」と言われたらどう対応するか。

□場面指導で子供たちに伝えたかったことは何か。

▼中学英語

【質問内容】

□自己PRについての質問。

□生徒指導の際，一番意識していることは何か。

□授業中席を立ち歩いてしまう生徒に対してどう対応するか。

□普段生徒とどのように関わっているか。

□自己PRに書いてあることに関する質問(2，3問)
□福島県出身なのになぜ茨城県を受験したのか。

【場面指導課題】

□あなたは剣道部顧問です。校長先生から剣道部の挨拶が素晴らしいと言われました。このことについて，部活開始前のミーティングで生徒たちに話してください。

【場面指導についての質問】

□1分を経過した時点で，面接官の1人から「挨拶することが素晴らしいのはわかったけど，勝ちたいです」と言われた場合の指導も追加された。

□何か追加で言いたいことはあるか。

□一番意識したことは何か。

▼高校国語

【質問内容】

□事前に提出した自己申告書の評価について。

□なぜ国語科の教員を志望しているのか。

□なぜ高等学校の教員を志望しているのか。

□国語という教科の魅力は人生を変える言葉にも出会えることだと言っていたが，あなた自身は人生を変える言葉に出会ったか。

□目標に向かって努力し続けられることが長所だと言っていたが，これまで努力が報われなかった出来事はあるか。

□ICTを活用してどのような授業を展開したいか。

□コンプライアンスを意識して行動することをどう思うか。

□小中高それぞれでどのような国語の力を身に着けてほしいと考えるか。

□大学で学んだ知識をどのように授業に生かすか。

□緊張しやすい性格だと言っていたが，高校生達のテンションに合わせて振る舞えるか。

□信頼される教師になるために一番大事なことは何か。

□あなたにとって生徒とはどんな存在か。

□茨城県全域での勤務は可能か。

・面接の雰囲気は和やかだった。

・自己PR文についての質問が多かった。

【模擬授業】

□高校1年生に対して，初めて「現代の国語」の授業をする。生徒たちに「現代の国語」の内容と身につけさせたい力をどのように伝えるか。

・構想1分，実演4分(時間は試験官が計ってくれた)。

・面接が始まって10分ほどしてから実施。

・黒板を使うことと，メモを取ることは可能。

・試験官の反応はなし。

【模擬授業についての質問】

□今後の展開について。

▼高校社会

【質問内容】

□自己PRと志望理由を3分以内で。

□なぜ茨城県なのか。

　　→アントレプレナーシップとは。

□茨城県に興味を持ったきっかけは何か。

　　→先生が茨城県の魅力を語っていたことの他に何かあるか。

　　→先生はどんな魅力を言ってたか。

□社会人としての常識を身につけているか。

□情報について。

　　→情報を使った授業をどうできるか。

　　→やったことはあるのか。

□市民制バレーボールチームの大変なところは。

□自己PR以外に頑張っていること，取り組みなどについて。

□自己PR以外の企画をしているか。

→どのようなことを学校で行っていくか。

□部活動の改革が取り組んでいるが，どう思うか。

□コンプライアンスについてどう思っており，どう取り組むか。

□公民をなぜ選んだのか。

　→地歴は嫌いなのか。

□公共が始まるがどう感じているか。

　→何を意識して行っていくか。

□受験は2回目か。

　→今は何をやっているのか。

　→アルバイトの役職などあるのか。

　→バイトリーダーが2人体制はどうなのか。

□茨城県の好きなところは。

□茨城県に住むのか。

→県下どこでも勤務可能か。

【模擬授業】

□倫理の「青年期」の部分をテーマとして，模擬授業を行う。

・テーマが与えられ1分程度で構成，模擬授業の実践。

・黒板が使用可能。教材はないため，自分の知識で進めるしかないが，
　知識ではなくどのように進めるかを見ていたように思う。

【模擬授業についての質問】

□今後授業をどう展開していくか。

□意識したところは。

□自分の経験を踏まえてのところは。

□教育実習以外授業をしてないのか。

　→教育実習で感じたことは。

▼高校理科

【質問内容】

□3分間の自己PRあり。

□自己評価表について。

□自己アピール文について。

□指導に従わない生徒に対しての指導について。

□実験指導の留意点について。

□趣味について。

【模擬授業】

□実験が時間内に終わらなかった生徒への対応を，生徒が教室内にいるものとして演技する。

【模擬授業についての質問】

□演技で重視した点など，計5つくらいの質問があった。

▼高校英語

【質問内容】

□志望動機と自己PR(3分)

□自己申告書に関する質問：最も自信のある項目は，最も自信のない項目は。

□教員になって実現したいことは。

□「社会に開かれた学校」を目指して取り組みたいことは。

□教員のコンプライアンスについてどう思うか。

□子供と関わるうえで最も大事にしたいことは何か。

□高校の時に留学したということだが，そこで学んだことは何か。

【模擬授業】

□「理想の学校について話し合う授業」の導入を英語で行うこと。その際，生徒に伝えたいことをあなたなりに述べよ。

・テーマは紙で配布。生徒が静かに着席している状況を想定するよう書かれていた。

2023年度

◆実技試験(2次試験)

※下記教科・科目の受験者は，それぞれ次のものを持参すること。

〈美術〉定規，鉛筆，消しゴム，カッター，色鉛筆(12色以上，色は自由)

〈保健体育〉運動着，運動靴(屋外用及び屋内用)。また，柔道又は剣道のうち1種目を選択することになるので，柔道衣又は竹刀を用意

〈技術〉筆記用具，定規，作業のできる服装及び靴

〈家庭〉調理実習用エプロン又は白衣，三角巾，マスク，ふきん，台ふきん，裁縫用具一式

〈書道〉大筆，小筆，下敷き，硯，墨，水差し，文鎮，鉛筆，赤のサインペン

※いずれも半紙書きに対応できるもの

※練習用の半紙を持参可

▼高校英語　面接員2人(日本人1人，ネイティブ・スピーカー1人)　受験者3人

【口述試験1】

□「趣味や休日の過ごし方等」について，2,3文のスモールスピーチ(1分)

【口述試験2】

□「英語が苦手な生徒にどのようにアプローチするか(実際は英語で書かれている)」をテーマにしたディスカッション。

・テーマは当日発表される。

・構想時間(1分)，ディスカッション(5分)。

・ディスカッションの際，まず1人ずつ自分の意見を発表してから，ディスカッションを始めた。

▼中学音楽

【課題1】

□リズム打ち

【課題2】

□新曲視唱

【課題3】

□ピアノによる弾き歌い(歌唱共通教材)

※令和4年度(3年度実施)の内容

▼高校音楽

【課題1】

□新曲視唱

【課題2】

□リズム視奏(リズム打ち)

【課題3】

□ピアノによる弾き歌い(高等学校教科書掲載の楽曲程度)

※令和4年度(3年度実施)の内容

▼中学美術

【課題】

□デッサン

※令和4年度(3年度実施)の内容

▼高校美術

【課題】

□鉛筆デッサン

※令和4年度(3年度実施)の内容

▼中学技術

【課題1】

□製作品の制作

【課題2】

□情報処理の手順についての説明

※令和4年度(3年度実施)の内容

▼中学家庭
【課題1】
□製作(内ポケット付手さげバッグ)
【課題2】
□調理(みそ汁)
※令和4年度(3年度実施)の内容

▼高校家庭
【課題1】
□被服(袖の標本作成)
【課題2】
□調理(果汁カン，きゅうりの酢のもの)
※令和4年度(3年度実施)の内容

▼中高保体
【課題1】
□陸上(ハードル)
【課題2】
□球技(バレーボール又はバスケットボール)
【課題3】
□武道(柔道又は剣道)
【課題4】
□ダンス
※令和4年度(3年度実施)の内容

▼高校書道
【課題】
□臨書と創作(半切を含む)
※令和4年度(3年度実施)の内容

◆集団討論(2次試験)　面接員3人　受験者5〜10人
　※評価の観点は，意欲，熱意，積極性，リーダーシップ等
　▼小学校
【テーマ】
□学校の教育目標「自ら考え行動する子どもの育成」を前提に，校長
　先生からの課題「いじめの未然防止」を解決するためにどうすれば
　よいか，話し合いなさい。
・構想時間3分→1分以内で発表(挙手制)→討論開始，という流れであ
　った。
・司会は立てなくていいが，どうしても司会を立てたい場合は言って
　下さい，と指示あり。
・形式にとらわれず自由に話し合いなさい，という指示あり。

　▼小学校
【テーマ】
□SNS等でいじめが行われているが，子供に規範意識を身に付けさせ
　ることが必要である。どのように指導していけばよいか，話し合い
　なさい。
・円形に並べられたいす・机で討論を行い，面接員はその周りで見て
　いる。
・挙手をした人から1分間で，自分の考えを述べる。1分を過ぎた場合
　は，試験官に声をかけられる。
・討論のグループは，講師と学生の混合だった。

　▼中学国語
【テーマ】
□「自ら考え，行動できる子」が学校の目標である。ICTの活用の推進
　を図るうえで，校長先生からも「自ら考え，行動できる子」の育成
　の話があった。子どもの成長を促すために，どのように取り組むか
　話し合いまとめなさい。

289

・話すことも大事ですが，聞く姿勢も忘れてはいけない。
・敵同士ではなく，全員で合格しようという気持ちが大切だと感じた。

▼中学社会
【テーマ】
□あなたが勤めている学校では，自立した人間の育成を目標としている。一方で，SNSの利用が問題になっている。生徒の自立を目指し，SNSの正しい利用法を広めるために教師としてどのような取組が考えられるか，具体的に話し合いなさい。
・最初に番号と名前を面接官に言う。
・司会は必要に応じて立てるか決める。

▼高校社会
【テーマ】
□あなたは，高校1年生の担任です。最初のホームルームで生徒に伝えたいことを漢字4字で表しなさい。
・討論のグループのメンバーは，世界史志望6名，音楽志望2名であった。

▼中学英語
【テーマ】
□職員会議で「ICTの効果的な活用」について話題になった。校長先生は「問題解決のために自ら主体的に行動することが大切だ」と言っていた。このことについて，あなたたちはどのように取り組んでいきますか，話し合いなさい。
・机を円に並べてA〜Gでお互いを呼び合う。
・3分構想→1分発表→25分討論。

▼高校英語
【テーマ】

□あなたは高校1年生の担任になりました。入学式後，HRで生徒に向けてあなたの思いを漢字一文字に込めて話すことにしました。その漢字は何にしますか。

・司会，結論は決めない。

・メモを取ることは可。

▼養護教諭

【テーマ】

□初任者研修でグループ発表を行います。小学校に勤務している皆さんは，「今の学校保健で求められている養護教諭の役割」について発表します。考えを出し合い，意見をまとめてください。

・机が円形に並べられている，各机にパーティション有り。

・はじめに番号と名前→3分構想→1人1分で発表(挙手制)→討論という流れ。

▼栄養教諭

【テーマ】

□初任者研修での発表で，小学5年生に「日本の伝統と食」について指導した場合の発表内容について。

▼特別支援

【テーマ】

□変化する時代の中で，校則の見直しが言われてきています。改めて校則の意義について，特別支援学校の教員として考えなさい。

・机が円状に並べてあり，中央にA4用紙とペンがあるが，使用するか受験者達に一任されている。

・特に試験官からの時間の指示なし。

・司会を立てるかどうかは指示なし。

◆個人面接(2次試験)　面接員3人　25分～30分

※個人面接において，与えられた課題に対して模擬授業，場面指導を行う。

※個人面接の評価の観点は，使命感，堅実性，判断力等

※模擬授業・場面指導の評価の観点は，表現力，態度，内容等

※〈場面指導の流れ〉指示を受け，机に裏返してある紙を表にし，机に用意されている鉛筆を使って2分構想。→時間になると「やめ」という指示。→そのまま実演。→その後，場面指導に関しての質問。

▼小学校

【質問内容】

□自己PR。

　→自己PRで英語についての話をしていましたが，英語の学習ではどのような活動をしますか。

□自己申告書では，自己評価に関して4が多い中，「相手に合わせた効果的なコミュニケーションをとることができる」が3ですが，どうして3なのか説明してください。

□自己申告書に，「私は，よく人から，最後まで粘り強く対応していると言われる」と書いてありますが，どのようなことですか。

□豊かな心を育むとは，どのようなことですか。

□自己申告書に，ICTの活用について問う内容がありましたが，ICTを活用できますか。

　→授業で，ICTをどのように活用しますか。

□児童に「どうして，学校に行かなければならないのですか」と聞かれたら，どのような話をしますか。

□あなたの長所は何ですか。

□現在は小学校勤務ですか。学級担任ですか。

【場面指導課題】

□あなたは，2年生の学級担任です。2年生の児童が，校外学習のまとめをして，保護者の前での発表がよくできていました。帰りの会で，児童にどのようなことを話しますか。2分以内で話をしてください。

・場面指導の問題が書かれた用紙と鉛筆，消しゴムが用意されている。

・構想時間が2分与えられ，その際にメモを取ることが可。

【場面指導についての質問】

□どのような児童に，話をしましたか。

□保護者に学校の様子を伝える時には，どのように伝えますか。

▼小学校

【質問内容】

□自己PRについて。

　　→人間関係でのトラブルを具体的に。

　　→どのようなお店をやっているのか。

□緊張しているか(人生で一番緊張しているか)。

　　→緊張を和らげるためにどうするか。

　　→お昼は何を食べたか。

□教員になっていちばん大切にしたいこと。

□子供や保護者と信頼関係を築くためにはどうするか。

□自己申告書の法令遵守が3だが，その理由は。

□話しやすい雰囲気を作っても，なかなか話してくれない子にはどうするか。

□学校は安心安全が保障された居場所と言われるが，その安心安全が保障されたとは具体的にどういうことか。

□どのように学び続けるか。

□自分ではとても満足のいく授業ができたが，子どもや保護者からは「つまらない」「わかりづらい」と言われた。どうするか。

【場面指導課題】

□あなたは，小学校2年生の担任です。「地元探検」について，保護者に向けての発表が大変よくできていました。このことについて帰りの会で話をしてください。

・1分で考えて，2分以内に発表(考えるときは，メモしてもよい)。

【場面指導についての質問】

・教育実習で児童を褒めた経験について具体的に教えてください。
・場面指導でどんなことを意識したか。

▼小学校
【質問内容】
□自己申告書からの質問。
□ストレス解消の仕方。
□仕事を終えて帰宅してからの家での過ごし方。
□ICT活用での授業ができるか。
□英語の免許を取得しているが，英語を教えることはできるのか。
【場面指導課題】
□書写を指導してくださったゲストティーチャーから，体験授業の時に全員が良く取り組んでいたとお話しがありました。児童に帰りの会でそのことについて話をしてください。
【場面指導についての質問】
□場面指導で1番大切にしたことは何か。
□もっとこうすれば良かったという点はあるか。

▼中学国語
【質問内容】
□部活に入ったきっかけ，大変だったこと。
□(相手に寄り添い，話を聞けることをPRしたため)その具体的なエピソードについて。
□古文や漢文の学ぶ意味が分からないという子にどのように対応するか。
□教育実習で大変だったこと。
　　→それらは現場に出てからも大変だと思うがどうするか。
　　→実習で行った学校で，もっとこうしたら良いのにと思った点はあるか。
□今まで人と意見が食い違ってしまったときにどうしたか，これから

それをどう生かすか。

□保護者から「先生の授業がつまらないと子どもが言っている」と言われたらどうするか。

□働き方改革についてどのように考えるか。

【場面指導課題】

□事業所から「職場体験の態度が素晴らしく，来年も受け入れたい」という話があった。このことについて，朝の会で生徒に指導しなさい。

【場面指導についての質問】

□何を一番伝えたかったか。

□一生懸命にできていなかった生徒がいるときはどうしたか。

▼中学社会

【質問内容】

□2分で自己PR。

□前職を辞めた理由，引き留められなかったか。

□専門とする教科の魅力について。

□自己申告書の「専門性の向上」の欄がほとんど3になっているのはなぜか。

□自己申告書の「一番楽しかった経験」に塾のことを書いているが，なぜ塾講師にならないのか。

□(他県なので)茨城県を受けた理由。

□茨城の魅力，教育施策について。

【場面指導課題】

□あなたは2年生の担任です。3年生を送る会の態度が素晴らしかったと職員室で話題になりました。このことを帰りの会で生徒に話してください。

【場面指導についての質問】

□この指導で一番伝えたかったことは何か。

▼高校社会

【質問内容】

□志望理由と自己PRについて。

□いじめ防止対策推進法について。

□コンプライアンスについてどう思うか。

【模擬授業】

□日本が世界に与えた影響に関することについて，授業しなさい。

・黒板は使用可能。

【模擬授業についての質問】

□授業の狙いについて。

□その後の展開について。

□取り上げたテーマ(日露戦争を取り上げた)の理由について。

▼中学英語

【質問内容】

□自己PR 2分。

□自己申告書からの質問。

□ある生徒がゲームで個人情報を公開していると他の生徒から相談が
　ありました。どのように対応しますか。

□保護者と協力して子どもを教育していく上で，何を大切にしますか。

【場面指導課題】

□あなたは中1担任です。「はじめての合唱コンクールなのに素晴らし
　かった」と他学年の先生に褒められました。このことについて，帰
　りの会で話して下さい。

・2分構想→2分発表。

・教壇に立って実演。

【場面指導についての質問】

□生徒たちに何を伝えることを意識したのか。

▼高校英語

【質問内容】

□志望動機と自己PR文の内容を3分で話してください。

　→自己PRで話した小，中，高の英語教育の連携について具体的に教
　　えてください。

□事前に提出した自己申告書から最も自信がある項目とない項目を教
　えてください。

□インタラクションを授業の中でとるという話だが，赴任する高校に
　よってはそれが難しい場合もあります。どうしますか。

□あなたの方針と違う考えの先生がいたらどうしますか。

□工業高校で，英語に苦手意識をもつ生徒に対して学習支援のボラン
　ティアをしているということだが，どのような教え方をしていますか。

□コンプライアンスについてどう考えていますか。

□これまでしてきたボランティア活動の経験をどのように生徒に伝え
　ますか。

□責任感が強いがために1人で悩んでしまうことがあるということだ
　が，今現在はそのような時にどうしているか。

□茨城県全域で勤務可能ですか。

【模擬授業】

□自由時間の過ごし方について英語で授業をしなさい。

・構想時間は1分だが，出来上がったら始めて良いと指示がある。

・メモを取ることは可。

・面接官は生徒役ではないため，無反応。

【模擬授業についての質問】

□今の模擬授業で意識したことは。

□どのくらいの英語力の生徒を意識しましたか。

　→生徒に合わせて話すスピードは変えますか。

　→生徒とコミュニケーションをとる上で一番大切なことはなんです
　　か。

▼養護教諭

【質問内容】

□自己PR。

□周りの人からどのような人だと思われているか。

　　→具体的なエピソードについて。

□良い所，悪い所について。

□自己申告書について(特に3をつけた個所に関して)。

□服装が汚れている子の対応。

　　→観察について詳しく。

【場面指導課題】

□小4　給食後の歯みがきの時間に，歯ブラシの選び方と歯ブラシの
　　保管方法について指導してください。

【場面指導についての質問】

□工夫したこと，配慮したこと。

□他に伝えたかったこと。

□児童に伝わったと思うか。

▼栄養教諭

【質問内容】

□志望動機について。

□ボランティアについて(やりがい，具体的な内容，改善点)。

□部活動で苦労したこと。

□福島県出身だけど，なぜ茨城県なのか。

□茨城県の名産品で好きな食べ物は。

□調理師とどう連携するか。

【場面指導課題】

□集会で中学2年生に望ましい食習慣について指導する場面。

【場面指導についての質問】

□何を一番伝えたかったか。

□中学生の食に関する課題は何か。

□小学生の場合にはどう指導したか。

□好き嫌いがある生徒にはどう指導するか。

▼特別支援

【質問内容】

□この1年間，採用試験のために準備したことは何か。

□自分と意見が合わない教師と一緒の授業を担当した時にどうするか。

□求められるリーダーとは。

□教師として大切にしていることは。

□特別支援学校では小学部・中学部・高等部があるが，どこを希望するか。

□生徒に一番伝えたいことは何か。

□「給食を食べさせない」(何かに対する罰として)指導はどう考えるか。

□何か長い間続けているものはあるか。

【模擬授業】

□小学部1年生の国語の授業でひらがなの授業の導入を行いなさい。

・考察3分，授業2分。

□赤・黒のペンと紙を1枚試験官から渡された。

□課題は口頭で伝えられる。

2022年度

◆実技試験(2次試験)

※下記教科・科目の受験者は，それぞれ次のものを持参すること。

〈美術〉定規，鉛筆，消しゴム，カッター，色鉛筆(12色以上，色は自由)

〈保健体育〉運動着，運動靴(屋外用及び屋内用)。また，柔道又は剣道のうち1種目を選択することになるので，柔道衣又は竹刀を用意

〈技術〉筆記用具，定規，作業のできる服装及び靴

〈家庭〉調理実習用エプロン又は白衣，三角巾，マスク，ふきん，台ふきん，裁縫用具一式

〈書道〉大筆，小筆，下敷き，硯，墨，水差し，文鎮，鉛筆，赤のサインペン

※いずれも半紙書きに対応できるもの。

※練習用の半紙を持参可。

▼中学英語

□面接官2人(日本人1人，ネガティブ・スピーカー1人)

・試験の進め方を確認する。(30秒)

【口述試験1】

□与えられたパッセージ(「Online meeting」について，文章量は100〜120単語程度)を黙読する。(45秒)

□与えられたパッセージを音読する。(45秒程度)

□その内容についての質問に答える。(1題1分以内)

・「What is the downside of Online meeting?」など。

・回答の際はパッセージを見てもよい。

【口述試験2】

□中学1年生の授業を想定し「夏休み前の授業で夏休みにやりたいこと」をテーマに話す。

・課題について考える。(1分)

・課題についてのTeacher Talkを行う。

▼中学英語

・試験の進め方を確認する。(30秒)

【口述試験1】

□与えられたパッセージを黙読する。(45秒)

□与えられたパッセージを音読する。(45秒程度で)

□その内容についての質問に答える。(1題1分以内で答える)

・パッセージを見ながらでもよい。

【口述試験2】

□課題(授業の一場面)について考える。(1分)

□課題についてのTeacher Talk(生徒に対して，場面に応じた英語で話すこと)を行う。(2分)

※面接官を生徒に見立てて実施するが，面接官は問いかけには一切答えない。

▼中学英語

□面接官2人(日本人1人，ネイティブ・スピーカー1人)

※席に着き，名前の確認をする。

【口述試験1】

□面接官から課題1の紙を受け取り，指示に従って黙読(1分)→音読→その英文の内容について1問出題される。

・英文は英検2級程度のレベルで，問題の答えは文中にある。

【口述試験2】

□あなたは中1の英語を担当している。夏休み明けに夏休みの思い出についてのteacher talkをせよ。

・構想2分，実演2分。

・「荷物を置いて下さい」などの事務的な指示以外はすべて英語で行われる。

▼中学音楽

【課題1】

□リズム打ちと新曲視唱

・リズム打ちと新曲視唱は同じ譜面で，ヘ長調の8小節。

・リズム打ちの前に1分間譜読みの時間がある。8分音符と4分音符が中心で易しかった。

【課題2】

□共通歌唱　弾き歌い(浜辺の歌)

・1番のみで，1分間譜読みの時間がある。

・試験の流れは自分の順番の直前に廊下にあるボードを確認できる。確認の後，会場に入室する。

▼中学音楽

【課題1】

□新曲視唱とリズム打ち

・2つとも同じ楽譜。

・問題としては易しい私立音大入試レベル。

・$\frac{4}{4}$ d moll テンポ70〜78。

・楽譜は試験場内で1分間予見。

・その後リズム打ち→新曲視唱。

・視唱の前にピアノで主和音か開始音を自分で弾ける。

【課題2】

□共通教材の弾き歌い

・曲目は浜辺の歌の1番のみ。

・曲は試験場入室前に知らされる。

・試験場内で1分間の予見あり。

・自分の楽譜は持ち込めない。試験場のピアノの上に置いてあるものを使用する。

・楽譜通り弾いても自分でアレンジしてもよい。

◆集団討論(2次試験)　面接官3人　受験者8〜11人

※評価の観点は意欲，熱意，積極性，リーダーシップ等。

▼小学校

【テーマ】

□新任研修で「明るく楽しい学級づくり」について発表しなさい。どのような発表にするか話し合いなさい。

・1人ずつ意見発表する。

・元気にあいさつさせる，レクリエーションやアイスブレイクを休み

302

時間に行うなど楽しい行事を考える，コミュニケーション能力育成のためグループ活動を取り入れるなどの意見が出た。

・座席にアルファベットの番号が振り分けられるのであらかじめA〜Jのようにそれぞれの受験者の番号を控えておくとメモがとりやすい。

▼小学校
【テーマ】
□「学校目標や学級目標を充実させるために」というテーマで，初任者研修で発表することになった。どのような発表をするのか，話し合いなさい。

・課題に対する自分の考えをまとめる時間3分→挙手してそれぞれ1分以内に考えを述べる→討論開始

▼小学校
【テーマ】
□学校の初任者研修で「学習規律の指導の在り方」について自分たちの考えをまとめて発表する。より良い授業づくりのために，あなたはどんな内容を発表する。1人ひとりの意見を共有しながらグループでまとめなさい。

・円形に並べられたいす・机で討論を行う。

・3分間構想→1人1分で自分の考えを述べる(挙手制)→30分間自由討論を行う。

・まとめの発表はない。

・紙と筆記具は用意されているものを使用。

・討論中のメモは可。

▼小学校
【テーマ】
□初任者研修，校内研修で「学習規律について」よりよい授業づくり

をするために，何を発表するか。

▼小学校
【テーマ】
□教員の発問の仕方，児童生徒の発言の受け止め方についてまとめな
さい。

▼小学校
【テーマ】
□「学習規律の指導の在り方について」というテーマで初任者研修会
が行われる。研修会の中で，よりよい授業を行うためにはどうした
らよいかをグループで発表する。その発表の内容を話し合い，まと
めなさい。
・小論文試験から集団討論までの空き時間が長い人で5時間半以上あ
り，コロナウイルス感染拡大防止のために，空き時間に外出が可能
である。
・受験者は円になって話し合うため，飛沫防止で机に透明のパーテー
ションが置いてある。
　→透明といっても傷や汚れにより，受験者同士の顔がほとんど見え
　なかった。
・席に着いてから，順に1人ずつ自己紹介の時間がある。(受験番号・
氏名のみ)
・テーマについて自分の意見をまとめるのに構想3分程度，発表1分程
度。
・自分の意見を発表する時間は1分とされていたが，1分以上話しても
面接官が止めることはないため，長く話している人もいた。
　→そのためか，討論の時間が18分間しかなかった。(例年なら25分
　間程度)
・自分の経験ばかりを話し，協調性があまりない人もいる。
・緊急事態宣言の影響で試験が1週間延期し，事前のPCR検査が必須と

なった。

▼小学校
【テーマ】
□初任者研修で校内研修をすることになった。その際「教師の発問の仕方」と「児童の発言の取り上げ方」をどのようにしたらよりよい授業ができるか，どんな内容でどんな発表をしたらよいか話し合いなさい。
・3分間構想する→1人1分ずつ発表→自由討論の流れ

▼小学校
【テーマ】
□初任者研修の一環として「明るく楽しい学級づくり」をするための方法について考え，その内容を発表することになった。グループで話し合い，まとめなさい。
・1人ずつ1分程，自分の考えを述べてから討論を開始する，司会は立てない。
・おだやかなグループだった。互いに意見を否定せず，認め共感しながら進行した。しかし，終了2分前になってもお互いの意見の共感をし続けていたため，急いで今までの意見を整理し，確認同意を得てまとめた。

▼小学校
【テーマ】
□あなたは初任者として，「通知表の作成にあたって大切にすること」を校内研修で発表することになった。保護者や児童との信頼関係を築く上で，これについてどんな内容にするか。グループで話し合い，最後に意見をまとめなさい。
・3分間自分で考える。1人1分ずつ，挙手制で発表。1分経ったら発言途中でも中断される。

・20分間グループで自由討論。
・司会者は決めても決めなくてもよいと指示あり。
・最後に誰か1人が発表ではなく，グループとして意見をまとめる。
・討論中に歩き回って討論の様子を見る試験官もいる。
・7人グループで，うち2人が講師の方だったため，学生としては圧倒された。
・講師の方が司会者的な立場をやってくれたので，とにかく自分は自分の意見をはきはきとたくさん伝えようという気持ちで臨んだ。
・アルファベット順に半円の形状で配置され集団討論を行った。
・討論中は，他の方の発言を笑顔で頷きながら聞いたり，タイミングが被ったら譲り合い共感したりして，思いやりの心で取り組んだ。
・試験官は積極性も見ていると思われるので，最初の一言目を早めに言ったほうが後々も発言しやすくなると思われる。
・自分と似た考えの意見が出たら，言い方を変えて共感し補足や関連付けをするとよいと思われる。
・学生は「自分はこうだと思います」という話し方だったが，講師は「こうだと思うのですが，皆さんはどう思いますか」や「こうだと思うのですがこれでよろしいでしょうか」という話し方で，周りの反応を受けながら討論を進めていた。
・意見の要点を明確にして発言することが大切だと感じた。

▼小学校
【テーマ】
□学校目標をもとにして，学級目標を決めることになった。どのように決めればよいか。話し合いをしなさい。

▼中学英語
【テーマ】
□あなたの学校では初任者研修の一環として，学習意欲の低い子どもへのより良い関わりについて，校内で発表することになった。校内

研修でどのような内容を発表するか話し合いなさい。
□構想(3分)→1人ずつ意見発表(1分以内)→自由討論(残り時間)

▼中学英語
【テーマ】
□初任者研修で「学習意欲が低い生徒に対する効果的な対応」について考えることになった。具体的な案を考え，話し合いなさい。
・司会は立てなくてもよい。四角で囲む形に机が配置されており，それぞれの机にアクリル板があった。そのため互いの顔はよく見えない。メモを取りつつ相手のほうを向くとよい。
・控室は体育館だったが，クーラーなどはなかったので，受験の際は水分やタオル，いたみにくい昼食を用意するとよい。

▼中学英語
【テーマ】
□初任者のために校内研修をする。やる気のない生徒のためのアプローチについての研修となる。あなたならどのような研修をするか。

▼中学英語
【テーマ】
□保護者から「子どもの通知表の成績に納得がいかない。」と言われた。このとき，どのように対応するか。グループで討論し，考えをまとめ，結論を出しなさい。

▼中学理科
【テーマ】
□学習意欲が低い子供たちとの関わり方について研修内で発表することになった。どのような発表を行うか。
・3分考えた後，1人1分で意見を発表する。その後20分弱の自由討論を行う。

・司会は特に立てず，終了時に代表が意見をまとめるということはしない。

・課題がざっくりしているため学習意欲低下の背景についてや，向上に向けた取り組みなど柱建てして話し合ったためスムーズに進んだ。

▼中学社会
【テーマ】
□学習意欲が低い児童生徒に対して，どのように対応すると良いか考え，校内研修の発表を考えよう。
・1人1分で自分の考えを述べる。
・自由に発言し合う。司会者は立てない。
・5回以上は発言し，積極性を見せた。

▼中学社会
【テーマ】
□初任者研修でICT化をテーマにすることになった。具体的にどのような研修を行うか話し合う。
・自分の考えを書く，考える(2分)→1人ずつ発表(1分)→討論(20分)
・教育に関すること(ICT，学級，いじめ等)の自分の意見・取り組みをノートなどに書いた。

▼中学音楽
【テーマ】
□初任者研修で「学校目標を踏まえた上で学級目標を立てるためにはどうしたらよいか」について話し合う。
・最初に3分間考えあと，挙手をした順番で1分間自分の考えを発表する。その後20分間討論をし，まとめなどは行わず終了。
・司会者は立てなくてもよいが，必要になった場合は話し合って決めてくださいと指示された。

・席はAからHまであり，2人ずつ隣り合って中心を向く形で四角形に配置された。面接官の席は窓際にあり，3人とも立ち上がって様子を見ていた。
・コロナウイルスの感染防止対策として，全員の机に透明のシールドが置いてある。
・シールドとマスクをしている関係で声が聞こえにくく表情が見えにくかった。

▼高校社会
【テーマ】
□シャッターが目立つ駅ビルを活性化させるための駅ビルを作りなさい。
・テーマに沿って話ができれば大丈夫だと思われる。
・テーマを表にする前に面接官から「緊張している人もいると思うので，今日の気持ちを色であらわして，1人ずつ自己紹介して下さい」と言われた。

▼特別支援
【テーマ】
□今後の学校行事の意義を目的，在り方，取り組みについて議論する。
・コロナ禍で学校行事の中止・縮小がつづく影響，ICTやVRの活用などと関連させて討論し，最後にまとめる，発表はなし
・白紙3枚，赤と黒のペンが中央の机にあり，自由に使用できる。

▼特別支援
【テーマ】
□新型コロナウイルスの感染拡大に伴い，学校ではオンライン授業が進められている。あなたは，修学旅行や宿泊学習，運動会などの体験活動の意義をどのようにとらえ，どのように実施していくか。グループの意見をまとめ，A4用紙に記入しなさい。

▼特別支援
【テーマ】
□コロナ禍で体験活動の機会が減っている。コロナ禍はこれからも続いていく中で，体験活動を行う目的・意味を考え，運動会，文化祭，宿泊学習，修学旅行をどのように行っていくか話し合いなさい。
・A4の紙とマッキーペン黒・赤が用意してある。討論の内容を紙にまとめてもよい。
※机も離れていて，机間にはアクリル板があるため，声が聞き取りづらいため，大きな声で話す必要がある。

▼特別支援
【テーマ】
□宿泊学習，運動会，文化祭等の体験的活動の実施がコロナ下で実施が難しい状況である。体験的活動を実施する意義や目的，注意点について話し合いをしなさい。

▼養護教諭
【テーマ】
□初任者研修でグループで(中学校の養護教諭)「保健教育の教育課程の編成と教職員の共通理解」のために必要なことを発表することになりました。話し合ってまとめて下さい。
・あらかじめ司会を決めないでくださいと指示される。(しかし，話し合いをする中で，司会が必要と思ったら，司会を立てても可能。)
・今年度の試験ではコロナウイルス感染対策で小論文の試験後は集団討論が始まるまで学校外へ出ることができた。去年は時間まで体育館待機で暑かったため，例年通りであれば暑さ対策・補給用の水分を多めに用意した方がよい。

▼養護教諭

【テーマ】

□あなたは中学校の養護教諭です。市の養護教諭部会の初任者研修の課題研究で，「保健教育を効果的に進めていくための，家庭や地域との連携」について発表することになった。どのような内容で発表するか話し合いなさい。

・討論中は座席番号のアルファベットで周りの人を呼ぶ。

◆個人面接(2次試験)　面接官2〜3人　25分〜30分

※個人面接において，与えられた課題に対して，模擬授業，場面指導を行う。

※個人面接の評価の観点は使命感，堅実性，判断力等。

※模擬授業・場面指導の評価の観点は表現力，態度，内容等。

▼小学校

【質問内容】

□「今まで一番努力したこと」をあなたは何と書いたか覚えているか。

　→どのように教員採用試験の勉強を頑張ったか。

□あなたの学級の中にコロナウイルスに感染した児童が出てしまった。所属する学級の児童にはどのように伝えるか。

□学校内で差別や偏見などはどのようにするとなくなっていくと考えるか。

□学年主任から「私たちの学年は厳しく指導するので，児童に手を出してもよい」と言われた。あなたは，どのように対応するか。

□なぜ体罰はいけないのか。

□意見の異なっている上司に，あなたはどのように意見を述べるか。

　→あなたは本当にそのことを行うことができるか。

□保護者にも厳しく指導してほしいと言われた場合にはどのように対応するか。

□自己PRについて

　→長所は学校現場でどのように活かすことができるか。

　→相談される立場という事だが，あなた自身相談する人はいるか。

□特別支援学校の先生は考えなかったのか。

□「合理的配慮」という言葉を知っているか。知っている場合は説明しなさい。

□障害のあるお子さんにはどのように対応していくか。

□○○大学では，どのように特別支援学校の免許を取得するのか。

□どのくらいの人数が特別支援学校の免許を取得しようとしているのか。

【場面指導課題】

□あなたは小学校6年生の担任である。1年生が初めての給食で6年生が手伝いに行き，1年生の担任からお礼を言われた。このことを帰りの会でどのように話すか。

▼小学校

【質問内容】

□自己PRについて質問

　→なぜこの校種で受験を決めたか。

　→志望理由の一つの大きな存在は母とのことだが，具体的には母のどんな姿か。

　→「謙虚さが必要」という言葉に納得したが，教師における謙虚さとはどのようなものか。

　→「学び続ける姿勢」とは，例えばどういう場面でか。

【場面指導課題】

□あなたは第3学年の担任である。社会科の校外学習で，スーパーマーケットで働く人々の姿を真剣に観察する様子が見られた。その日の帰りの会で，あなたはこの状況をどのように子供たちに話すか。

・2分間構想し，その後2分間，教壇に立って指導する。その際メモを見ても黒板を使ってもよい。

【場面指導について質問】

□この場面の指導において意識したことは何か。

□校外学習を実施するにあたって注意すべきことや留意点は何だと考えか。

  →この学年は1クラスだとして，引率はあなた1人なのか。

▼小学校

【質問内容】

□自己PR(2分間)

  →自己PRで"積極的に人と関わる力"について話したため，その部分から追質問される。

□教育実習では何年生を担当したか。また，子供と関わる中で学んだことは何か。

□批判的な保護者にどう対応するか。

  →場面指導(2分間構想→2分間教壇で実演)

□自己申告書から

  →自己評価「3」をつけた理由は何か。

  →「物事に積極的に取り組む力は誰にも負けない」を具体的に。

  →「児童にとってプラスの存在となる教員」とは何か。

□志願書から

  →学習ボランティアでは何をしたか。その中で子供にどんな指導をして，子供がどう変わったか。

  →学生アドバイザーとは何か。その経験を教員になってどう活かすか。

□児童から「他の児童から無視される」と言われたらどうするか。

□今まで言われた言葉で響いた言葉は何か。その言葉をもとに，今後どうしていくか。

□理想の教師像は。

□児童の自己肯定感を高めるためにどんな指導をするか。

【場面指導課題】

□あなたは小学6年生の担任である。1年生の担任から，「6年生が読み聞かせを上手にしているから，子供たちがいつも楽しみにしていま

す」と言われた。このことを子供たちに話しなさい。
・机の上にお題が書かれた紙，鉛筆，消しゴムが置いてある。紙の余
　白にメモをして可。実演中メモを見ても可。
・課題が褒める場面であったため，笑顔でハキハキと，目の前に児童
　がいることを想定して行った。
【場面指導について質問】
□実演をする上で気を付けた点は何か。
□褒めることでどんな効果があるか。
□6年生の指導で大切にすべきことは何か。
□中1ギャップはどう対策するか。

▼小学校
□自己アピール(2分)→アピール・自己申告書について質疑→場面指導
　→場面指導についての質疑
【質問内容】
□次に活かすと言っていたが，具体的にどう活かすのか。
□どうして海外に出たのか，そこから学んだことは何か。
□保護者からのクレーム対応について。
□学年主任と意見が合わないときどうするか。
【場面指導課題】
□4年生の担任である。隣の学校とオンライン交流会では，活発に意
　見交流ができた。帰りの会でどんな話をするか。
【場面指導について質問】
□場面指導にどんな意図があったのか。
□どんなクラス設定だったか。
・2分構想(メモをとってよい)→場面指導を実演する。

▼小学校
【質問内容】
□2分間の自己PR

□「継続すること」をどのように子どもに伝えるか。

□ボランティアの内容を詳しく，どんなことをしたか。

□自己申告書からの質問

□ICTをどのように活用したいか，科目など具体的に。

□教育実習どうだったか。

□自分のよさはどのように現場で活かせるか。

□思いやりを育むために何をするのか。

□どんな教師になりたいか。

□どんな学級にしたいか。

　→そのために何をするのか。

・例年，個人面接は民間企業の方を含む3名の面接官がいるらしいが今年は2名だった。2名とも教育関係の方だったと思われる。

【場面指導課題】

□小学6年生の担当。「遠足の約束」について，学級会で意見をまとめることができた。学級会後にどんな話をするか。

【場面指導について質問】

□どんなことを伝えようと思ったか。

□約束を守れない子，学級会に参加しない子への対応は。

・2分構想，2分実演

▼小学校

※個人面接の流れ

自己PR2分→自己PRを聞いたうえでその内容について質問→場面指導→自己申告書・志願書から質問→教育現場に関する質問

【質問内容】

□中学の部活経験からの学びは何か。

□タブレットで授業中関係ないサイトを見ている子どもがいたらどうするかなど。

【場面指導課題】

□あなたは小6の担任。小1の担任の先生から「6年生は読みきかせが

上手で，1年の児童が楽しみにしている」と言われた。このことについて，朝の会でクラスの子どもたちに話をしなさい。

・2分構想(メモ可)→教卓に移動し2分で実演(メモは見てもよい)→席に戻る→実演したことについて質問される。

▼小学校
【質問内容】
□ボランティア活動をしようと思ったきっかけは何か。
□あなたが一番悩んでいる所について詳しく述べよなど
・面接管は例年の3名ではなく，2名だった。一般企業の方はいなかったと思われる。
【場面指導課題】
□あなたは小学6年生の担任である。1年生の担任から「6年生の読み聞かせがとても上手で，子どもたちはいつも楽しみにしている」と言われた。朝の会で話をしなさい。

▼小学校
【質問内容】
□自己PR(考えてきたものを2分で発表)
　→追質問2つ程度
□一般質問
□ゲームの中で児童の個人情報が載っているとの連絡があった時にどう対応するか。
□保護者から「先生の指導について相談がある」と電話があった時にどう対応するか。
□自己申告書からの質問
【場面指導課題】
□小学校4年生の担任で，車いす体験を行った。児童は大変よくできていた。帰りの会でそのことについて伝えなさい。
【場面指導について質問】

□伝わったと思うか。

□何を1番に伝えたいか。

・教卓の前に行って発表する。

▼小学校

【質問内容】

□あなたはどんな人間だと感じているか。

□教諭→市の非正規→講師と転職しているが，学んだことはあるか。

□今までに言われて印象に残っていることは何か。それは子どもたちにどう活かすか。

□保護者からあなたに話があると電話がきた。来校したいそうだが，どうするか。

□授業改善についてもう少し詳しく話しなさい。

□組織の一員として困難な事案に対応したと自己PRで話したが具体的に述べよ。

・マスクでも笑顔が重要。

【場面指導課題】

□あなたは4年生の担任である。今日，となり町の小学校とリモートで学校の特色について発表し合った。帰りの会で何を話すか。

・クラスの実態や設定は受験者の自由。

・机上に試験用紙とえんぴつがおいてあり自由に使用可能。

・明るく元気に実演。コロナでできないことがたくさんある中，できることやそのための方法を考えて，今回のリモートが実現したね！と子どもたちの頑張りによってできたことをほめる流れで実演した。

▼小学校

【質問内容】

□授業でICTをどのように活用するか。

□職員間で意見が合わない時は，どのように伝えるか。

□保護者に学級の様子をどのように伝えるか。

□保護者とどのようにコミュニケーションをとるか。

【場面指導課題】

□あなたは6年生の学級担任である。6年生の児童が話し合いをして，遠足の約束を決めてくれた。児童にどのようなことを話すか。2分以内で話をしなさい。

【場面指導について質問】

□6年生なのに，遠足に行くことに違和感はないか。

▼中学英語

【質問内容】

□部活動について話しなさい。

□英語の授業で全員の生徒と授業にひきこむためにあなたは何をするか。

□「授業について疑問がある」という保護者からの連絡にどのように対応するか。

▼中学英語

【質問内容】

□自己PR(2分間)。その後，自己PRについての追質問。

　　→部活動で学んだこと，嬉しかったこと，辛かったこと，やっていてよかったか。

　　→人と関わる力を子どもに身に付けさせるためにどうするか。

□自己申告書から低い評価をつけた項目の理由と，改善方法

□「学校は〜」と書いてあるが，どのようにしてそのような場にするか。

□他の人から言われた印象に残る言葉，コミュニケーションで気を付けること。

□授業中，端末で遊んでさぼる生徒にどう対応するか。

【場面指導課題】

□中2の担任である。生徒総会のために，学級会で「校則の見直し」
　について話し合い，活発に意見が出た。そのことについて，帰りの
　会でどのような話をするか。
・課題確認→構想(2分)→実践(2分)→質問
【場面指導について質問】
□どんなことを伝えたかったのか。
□時間があったらどのような話を付け足したいか。
□帰りの会での話ではどのようなことを意識するか。

▼中学英語
【質問内容】
□茨城県を志望した理由は。
□教師を志望した理由は。
□(自己PRから)部長をやって大変だったことは。
　→また，それをどう乗り越えたか。
□部活動で一番辛かったことは。
□あなたの短所は何か。それを克服するために，どのようなことに取
　り組んでいくか。
□英語の魅力は何か。
□生徒から「先生，英語が分からない」と言われた。どうするか。
【場面指導課題】
□あなたは中1の担任である。生徒総会に向けて学校の校則について
　クラスで意見をまとめる時間があった。全員が積極的に取り組んで
　いた。これについて帰りの会で話をしなさい。
【場面指導について質問】
□今の指導で1番伝えたかったことは何か。また，改善すべき点は何
　か。
□自分の指導に点数をつけるなら何点か。
□校則についての話だったが，校則を破る生徒についてどう指導する
　か。

▼中学英語

【質問内容】

□自己PRを2分で。

　→自己PRで述べたボランティア活動を始めようと思ったきっかけは
　　何か。また，印象に残った経験は何か。

□生徒に身に付けさせたい力は何か。

□上司と自分の意見が合わない場合どうするか。

□保護者との連携はどのようにしていくか。(自己申告書から)

□自己申告書記載の「ストレスに対処する力」を4段階のうち3にして
　いるが，今までストレスがたまったときはどのように解消してきた
　か。

▼中学理科

□個人面接の流れ

・自己PR→質問→場面指導→質問→提出した自己申告表について質問
　→教師になったときに考えられる出来事について質問

【質問内容】

□いじめの相談を受けたらどうするか。

□自分がいじめにあったことはあるか。ある場合はどう乗り越えたか。

□ボランティア活動やサークルで学んだことは何か。

□いつから教師を目指したか。

【場面指導課題】

□生徒総会に向けて「校則の見直し」というテーマで学級内で話し合
　いを行わせたところ活発に意見を交わすことができた。このことに
　ついて帰りの会で生徒に話をしなさい。

・2分経つと声をかけられる。黒板を使ってもよい。

・時間が足りなくなった場合は場面指導後の質問時に言いたかったこ
　とを聞かれるので簡潔にまとめておくとよい。

▼中学社会

【質問内容】

□卒業論文は何を書いたか。

□ストレス解消法はあるか。

□バレーを通して多世代交流はあるか。

□人権教育に力を入れたいと思った理由は。

□教員になってメンタルケアをどうするか。

□地域学校協働活動で何か行ったことはあるか。

【場面指導課題】

□あなたは3年生の担任である。2，3年生の入学式の態度が素晴らし
　かったと職員室でほめられた。帰りの会でこの話をしなさい。

▼中学社会

【質問内容】

□自己アピール(2分)

　→高校時の部活動で印象に残っている言葉は何か。

□事前に提出した自己申告書からの質問(人権，悩んでいること，対処
　法)

□茨城県を志望した理由は。

□友達から無視されるという相談を受けた時にどう対応するか。

□学年主任と意見が異なっていた，どう対応するか。

□今までやってきた部活動でない顧問をお願いされたらどうするか。

※様々な視点から質問してもらう，堂々と話す，練習でやってきたこ
　とを発表する。

【場面指導課題】

□中2，学級会で「校則」について活発な意見交換が行われていた。
　帰りの会でどのように考え，生徒に伝えるか。

・机に場面指導のテーマの紙が置いてある→考える(2分)→移動して発
　表(2分)→何を意識したかを質問

・とにかく練習を多くやり，様々な質問をしてもらう。

・具体的にほめる。学年のカラーを出すことが重要である。

▼中学音楽
【質問内容】
□子供がインターネットのゲームで個人情報を漏らしてしまった際，どのような対応をするか。
　→その個人情報が予想以上に広まっていた場合はどうするか。
□あなたがその専門を選んだ理由はなぜか。
□その専門はどのくらい好きか。
□今後もその専門は続けていく予定か。
□恩師のどんなところに憧れたか。
□恩師の授業を受けて，どんな授業をしたいと思ったか。
□プロになることは考えなかったか。
□他の部活動の顧問をすることになったらどうするか。
□地域の方とどのように協力して部活動を行うか。
□子供たちをプロにしたいと思うか。
・自己申告書に文章記述をする欄があり，面接官がそこで気になったことを2つ質問する。
・自己PRに関する質問もいくつかあった。
【場面指導課題】
　あなたは吹奏楽部の顧問をしている。他の顧問の先生から吹奏楽部の生徒たちが昼休みに落ち葉掃きをしているとの話を聞いた。そのことについて，部活動が始まる前に指導をしなさい。
【場面指導について質問】
□この模擬授業で伝えたかったことは何か。
□部員は何名を想定したか。
□顧問は何年目を想定したか。
□生徒は全員話を聞いていると思ったか。
□2分以上だった場合はほかになにを伝えるか。

▼中学音楽
【質問内容】
□初めに自己PRを発表，あらかじめ「2分間の自己PRを考えてくるように」という指示がある。
□自己申告書について
　→自己評価がとても高いが(全ての欄を4にした)何か理由があるか。
　→自分の性格を「真面目だ」と書いているが，もしクラスに真面目ではない生徒がいた場合どうするか。
□あなたが人から言われて心に残った言葉は。
□夏休みの宿題がまだ終わっていない生徒の保護者から連絡が来て，「どう声をかけるかアドバイスして欲しい」と言われた。どう答えるか。
・一つの質問に2回程度の追質問をされる。
【場面指導課題】
□あなたは中2の担任である。今度行われる3年生を送る会について，学級委員を中心にとてもよい話し合いができた。このことを生徒達に話しなさい。
【場面指導について質問】
□何を一番伝えたかったか。
□伝え方で工夫した点。

▼高校社会
【質問内容】
□自己PRを3分で述べよ(志望動機を含め)。
□(自己申告書より)他の欄の評価は4なのになぜ3にしたのか(評価を3にした2箇所について聞かれた)。
□ICTを授業でどう使用するか，生徒に使用させる場合とあなたが教員として使用する場合について答えよ。
□教科横断した授業をどう実施するか。
　→1つ答えた後，他にはと追質問された。

□生徒と関わる際，何に一番気を付けるか。

□合格したら全県での勤務など大丈夫か。

・基本的にこちらが答えたことに対する追及はなかった。答える時は
短く，堂々とで大丈夫だと思われる。

【模擬授業課題】

□「自助」「共助」「公助」に関して具体例を含め説明しなさい。(5分)

・1分で実施内容を考え，5分で実施，面接官は反応しない。

・模擬授業終了後に質問が入る。

【模擬授業について質問】

□この授業のゴールとこれからの展開について。

▼特別支援

※面接官2人　25分

【質問内容】

□3分以内で自己PRしなさい(自己申告書に記入したもの)。

□あなたの教員に向いているところは。

□小中高どれを担任してみたい(理由も)。

□自己申告書の自己評価について3に丸つけた欄の理由は。

□授業で大切にしたいことは。

□不祥事が起こる原因は何か。

　　→どんな対策をするか。他には。

□担任と意見が合わなかったら。

　　→違うと思っても担任の言う通りにするのか。

□情報収集はどんなことをするのか。

□小1と高3へオリンピックについての説明で工夫することは何か。

・指定された時間の15分前までに控室にいるよう指示があった。

・受験番号，名前，住所，電話番号をまず最初に言う。

【模擬授業課題】

□小学部1年の担任としてあいさつの大切さについて授業をしなさい。

・用意されている紙とペン(赤・黒)を自由に使用してよい。

・2分経過したら「終了」の合図がかかる。

・授業への反応はなし。ひたすら受験者が進行する。

・面接官の1人は全く私の顔を見てなかった。(自己申告書を見ていた)

※面接配置

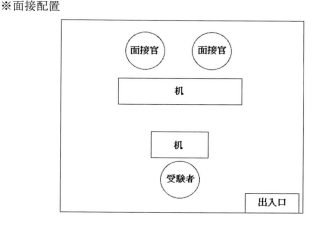

▼特別支援

【質問内容】

□自己PRを3分間。

□事前提出の自己申告書からの質問。

□自己PRからの質問(教育ボランティアに参加しようと思ったきっかけなど)。

□一般質問(あなたの短所はあるかなど)。

【場面指導課題】

□あなたは,知的障害特別支援学校の小学部4年生の学級担任である。コロナ禍における手洗いの大切さをどのように指導するか。

・1分間構想し,2分間指導を行う。

▼特別支援

【質問内容】

□理想とする先生像は,どのようなものか。

□ストレスについて。

□特別支援学校の先生にした理由。

□教育実習でどんなことを経験し，学んだのか。

□自身の教員として向いている点は何か。

□英検2級を持っているが，これからも上を目指して取っていきたいか。

□今までやってきた部活動に関して述べよ。

□先生としての身だしなみと社会人としてのおしゃれな身だしなみの違いは何か。

□組んでいる先生から，ある子どもに「こういうことしてたから給食食べちゃダメって言いました」と言われたら，どうするのか。

□茶髪の先生もいるが，「先生も髪茶色だから私も染める」と子供が言ったらどうするか。

【場面指導課題】

□高等部(知的)1年生に働くことの大切さについて話をしなさい。

※紙を使用してもよい。A4紙1枚と黒赤のマッキーペンが1本ずつ用意してある。

・1分で考え，2分間で指導を行う。

・場面指導後，指導に関する質問はなかった。

▼特別支援

※面接官2人　25分

※場面指導(3分間)→自己PR(3分間)→一般質問(19分)

【質問内容】

□志望動機について。

□(自己申告書)専門性が4に丸をつけているがどのように高めているか。

□職場で意見が違った時にどういった対応をするか。

□落ち着きがない子どもに対してどういった対応をするか。

□趣味について。

【場面指導課題】
□知的特別支援学校の高等部で働くことの大切さについて。

▼養護教諭
※面接官2人　20分
□自己PR(2分)→場面指導→質問
【質問内容】
□保育園での保健指導は，子どもたちはわかるか。理解している様子はみられるか。
□いじめについて，場面を想定して答えなさい。
　→ある子どもが友だちがいじめられていると相談があった。あなたはどうする。
　→いじめの事実が確認できたら，どんな役割があると思うか。思い浮かぶものを全てあげなさい。
・この質問は答えに関しての追質問が多かった。
□長所はなにか，また養護教諭としてどう活かすか。
□信頼される養護教諭になるためにどのように行動するか。
□養護教諭として一番大切にしていきたいことは何か。
【場面指導課題】
□新型コロナウイルスの流行により，4年生に再度3密について指導してほしいと依頼があった。
・4年生の学年集会で行うことを想定して行う。
・2分構想し，2分間実施する。
【場面指導について質問】
□2分以内に終われなかったので，終了後どのように最後しめくくるつもりだったか。
□もう少し時間があったら，入れたかった内容があれば述べよ。

▼養護教諭
※面接官2人　25分

□自己PR2分間。

□自己PRから質問。

□毎日,「頭が痛い,お腹が痛い」と言って来室する子どもへの対応。

【場面指導課題】

□小学4年生の担任から朝の健康観察の大切さについて指導して欲しいと言われた。小学4年生に対して指導を行いなさい。

・黒板を使っても良い。

【場面指導について質問】

□担任の先生の指導で納得がいかない場合どうするか。

□養護教諭として,担任の先生に意見を言いづらい場面もあると思うが,その時はどのように対応するか。

2021年度

◆個人面接 (2次試験) 面接官3人 25〜30分

※個人面接において,与えられた課題に対して,模擬授業,場面指導を行う。

※評価の観点は,使命感,堅実性,判断力等。

▼小学校教諭

【場面指導課題】

□5月に行った社会科見学で,あなたの学級(4年生)はスーパーマーケットに行き,大変よくできていました。児童に話をしてください。

・帰りの会で褒めるようにした。伝聞も取り入れ,スーパーの人も4年生の態度がすばらしかったと言っていた,と伝えた。

・マスクをしていたので目線や声の抑揚に注意して行った。

【質問内容】

□理科の魅力は何か(小学校教諭理科教員を志望したため)。

□なぜ教員になりたいのか。

　　→高専卒なのに,どうして教員に。

□どのような教員があなたの理想か。

□意見が合わない先輩教員がいたら，どう対応するか。
□最近，心に残った言葉は何か。

▼小学校教諭

・面接の流れは，自己アピール(2分)→アピール・自己申告書についての質疑→場面指導→一般質問だった。

・個人面接は，計12分(2分：構想時間，5分：場面指導実演，5分：場面指導についての質問)だった。

・ボランティア経験について話していたので，ボランティアでの学びや，それを学級にどう活かすか，という質問が多かった。

・「自信満々に見えるが，苦手なことは何かあるか。」という質問には，持病やそれによって指導できない科目への不安を述べた。「最後に一言，アピールしてください」と言われ，咄嗟に座右の銘を答え，決意表明をし，終了した。

▼小学校教諭

【場面指導課題】

□小学校4年生のおわりに，学級で1年間の思い出として，文集を制作することとなりました。文集の制作委員に，何人かが立候補してくれました。あなたは学級担任として，その日の帰りの会でどのような話をしますか。

【質問内容】

□場面指導で，特に意識した言葉は何か。

　→それはなぜか。

□場面指導で，修正するとしたら，どこを修正したいか。

　→それはなぜか。

▼小学校教諭

【場面指導課題】

□あなたは2年生の担任で校外学習でスーパーマーケットにいき，地

域の方に2年生がほめられた。そのことに対して帰りの会でどう話すか。

【質問内容】

☐自己PR

☐自身の長所，短所は。

☐生徒の保護者からのクレーム対応について。

☐自己PRに対しての質問(3つほど)。

▼小学校教諭

【場面指導課題】

☐小5の担任。6年の先生から朝登校班で5年が6年を助けてくれていたという話があった。朝の会でその話をしなさい。

・集団討論の待ち時間は人によって6時間以上になるので，水分は多いくらい持っていくとよい。

【質問内容】

☐場面指導で良かった所と悪かった所を1つずつ答えなさい。

☐自己PR

☐学生委員会について。

☐アルバイトについて。

☐なぜ小学校教員になりたいのか。

☐場面指導で良かった所と悪かった所を1つずつ。

☐高校の部活で何を頑張ったか。

☐隣のクラスの生徒が相談しにきたらどうするか。

☐何のための健康観察か。

☐あなたの悩みは何か。

▼小学校教諭

【場面指導課題】

☐あなたは小学校5年生の担任である。教務主任の先生から5年生が登校班でよく頑張っていると聞いた。これについて，朝の会で指導し

なさい。

・2分間で構想し，2分間で実演。黒板を使ってもよい。

・構想したメモは回収される。実演後，面接官から質問される。

・面接官は児童役ではないため，児童とのやり取りは自由に設定できる。対話的な指導を心掛けるとよい。

【質問内容】

□教育実習で苦労したこと。

□北海道に行って，学んだことは何か。

□社会人としての心構えについてあなたはどう考えるか。

□先生の授業がつまらないと言われたらどうする。

□同僚と意見が合わないときどうする。

・面接官は，教職経験者2人，企業の人事担当者1人で構成されているようだった。質問を5つくらい終わると次の面接官から質問が来る。

・当日に提出する自己申告書の高い評価や低い評価については質問されやすいため準備が必要。

▼小学校教諭

【場面指導課題】

□あなたは5年生の担任です。6年生を送る会が明日になりました。5年生にどのような声かけをしますか。2分で考え，2分で指導しなさい。

・自己申告書を事前に書き，その内容についての質問が多くあった。

▼小学校教諭

【場面指導課題】

□6年生担任。1年生の給食の片付けを手伝ってあげた。1年生の先生からお礼を言われた。帰りの会でどう伝えるか。

・2分考え，2分演示した。

【質問内容】

□演示で特に何に注意，気を付けたか。もし演示が2分でなく時間が

331

あれば何を話したか。

□受験番号，氏名

□自己PR(2分)

□願書の「教職員を志望する理由」の内容について。

□前日記入したアンケート(自己申告書)内容による質疑応答。

□教師にとって一番大切なことは何ですか。

□SNSの指導はどのようにするか。

□学校を休むと保護者から電話があった。どう対処するか。

・服装についてしっかり確認しているようだった。

▼小学校教諭

【場面指導課題】

□清掃活動を積極的に行っていた児童を帰りの会で褒める場面。

・2分間の構想は正確に時間を計測している訳ではなかった。

・試験官は児童役にはならず，児童が目の前にいることを想定して行う。

・2分で構想→2分以内で実演した。

・机上に問題用紙とペンが置いてあり，メモをしてよい。実演中もメモを見てよかった。

【質問内容】

□2分間で自己PR(事前に準備しておくよう一次合格書類の中に指示がある)。

　　→自己PRから3〜4問より深く質問。

□自己申告書から3〜4問質問。

□特別な配慮を必要とする児童に対してどのように接するか。

□茨城は中学家庭科教員が少ないが採用後は中学も希望してくれるか。

□新任式，学校児童の前での挨拶はどのようにするか。実演してください。

・自己申告書は一次合格の際に同封してある。

・28分の面接時間の中に場面指導の時間も含まれる。

・面接官3人から，それぞれ3〜4問聞かれる。

・会場(2次試験)が公立の中学校で行われたが，指示が少なく，少し試験教室まで迷った。余裕のある行動が大切だ。

・個人面接の自己PRは2分で，2分を越えてしまうと強制的に終了されてしまうため，人に伝える速さで1分45秒くらいで作成するとよい。

▼小学校教諭

【場面指導課題】

□あなたは5年生の学級担任です。5年生の児童が話し合いをして，「6年生を送る会」の内容をまとめてくれました。児童にどのようなことを話しますか。2分以内で話をしなさい。

【質問内容】

□模擬授業・場面指導をしてみて，反省点・改善点はあるか。

□模擬授業・場面指導は，どのような学級の児童に向けて話をしたか。

□授業中にわからないと言っている児童に，どのように指導するか。

□高校・大学での部活動で，力を入れたことは何か。

▼小学校教諭

【場面指導課題】

□縦割りで行事を行いました。帰りの会で話をしてください。

・テーマの書かれた紙を渡されて2分間内容を考える。その後2分間で行う。(教壇に立つ)

・面接官は問いかけても反応しなかった。

【質問内容】

□自己申告書の中から質問される。

□生きてきた中で心に残った言葉や座右の銘はあるか。

・3人の面接官が1人2問くらいずつ質問してくる。

・自己申告書の内容は何を聞かれても答えられるようにしておくとよい。

▼小学校教諭

【場面指導課題】

□3年生の担任です。他の学年の先生から3年生は他の児童に迷惑をかけていますと注意されました。その事について3年生に伝えてください。

【質問内容】

□自己PR2分

□なぜ教師を目指したのか。

□特別支援の担任だったらどのように関わるのか。

□(私は社会人なので)仕事についての質問。

□自己申告書についての質問。

□今までに一番辛かった事は何か。

□こつこつ努力する方か。

□なぜ，小・中・高の免許の区別があるのか。その理由は何か。

▼中学国語

【場面指導課題】

□あなたは中学2年生の担任です。最近，学校行事でリーダー性を発揮したり，活躍したりしている様子がみられます，3年生になっても安心ですね，というような内容の話が職員会議で出た。この内容を生徒に朝の会で話してください。

・2分間でどんな話をするか考えて，2分間で実践するように指示された。

・自分の席に題が書かれている紙，鉛筆が置いてあり，そこでメモを書き，教卓の前に移動して実践した。

【質問内容】

□場面指導で生徒に一番伝えたかったことは何か。

□場面指導ではなにを意識して話をしたか。

　→それはどうしてそのような工夫をしたのか。

□自己申告書の自己評価の「自らのストレスと身体の健康を自己管理

することができる」という項目だけ4段階中3なのはどうしてか。

□剣道を長く続けているようだが，剣道から何を学んだか。

　→剣道から学んだことを日常生活ではどのように活かしているか。

　→尊敬している恩師がいるようだが，その方からかけられた言葉の中で印象残っているものとどうしてその言葉が印象に残っているのかという理由があれば教えてほしい。

□志願書で，中学高校の部活動の部長を務めていたようだが，どのような大変なことがあったか。

　→そのときにどのような対応をしたか。

　→もし，あなたが部活動の顧問だとして，体験したようなことと同じようなことが起こったとする。どのように対応するか。

□もし，あなたの学級の生徒が何か物をあなたに向かって投げてきたとする。どのように対応するか。

□教師としてどのようなプロになりたいか。

・自己アピール→場面指導→自己申告書等質問の順で個人面接が行われた。

・個人面接と集団討論の順番は教科によって異なる。

・一次試験の結果と共に，二次試験の概要が書かれた紙が送られてくる。そこに，自己アピールを考えてくること，自己申告書を書いてくることという指示があった。

・自己アピールはメモを見られない。自己申告書は個人面接が始まる前に面接官に手渡す。

・個人面接が始まるまでは体育館で待機。体育館には椅子が並べられていた。

・去年までは集団討論のメンバーを各自集めて対策をしていたようだが，コロナ対策として，今年は集まったり話し合ったりしないようにと指示があった。

・圧迫面接はなかった。

・面接官は男性2人，女性1人

・自己アピール2分間と場面指導のメモの時間2分間，実践2分間はス

トップウォッチで正確に時間を測っていた。私は全て時間内に終わることができた。
・面接官が生徒役を演じることはなく，私の発言や場面指導の実践を無言で見ていた。
・コロナ対策として，本人確認をするとき以外はマスクを着用して面接をするよう指示があった。
・個人面接が終わって集団討論までの時間は体育館で待機した。

▼中学数学
【場面指導課題】
□あなたは2年生の担任を持っています。先日行ったボランティア活動について「2年生はすばらしい」と地域の方から連絡がきました。あなたは帰りの会でどのようにして生徒に伝えますか。
・面接室に入ると机と椅子があり，あらかじめ紙とペンが置かれていて指示を受けて表にすると問題が書かれていた。
・場面指導は，個人面接の中に組み込まれている。
・2分考え教卓に移動して2分以内で実践した。
・同じ数学を志望する人でも人によって問題が違い，模擬授業か場面指導どちらかという形だった。
【質問内容】
□場面指導に関する質問
□今までで一番大変だったことは何か。
□三角形の合同など将来役に立たないのになぜ学ばないといけないのかと生徒に言われたらあなたはどう答えるか。
□数学のように格差が生まれる場合，できない子にはどのように教えるか。
□教員を志望した理由は。
□最近ストレスを感じた場面はあるか。
□ストレス解消法は。
□自己PRからの質問

□体験的活動を取り入れた指導のよい点は何か。
□私立もあったと思いますが公立を選んだ理由は何か
・机1つに，向かい合うように3つの机が置かれそこに面接官3人が座っていた。
・面接官の1人がすぐに自己申告書を回収に来るのできちんと用意しておくこと。
・開始してすぐ自己PRをした。
・集団討論と場面指導の問題は持ち帰れなかった。

▼中学音楽
【場面指導課題】
□あなたは中学2年生の担任です。宿泊学習に向けて実行委員を中心に話し合いが行われ，みんなで意見を出し合い真剣に考え，スローガンを決めることができました。次の日の朝の会で生徒たちに話をしてください。
【質問内容】
□自己PR
□音楽の素晴らしさを伝えたいとあるが，音楽を通して素晴らしいと感じるのはどのようなときか。
□合唱コンクールを通して子どもたちにどんなことを伝えたいか。
□今までの講師経験の中で大変だったことはあるか。
□働き方改革について，あなたの考えはあるか。
□いじめについてどのように考えているか。
□隣の学級の生徒が相談をしてきたらどのように対応するか。
□音楽に苦手意識のある生徒を克服させる方法で実践していることはあるか。

▼中学保体
【場面指導課題】
□あなたは中学2年生の担任です。3年生を送る会があり，実行委員会

で話し合いが行われた。そこでは，たいへんよい話し合いがありました。次の日の朝の会で学級担任としてどのような話をしますか。

【質問内容】

□場面指導

□自己PR(2分間)

□それに関する質問

□「自己申告書」からの質問

□上記以外からの質問

▼特別支援

【場面指導課題】

□あなたは知的障害小学部1年生の担任です。挨拶の大切さを授業しなさい。

※A4コピー用紙，黒と赤のフロッキーペンは使っても使わなくてもよい。

※1分で構想し，2分で授業しなさい。

※課題は回収。

・私は立って授業したが，同じ試験を受けた同僚は座って授業していた(小1への配慮として目線を合わせる工夫)(ひざ立許可)。

・構想1分，授業2分だった。

【質問内容】

□受験番号，名前，住所，連絡のとれる電話番号

□自己PR3分(事前に提出している自己PR文にそって)

□事前に提出した自己申告書より。

・ICTの使用について自己評価が低い理由は。

・中学校での講師経験があるが，なぜ特支にしたのか。

・意見の合わない教師との授業では，どうするか。

・最近気になるニュースは何か。

・クラスの児童生徒が他の生徒にけがをさせてしまった。保護者にどう伝えるか。

▼特別支援

【質問内容】

□志望動機は。

□子どもたち一人一人の関わり方，連携について，子どもたちがネガティブであることに対し，どう考えるか。

・個人情報確認→模擬授業→一般質問の流れだった。

・特に，教師間の連携に関して，自分が悩んだ時，他の先生と意見がくい違った時など様々なパターンで質問された。こちらの実践内容を問われた。

・マスクをしていたのでハキハキ話すように気を遣っていたところ，「明るい印象」と面接官の先生からほめて頂いた。

▼特別支援

【場面指導課題】

□知的障害児5年生の学級担任，避難訓練の事後指導

【質問内容】

□自己アピール3分以内

□事前提出資料から質問

□交流及び共同学習について。

□なぜ茨城県を受験したのか。

□防災教育をどのように行っていくか。

□子どもに寄り添うとは，具体的に。

▼養護教諭

【場面指導課題】

□中学校は生徒の自己有用感，自己肯定感(自尊感情)を高めることが大切。保健だより特集号に掲載する内容を具体的に。

・流れ：①Aさんから順に自己紹介(番号，名前)→②3分で1人ずつ構想→③挙手した順に1分以内で発表→④討論(25分か30分)

・マスクをしたままだったが，大きな声，相づちが大切に感じた。

【質問内容】

☐自己紹介(マスクを外し，番号・名前)

☐自己PR2分間

　　→それに関する質問3つほど

☐その他の質問→自己申告書からの質問

☐小・中に赴任したらどんな指導をそれぞれしたいか。

▼養護教諭

【場面指導課題】

☐最近，下着を着用しない児童が多いと小4担任から相談された。学年集会で話をして下さい。

・2分構想→2分実演だった。

【質問内容】

☐場面指導では，何人を想定したか。

☐どんな雰囲気の学年を想定したか。

☐実際にそういう子にどんな対応をするか。

・場面指導の後で，それに関する質問があった。

・1次試験より緊張した。早めのうちから，2次の対策もすると余裕が持てると思う。

▼高校社会(世界史)

【模擬授業課題】

☐世界史において，日本が重要な役割を果たした内容についてわかりやすく説明してください。なお，号令や出欠の確認等はすでに完了した状態とします。

・個人面接開始後10分あたりで模擬授業を実施。時間は構想を含め5分。

・着席した状態で指示を受け，その後，教卓へ移動する。面接官②の方から課題の書かれた用紙と鉛筆が渡される。用紙は模擬授業終了後，回収される。

・黒板とチョーク(白・赤・青の3色)の使用が可能。

【質問内容】

□今の模擬授業で生徒に何を伝えたいか。

□日露戦争を取り上げた理由は何か。

□3分で志望理由＋自己PR(事前提出の自己申告書に基づく)。

□「自分の考えを発信し，他者の考えにも耳を傾ける」という志望理由を持ったきっかけは。

□人権を尊重することに「4」(最高評価)をつけた理由。

□体調管理・ストレス管理に「4」をつけた理由。

□世界史の授業でどうICTを使うか。(自己申告書のICT機器の使用に関する事項で「4」をつけたことに関連)

□生徒との信頼関係を築く上で必要なものは何か。

□わかりやすい授業とはどのようなものか。

□コンプライアンスについて，どう思うか。(決まりや法令遵守を意識した行動に「4」をつけた理由にも関連)

□人生の中で一番辛かったことをどう乗り切った。

□大学院は今年から入ったのか。

□採用されたら，どこでも勤務可能か。

・模擬授業では，構想含め5分としか言われなかったが，構想は1分程度で行い，残りの4分を模擬授業に充てるのが妥当かと思われる。構想で時間をかけすぎないようにする。面接員②の方が時間を計測し，5分経過したら止めるよう指示が出る。

・短時間かつ個人面接内での実施ということを考えると，専門的な中身に触れるより，導入部分を意識して組み立てるとやりやすいと思う。

・評価観点に表現力や態度が含まれているので，教師らしい堂々とした立ち振る舞い(生徒に向かって話しているかなど)を時間いっぱい魅せることも重要だと思う。

・面接では，1次試験の合格通知に同封される「自己申告書」(800字以内の自己アピール＋4段階による自己評価)が要になる。

・3分間自己PRは，アピール文の暗唱ではなく，アピール文の内容を

踏まえ，発表用に原稿や構想(強調のしどころなど)を作ってみると
よい。アピール文のコピーは面接官の手元にもあり，線を引きなが
ら質問事項を考えている様子だった。

・自己評価については，自分がその数字をつけた理由をきちんと述べ
られるように準備しておくこと。つけた数字よりも中身の方が重要
だと思う。正直につけると「3」や「2」が多くなる場合もあるが，
気持ち少し高めにつけてみてもいいかもしれない。「1」はつけない
ほうがよいだろう。

・新型コロナウイルス感染防止のため，マスクをつけて面接をするこ
とになります。表情がわかりにくくなる分は声の高低や大小，抑揚
でカバーしていくとよい。練習の際はマスクを着用してやってみる
と慣れるかもしれない。

・面接室は以下のようであった。

個人面接・面接室の様子

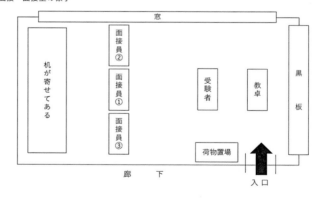

▼高校生物

【模擬授業課題】

□免疫について，コロナウイルスに絡めて授業せよ。

□授業で心がけたことは何か。

　　→それは生徒に受けるか。

　　→受けないとしたら理由は何か。

・1分構想して，4分授業(自分で時計を用意する必要あり)だった。

【質問内容】

□事前に提出した志望理由書と，自己PRの内容に沿って，志望理由と自己PRを3分。

□事前に提出した自己評価について。

□最も自分がよくできているものは何か。

□ICTを使うことによる利点。

　→どのようにICTを利用しているか。これからICTを使って取り組みたいことはあるか。

□大学卒業後の経歴で教師の仕事に役立つことは何か。

□他の先生に負けないと思えること3点挙げよ。

□コンプライアンスについて，どう行動すればよいと思うか。

□勤務地は県内のどこになってもよいか。

2020年度

◆個人面接(2次試験)　面接官3人

※個人面接の中で，場面指導，模擬授業を行う。

※評価の観点：使命感，堅実性，判断力等

模擬授業・場面指導等においては，表現力，態度，内容等

▼小学校教諭

【場面指導課題】

□あなたは5年生の担任です。5年生は委員会活動をよくやっていると特別活動主任からほめられた。このことを子どもたちにどう話すか。2分間で実演しなさい。

□小5の担任である。朝の会で話をする場面で，小1のランドセルを持ってあげていたことについて近所の方から電話があった。どうするか。

【場面指導についての質問内容】

□場面指導の感想を述べなさい。

・机の上に問題用紙があり，余白(下5割くらい)にメモ可。

・2分考えて2分で教卓に移動して実演　メモした紙は見てもよい。

・試験官は何も反応せず，見ているだけ。

・2分で切られる。→終了後，感想を聞かれる。

【質問内容】

□茨城県の良さは。

□ボランティアの内容。大変だったこと(願書から)。

□教員を目指したきっかけや時期は。

□学校のどこが好きか(自己PR・願書から)。

□専門性の向上のために何かやっているか(自己申告書から)。

□読書はどのくらいするか。オススメの本は何か(自己申告書から)。

□教室からとびだしてしまう子どもがいたら，どう対応するか。

　　→長く続くときどうするか。

□教育実習で子どもたちとの関わりの中で学んだことは。具体的に。

□今までにつらかったことは。

□授業中出歩く児童がいたらどうするか。

▼中学数学

【場面指導課題】

□校外学習終了後，担当者からお褒めの電話があった。そのことをHR
　でどのように伝えるか(構想1分，実践2分)。

【質問内容】

□なぜ，茨城県を受けたのか。

□学校に行きたくない生徒への対応は。

・自己申告書，自己PR，願書に関する質問。

▼中学英語

【場面指導課題】

□朝の会で，宿泊学習について話し合ったことがとてもよかったと伝
　えたい。どのようにしてあなたは伝えるか。2分で考え，2分以内で

伝えなさい。

・その後，場面指導のことに関して，深く掘り下げる質問がある。

【質問内容】

□保護者から朝子どもが起きてこないとのこと，どう対応すればよい
　か。

□あなたの経歴をどのように他の先生と違う言い方で教えられるか。

□いじめをなくすにはどうすればよいか。

□自己アピールを2分以内で。

▼高校英語

【模擬授業】

□教卓にある紙に課題が書いてあるので，それを見て今から構想も含
　めて5分間，模擬授業をしなさい。

　→〈課題〉英語の4技能の中で，あなたがもっとも重要だと思うも
　　のを1つ選び，生徒にその技能の役割についてわかりやすく説明
　　しなさい。

・5分間，板書をしながら説明したが，時間超過で女性の試験官に止
　められた。

【模擬授業についての質問】

□先ほどの授業で心がけたことは何か。

　→あなたは音読の授業で具体的にどういう工夫をしているか(前の
　　質問の答えに対しての質問)。

　→あなたの音読の授業でした工夫が，生徒に具体的に役立っている
　　と思われる実践をしているか。

【質問内容】

□今から3分間自己アピールをしなさい(時計を見てもよい。)。

　→先ほどの自己アピールの内容で，「失敗してもめげずに，立ち直
　　ることができます」と言ったが，今までにそういう経験をしたこ
　　とを具体的に話しなさい。

□(事前に提出した自己申告書を見ながら)あなたは，「専門性を高める

345

ことに努力をしている」というところが4(最高点)だが，英語の専門
性を高めるために，具体的に何をしているか。
　→「プレゼンテーション・ソフトやタブレットを使った授業を行う
　　ことができる」のところは，どうして3なのか。
□ICTは，授業にどう活用できるか。どういう実践をしようと考えて
　いるか。
□コンプライアンスについて，思うところを述べなさい。
□生徒に一番教えたいことは何か。
□教師として，生徒に信頼されるために何が必要か。
□生徒の携帯の使用について，どう考えているか。
□もし仮に採用されたら，県内どこでも可能か。

▼養護教諭
【場面指導課題】
□小学4年生に向けて，換気することの大切さについて指導(構想1分，
　実践1分)。
・かぜを予防するために，換気は重要だと伝えた。
　→アドバイスとして，小4に対してという部分をもう少し考えられ
　　たらよかった，学年に合わせた話し方，内容を考えて練習してお
　　くとよいと助言された。
□中1の担任で，知的障害をもつ生徒に対して，「思いやり」をもつこ
　との指導をしなさい。
・考える時間2分。
・A3の紙と黒と赤のペンが用意されている。自由に使って構わない。
・朝の会の時間に，あいさつ，ありがとう，ごめんなさいが日頃から
　言えてますか，という話をした。
・言えている子は褒めて，その上でみんな言えてますか，言われたら
　うれしいよね，という問いかけをポイントとした。
【模擬授業】
□4年生に感染症が流行する前に，予防法についての指導をしなさい。

・2分考え，2分実施

【質問内容】

□自己評価について

□部活動について

□誰にも言わないでと言われたらどうする。

□地元ではないが地元が不合格だった場合，採用されたら茨城県で本当に働けるのか。周囲の反応は。

□なぜ，特別支援学校を希望するのか。

□特別支援学校の課題は何だと思うか。

・1つ1つの質問をゆっくり考えてしまったため，答えを切られてしまい，最後まで話すことができなかった。

・すらすらと話せたらよかった。

・内容がうすくても，自信をもってハキハキと答えられたらよいと思う。

▼栄養教諭

【模擬授業】

□小学校4年生に全校集会で望ましい食習慣について話すことになった。あなたならどのように指導するか。

・課題を見て2分間考え，3分間授業をする。

【質問内容】

□今までに仕事をしてきて大変だった経験は。

□特別支援学校に勤務して学んだことは。

□野菜嫌いな子どもにどのような指導をするか。

□体に良い食べ物・悪い食べ物を指導するときどうしたらよいか。

□調理員同士の意見が合わない場合，どのように対処するか。

□ICTの活用など苦手な分野をどのように克服するか。

□長所のそれぞれを仕事にどう生かしているか。

●書籍内容の訂正等について

　弊社では教員採用試験対策シリーズ（参考書，過去問，全国まるごと過去問題集），公務員試験対策シリーズ，公立幼稚園・保育士試験対策シリーズ，会社別就職試験対策シリーズについて，正誤表をホームページ（https://www.kyodo-s.jp）に掲載いたします。内容に訂正等，疑問点がございましたら，まずホームページをご確認ください。もし，正誤表に掲載されていない訂正等，疑問点がございましたら，下記項目をご記入の上，以下の送付先までお送りいただくようお願いいたします。

---

① **書籍名，都道府県（学校）名，年度**
　（例：教員採用試験過去問シリーズ　小学校教諭 過去問　2025年度版）
② **ページ数**（書籍に記載されているページ数をご記入ください。）
③ **訂正等，疑問点**（内容は具体的にご記入ください。）
　（例：問題文では"ア～オの中から選べ"とあるが，選択肢はエまでしかない）

〔ご注意〕

○ 電話での質問や相談等につきましては，受付けておりません。ご注意ください。

○ 正誤表の更新は適宜行います。

○ いただいた疑問点につきましては，当社編集制作部で検討の上，正誤表への反映を決定させていただきます（個別回答は，原則行いませんのであしからずご了承ください）。

●情報提供のお願い

　協同教育研究会では，これから教員採用試験を受験される方々に，より正確な問題を，より多くご提供できるよう情報の収集を行っております。つきましては，教員採用試験に関する次の項目の情報を，以下の送付先までお送りいただけますと幸いでございます。お送りいただきました方には謝礼を差し上げます。

（情報量があまりに少ない場合は，謝礼をご用意できかねる場合があります）。

◆あなたの受験された面接試験，論作文試験の実施方法や質問内容

◆教員採用試験の受験体験記

- -

送付先	○電子メール：edit@kyodo-s.jp
	○FAX：03-3233-1233（協同出版株式会社　編集制作部 行）
	○郵送：〒101-0054　東京都千代田区神田錦町2-5
	協同出版株式会社　編集制作部 行
	○HP：https://kyodo-s.jp/provision（右記のQRコードからもアクセスできます）

　※謝礼をお送りする関係から，いずれの方法でお送りいただく際にも，「お名前」「ご住所」は，必ず明記いただきますよう，よろしくお願い申し上げます。

教員採用試験「過去問」シリーズ

茨城県の
論作文・面接 過去問

編　集	© 協同教育研究会	
発　行	令和5年12月25日	
発行者	小貫　輝雄	
発行所	協同出版株式会社	
	〒101-0054　東京都千代田区神田錦町2‐5	
	電話　03－3295－1341	
	振替　東京00190－4－94061	
印刷所	協同出版・POD工場	

落丁・乱丁はお取り替えいたします。